AF565053

FANTASTIC FOUR

ALLES GELÖST?!

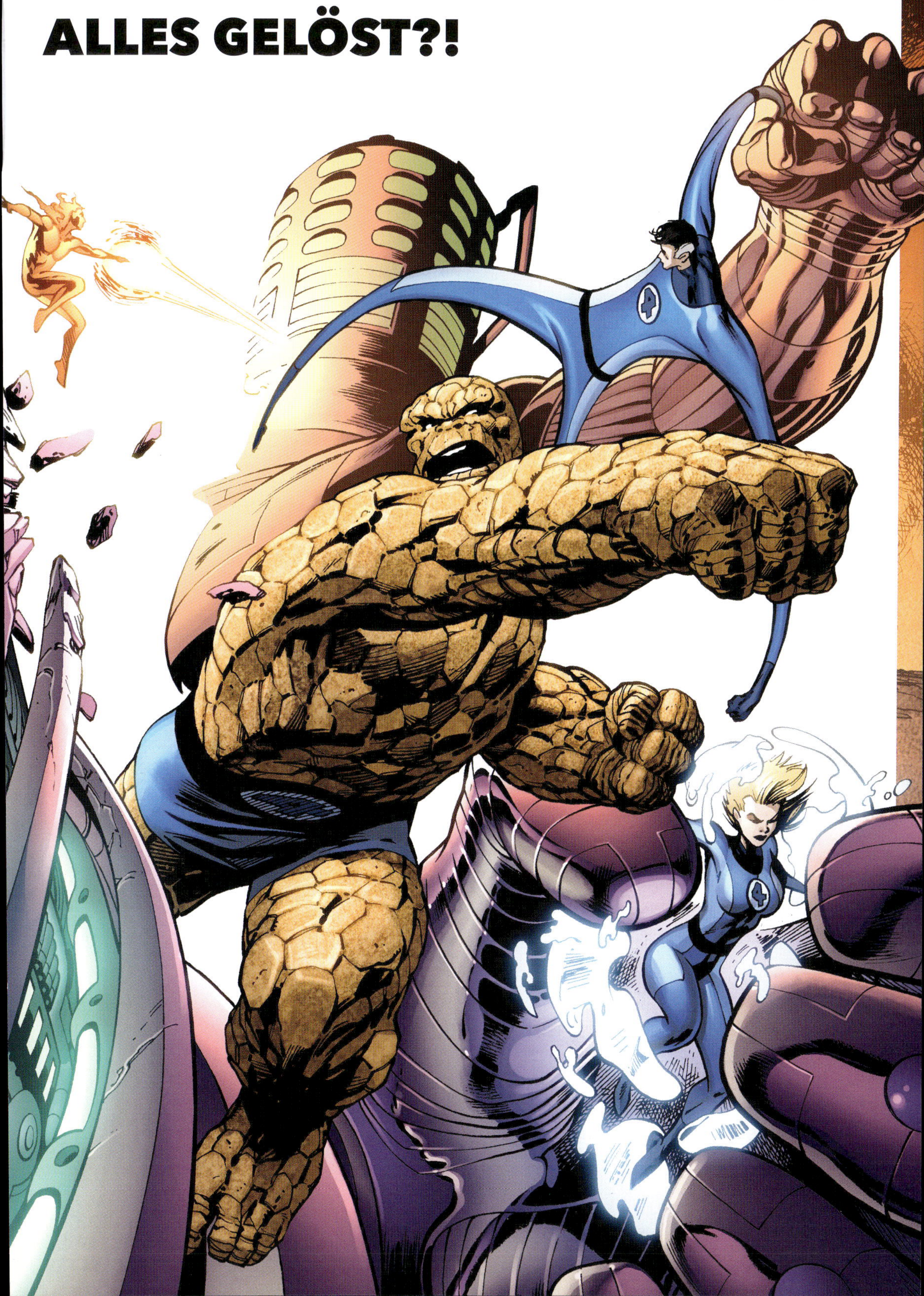

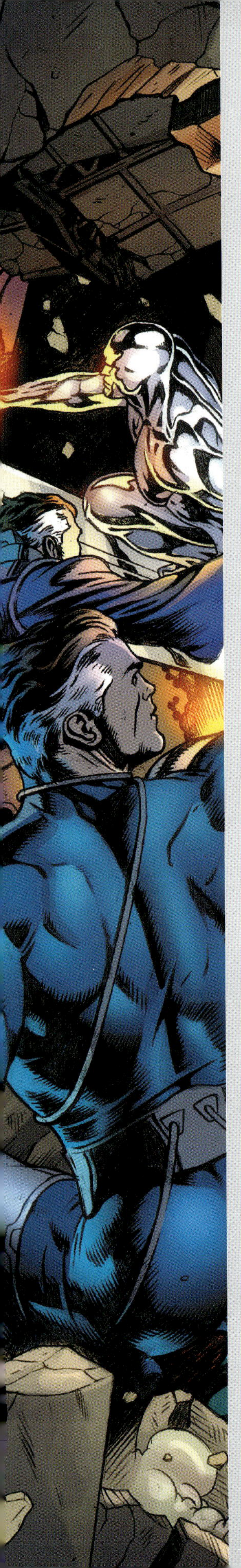

INHALT

6
DIE LÖSUNG ALLER PROBLEME, TEIL 1
Solve Everything, Part 1
Fantastic Four (1961) 570
Oktober 2009

31
DIE LÖSUNG ALLER PROBLEME, TEIL 2
Solve Everything, Part 2
Fantastic Four (1961) 571
November 2009

55
DIE LÖSUNG ALLER PROBLEME, FINALE
Solve Everything, Conclusion
Fantastic Four (1961) 572
Dezember 2009

78
ABENTEUER AUF ERDE-2
Adventures on Nu-World
Fantastic Four (1961) 573
Januar 2010

101
ALLES GUTE ZUM GEBURTSTAG
Days of Future Franklin!
Fantastic Four (1961) 574
Februar 2010

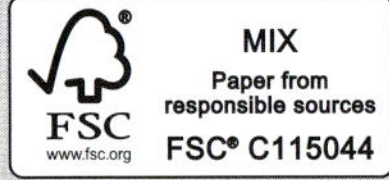

FANTASTIC FOUR

ALLES GELÖST?!

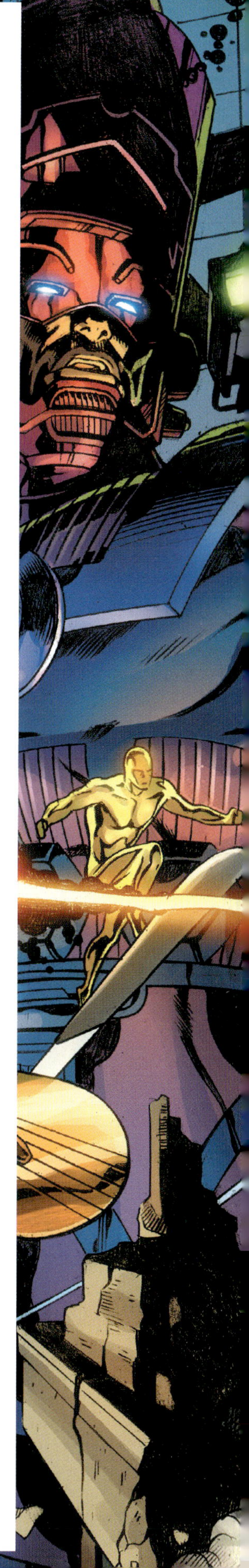

JONATHAN HICKMAN
AUTOR

DALE EAGLESHAM
(570-572)
NEIL EDWARDS
(573-574)
ZEICHNER

DALE EAGLESHAM
(570-572)
ANDREW CURRIE
(573-574)
TUSCHE

PAUL MOUNTS
FARBEN

FABIO CIACCI
WALPROJECT
LETTERING

REINHARD SCHWEIZER
ÜBERSETZUNG

TOM BREVOORT
REDAKTION USA

C. B. CEBULSKI
CHEFREDAKTEUR USA

MARVEL MUST-HAVE: FANTASTIC FOUR – ALLES GELÖST?! erscheint bei **PANINI COMICS**, Schloßstraße 76, D-70176 Stuttgart. Druck: Lito Terrazzi Industria Grafica. Pressevertrieb: Stella Distribution GmbH, D-22297 Hamburg. Direkt-Abos auf **www.paninicomics.de.** Anzeigenverkauf: BLAUFEUER VERLAGSVERTRETUNGEN GmbH, info@blaufeuer.com. Es gilt die Anzeigenpreisliste Nr. 18 vom 01.10.2020. Geschäftsführer **Hermann Paul**, Publishing Director Europe **Marco M. Lupoi**, Finanzen **Felix Bauer**, Marketing Director **Holger Wiest**, Marketing **Fabio Cunetto**, Vertrieb **Alexander Bubenheimer**, Logistik **Ronald Schäffer**, PR/Presse **Steffen Volkmer**, Publishing Manager **Lisa Pancaldi**, Redaktion **Harald Gantzberg**, **Matthias Korn**, **Anja Seiffert**, **Kristina Starschinski**, **Ilaria Tavoni**, **Daniela Uhlmann**, **Thomas Witzler**, Übersetzung **Bernd Kronsbein**, **Reinhard Schweizer**, Proofreading **Genoveva Fincias Alonso**, Lettering **Fabio Ciacci**, **Walproject**, grafische Gestaltung **Marco Paroli**, **Barbara Sarti**, Art Director **Mario Corticelli**, Redaktion Panini Comics **Annalisa Califano**, **Beatrice Doti**, Prepress **Cristina Bedini**, **Andrea Lusoli**, **Nicola Soressi**, Repro/Packager **Alessandro Nalli** (coordinator), **Mario Da Rin Zanco**, **Valentina Esposito**, **Luca Ficarelli**, **Linda Leporati**. Deutsche Edition bei Panini Verlags-GmbH unter Lizenz von Marvel Characters B.V. Cover von **Dale Eaglesham**, *Fantastic Four* (1961) 570.

Bibliografische Information der Deutschen Nationalbibliothek
Die Deutsche Nationalbibliothek verzeichnet diese Publikation in der Deutschen Nationalbibliografie; detaillierte bibliografische Daten sind im Internet über dnb.d-nb.de abrufbar.

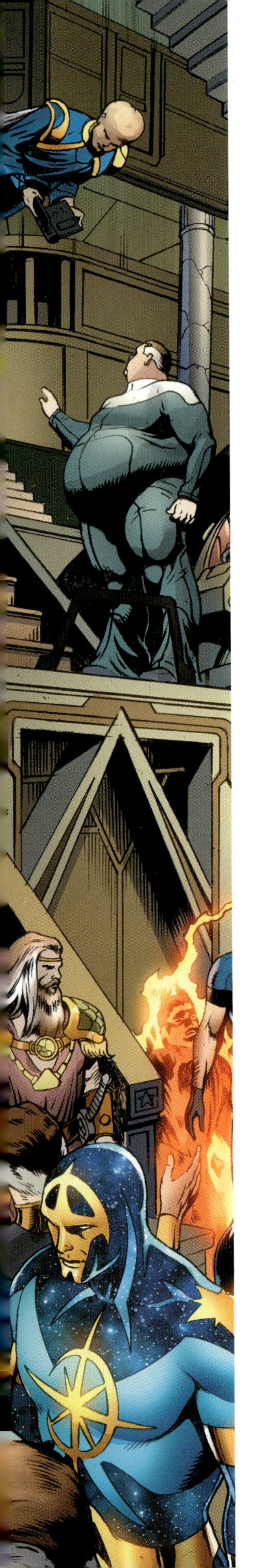

THINK BIG!

Über 20 Jahre hatte Herausgeber **Martin Goodman** seine Comics unter verschiedenen Verlagsnamen auf den Markt gebracht. Allein in den 50ern vereinte seine Atlas News Company 59 Briefkastenfirmen unter einem Dach. Von Animirth Comics bis Zenith Publications. Und für alle waren dieselben Redakteure, Zeichner und Freelancer tätig. Ab Frühjahr 1961 deutete sich ein Wandel an. Schon in den 40ern waren einige Comics unter dem Banner Marvel erschienen. Der englische Begriff für Wunder wurde nun regelmäßiger eingesetzt. Die ersten Hefte mit dem MC-Logo waren *Journey Into Mystery* 69 und *Patsy Walker* 95. Im August 1961 kam schließlich *Fantastic Four* auf den Markt und Goodmans Unternehmen begann, dem „neuen" Namen gerecht zu werden. Bisher war er Trends vor allem nachgelaufen. Und auch jetzt hatte Goodman ein Team nach Vorbild der **Justice League** von DC gefordert. Aber dieses Mal ging Chefredakteur **Stan Lee** seinen eigenen Weg, veränderte den Typus des amerikanischen Übermenschen für immer und entzündete das Fanal der Marvel-Ära.

Etwas wie die **Fantastic Four** hatten die Leser noch nie gesehen. USA und UdSSR steckten mitten im Wettlauf um die Reise zum Mond. Doch hier waren vier Abenteurer, die das Rennen gewagt und entschieden hatten und mit unglaublichen Kräften belohnt wurden. Der Glaube an die Macht der Strahlen war groß. Nur einer, **Ben Grimm**, das **Ding**, hatte seinen Mut bitter bezahlt und sich in ein abstoßendes Monster verwandelt. Aber er fand Halt im Kreis der Familie. Die Protagonisten zankten, litten, liebten und hatten Probleme wie du und ich. Sie machten sich nicht einmal die Mühe, ihre Identität zu verbergen. Bereits die dritte Ausgabe proklamierte frech „Das großartigste Comic-Magazin der Welt" und die Inhalte machten dem Superlativ alle Ehre. Nirgendwo ließen Lee und **Jack Kirby** ihrer Fantasie derart freien Lauf. Nirgendwo waren ihre Szenarien kosmischer und epischer. Nirgendwo avancierten so viele Nebendarsteller schließlich selbst zu Marvel-Ikonen, wie **Dr. Doom**, die **Skrulls**, **Inhumans**, **Kree**, **Galactus**, **Silver Surfer**, **Black Panther** etc.

Die ganz großen Gefühle waren passé, als Lee und Kirby den **F4** Anfang der 70er den Rücken kehrten. Mit Ausnahme von **John Byrne** in den 80ern und **Mark Waid** nach der Jahrtausendwende gelang es keinem Autor mehr so richtig, den Titel aus dem Dornröschenschlaf zu wecken. Bis sich 2009 **Jonathan Hickman** der Reihe annahm. Er erkannte, dass **Mr. Fantastic** der Fixpunkt ist, um den sich alles dreht. Zuvor verfasste er bereits die *Dark Reign*-Miniserie der F4. Dort hatte **Reed** eine Art Brücke entwickelt, die es ihm ermöglichte, in Parallelwelten alternative Folgen seines Handelns zu observieren. Doch etwas beobachtete ihn dabei und er gelobte seiner Frau, das Gerät zu demontieren. Stattdessen verbarg er die Brücke in seinem Denkerzimmer.

Vor euch liegen die vielleicht besten F4 aller Zeiten. Und sie führen euch nicht nur in ferne Galaxien, sondern auch auf Erde-2, ein Planet, der von Reeds alter Flamme **Alyssa Moy** für Flüchtlinge aus der Zukunft erschaffen wurde.

Thomas Witzler

DIE LÖSUNG ALLER PROBLEME, TEIL 1

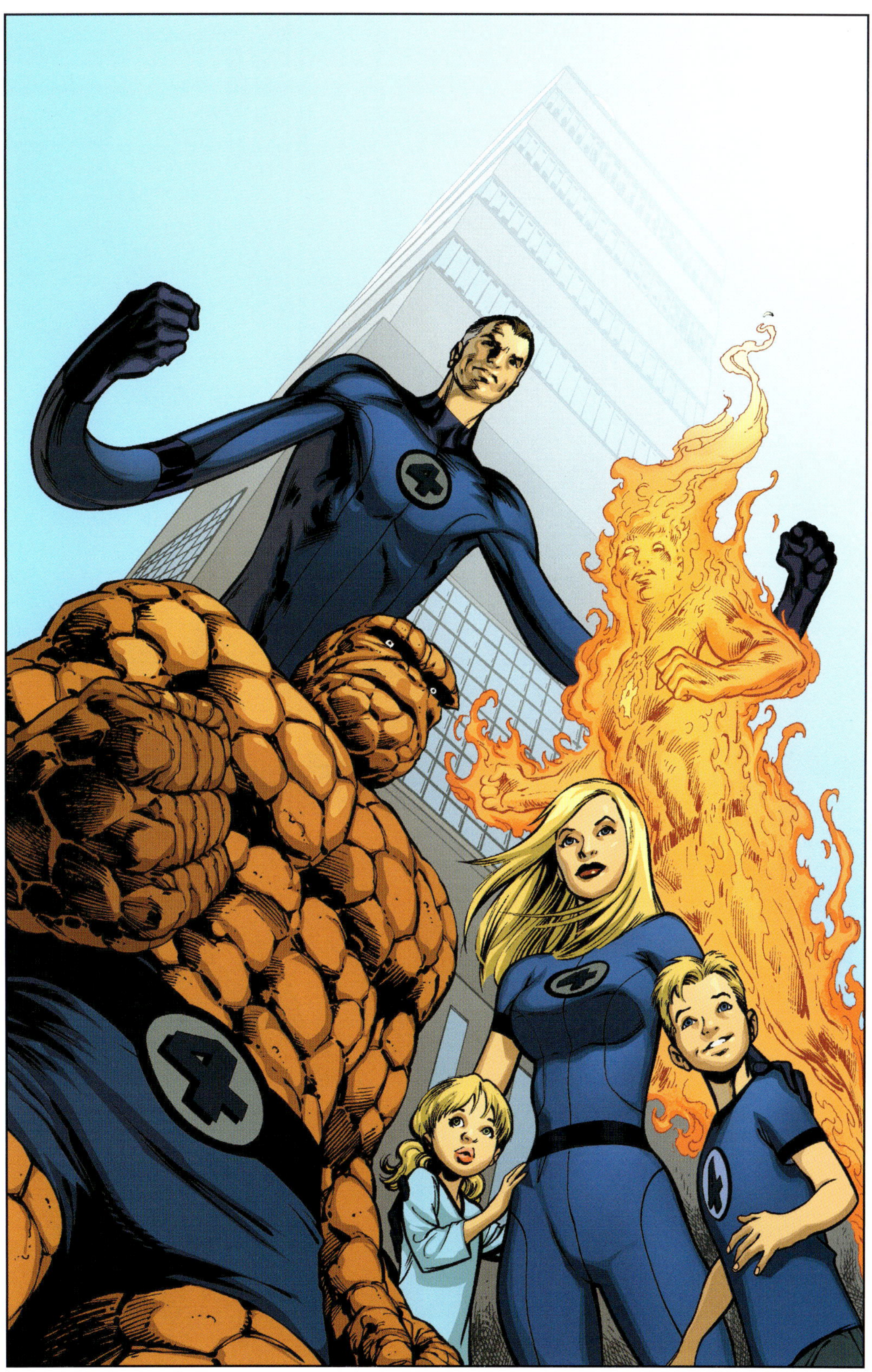

Fantastic Four (1961) 570
Cover von **DALE EAGLESHAM**

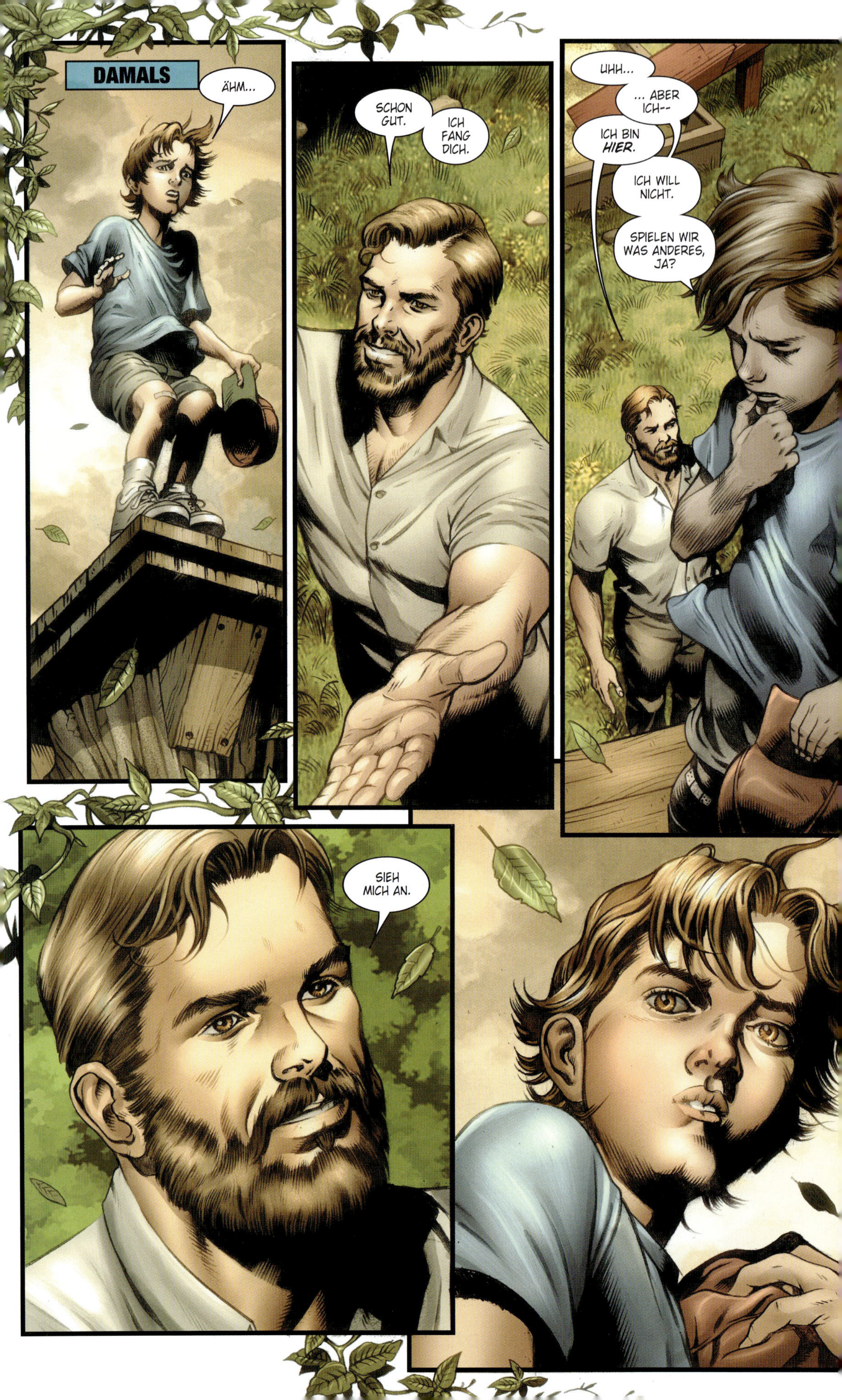
DAMALS
ÄHM...
SCHON GUT.
ICH FANG DICH.
UHH...
... ABER ICH--
ICH BIN *HIER*.
ICH WILL NICHT.
SPIELEN WIR WAS ANDERES, JA?
SIEH MICH AN.

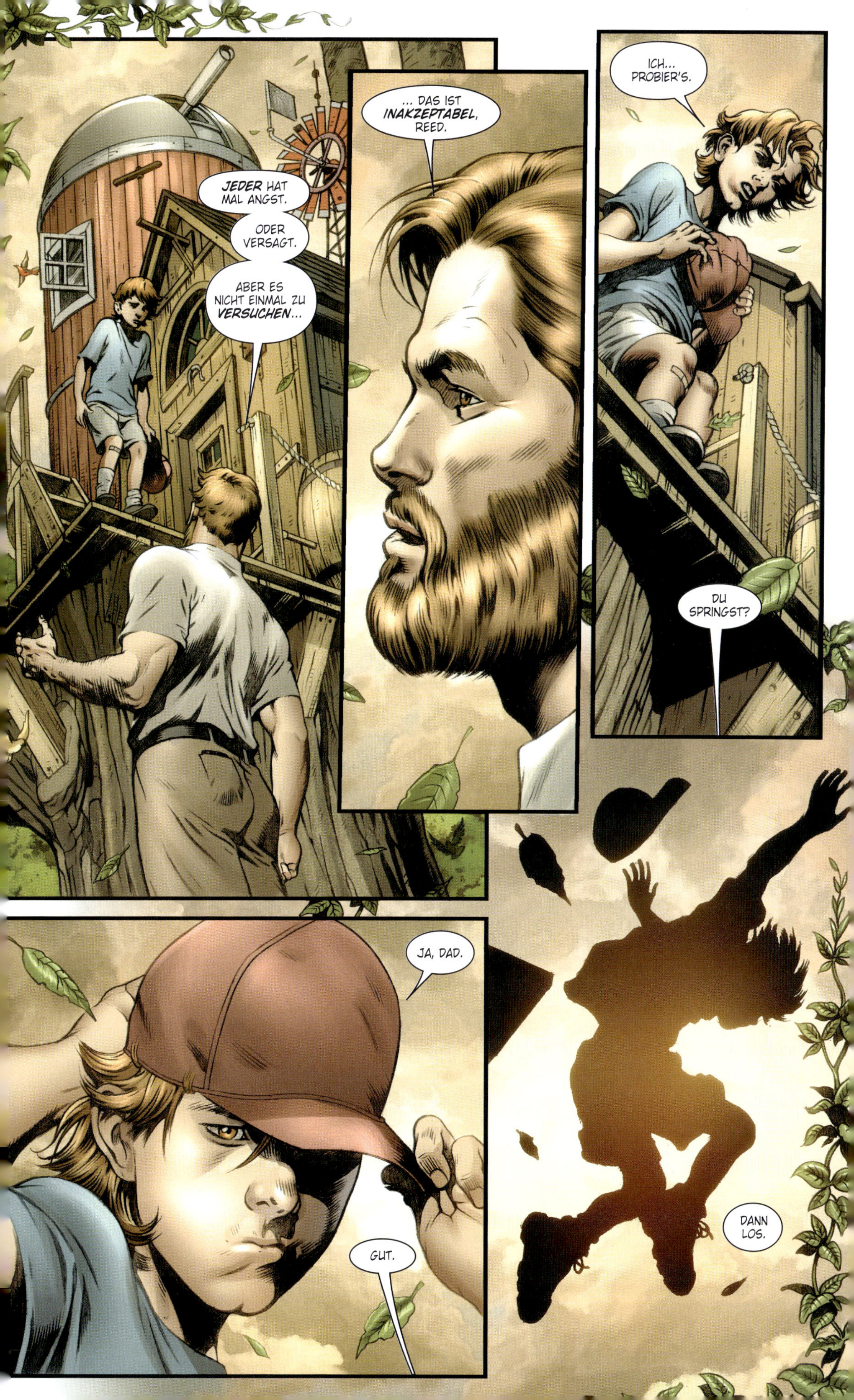
JEDER HAT MAL ANGST.
ODER VERSAGT.
ABER ES NICHT EINMAL ZU VERSUCHEN...
... DAS IST INAKZEPTABEL, REED.
ICH... PROBIER'S.
DU SPRINGST?
JA, DAD.
GUT.
DANN LOS.

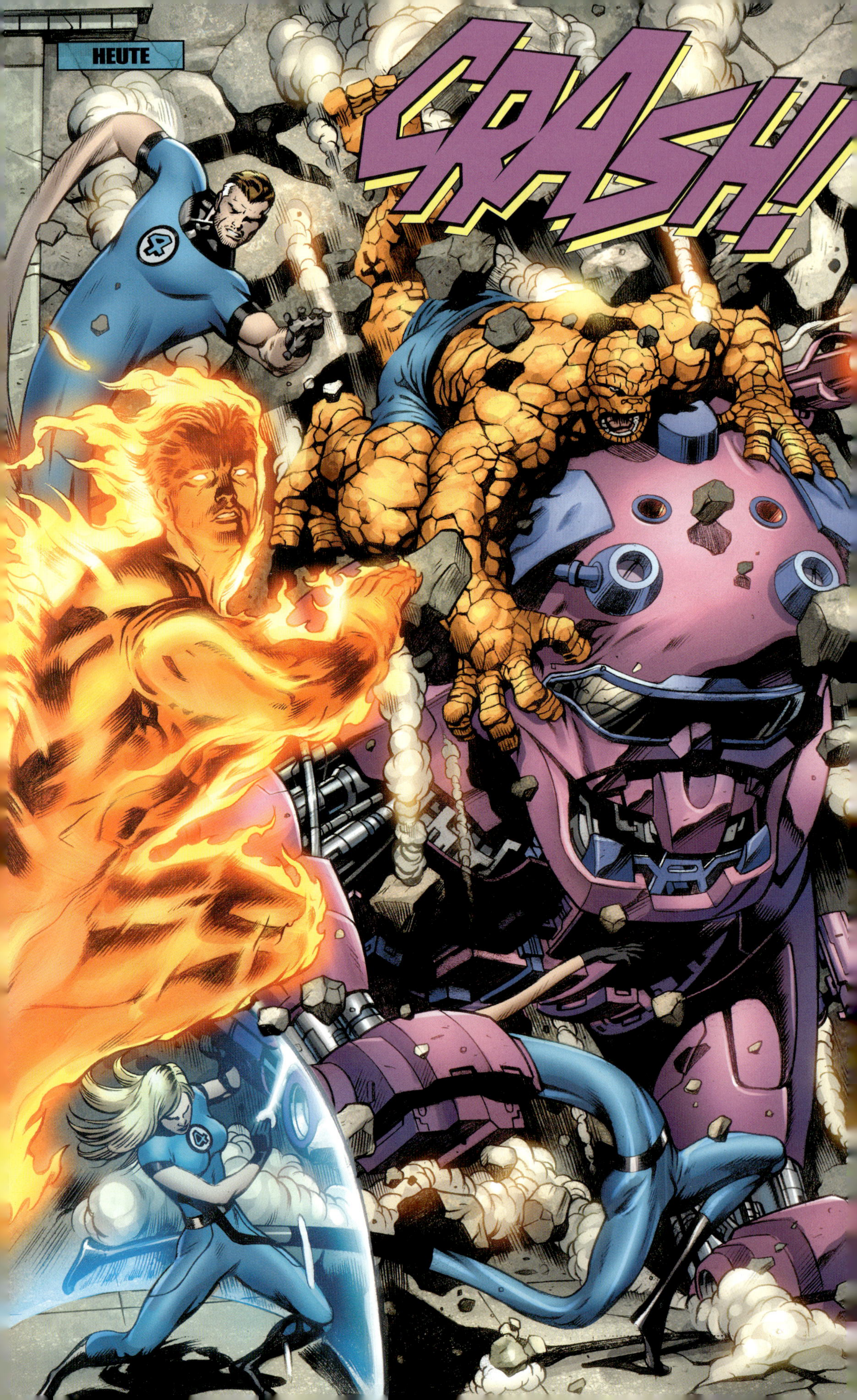
HEUTE
CRASH!!

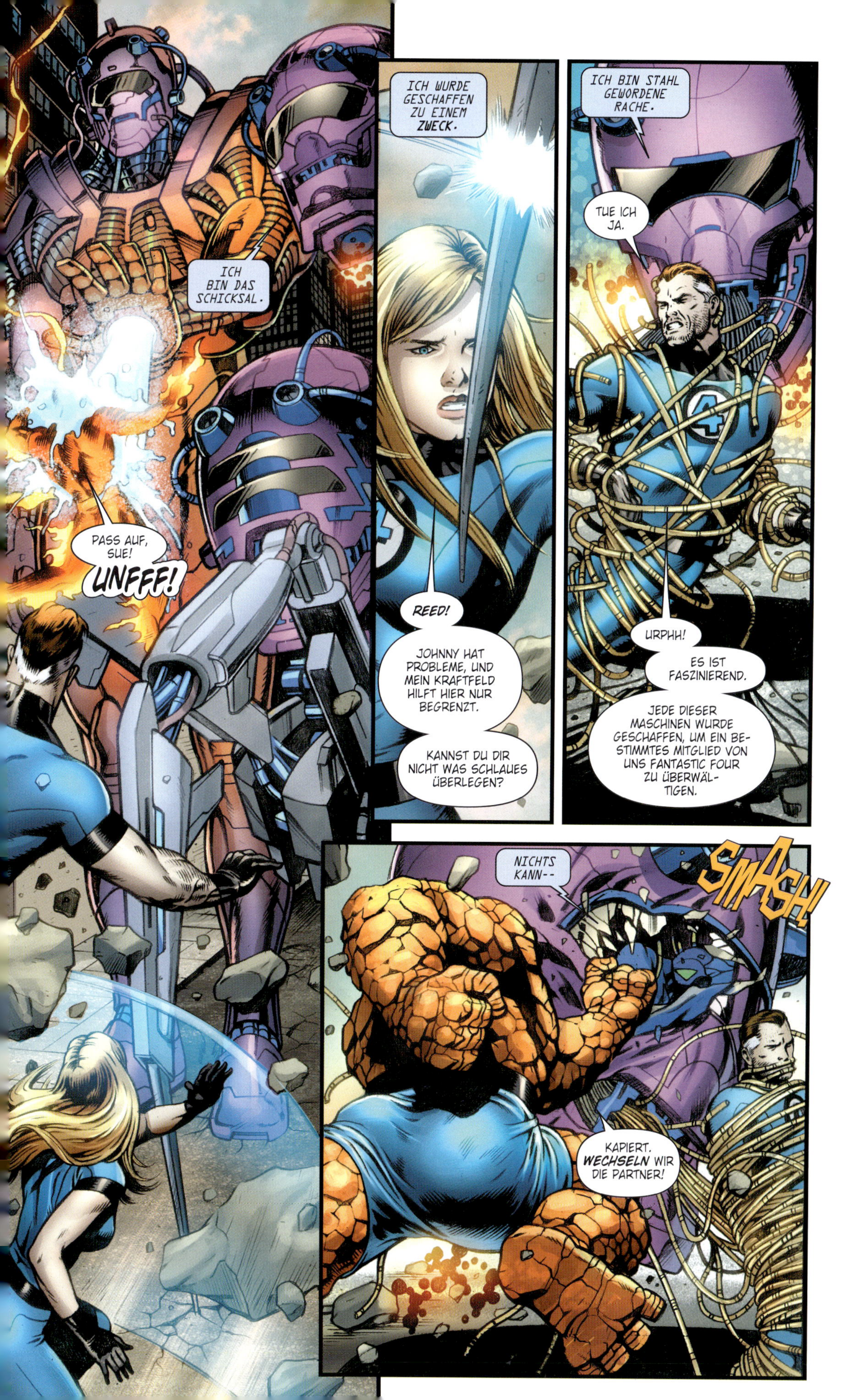
ICH BIN DAS SCHICKSAL.
PASS AUF, SUE!
UNFFF!
ICH WURDE GESCHAFFEN ZU EINEM ZWECK.
REED!
JOHNNY HAT PROBLEME, UND MEIN KRAFTFELD HILFT HIER NUR BEGRENZT.
KANNST DU DIR NICHT WAS SCHLAUES ÜBERLEGEN?
ICH BIN STAHL GEWORDENE RACHE.
TUE ICH JA.
URPHH!
ES IST FASZINIEREND.
JEDE DIESER MASCHINEN WURDE GESCHAFFEN, UM EIN BESTIMMTES MITGLIED VON UNS FANTASTIC FOUR ZU ÜBERWÄLTIGEN.
NICHTS KANN--
SMASH!
KAPIERT. WECHSELN WIR DIE PARTNER!

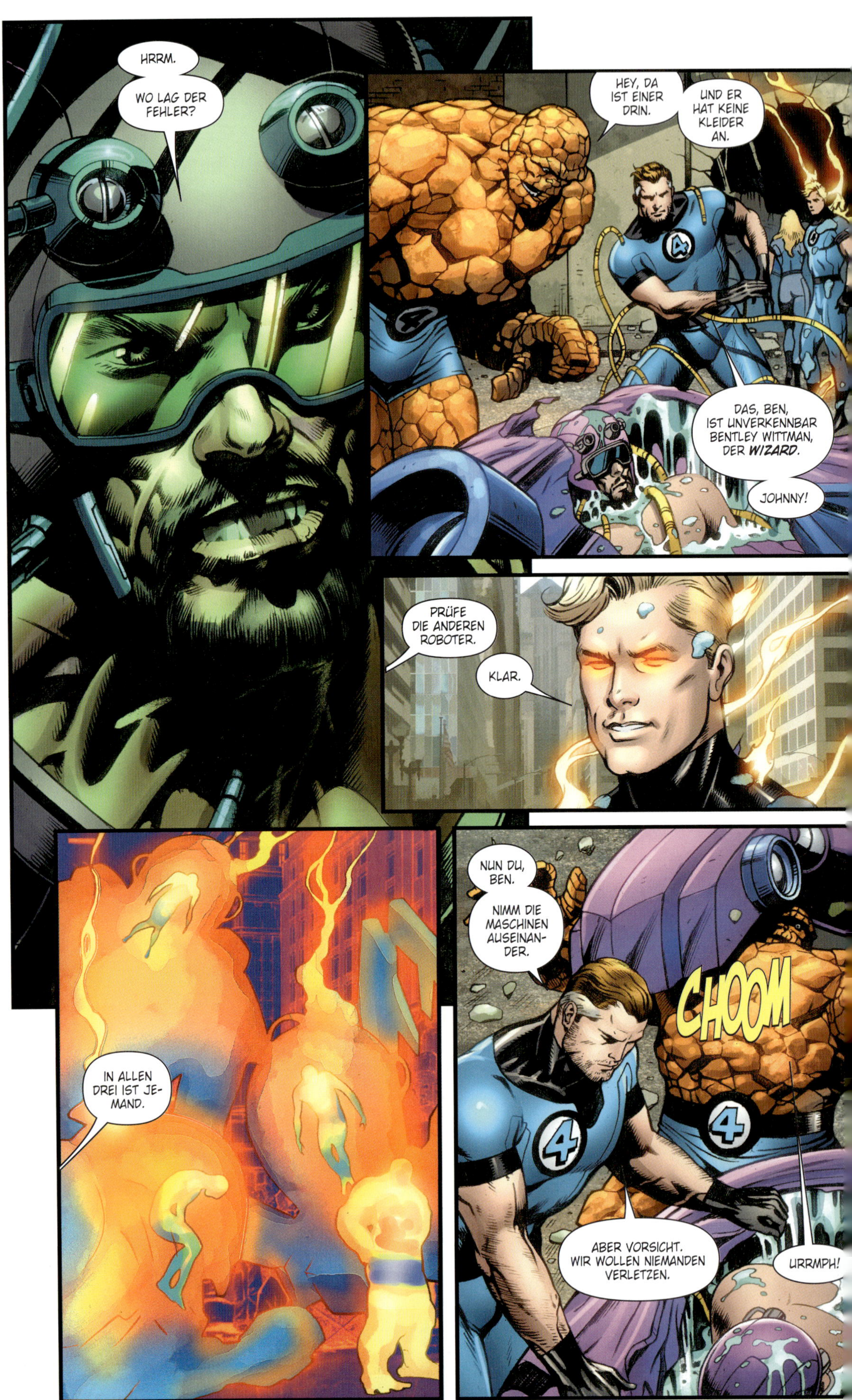
HRRM.
WO LAG DER FEHLER?
HEY, DA IST EINER DRIN.
UND ER HAT KEINE KLEIDER AN.
DAS, BEN, IST UNVERKENNBAR BENTLEY WITTMAN, DER *WIZARD*.
JOHNNY!
PRÜFE DIE ANDEREN ROBOTER.
KLAR.
IN ALLEN DREI IST JEMAND.
NUN DU, BEN.
NIMM DIE MASCHINEN AUSEINANDER.
CHOOM
ABER VORSICHT. WIR WOLLEN NIEMANDEN VERLETZEN.
URRMPH!

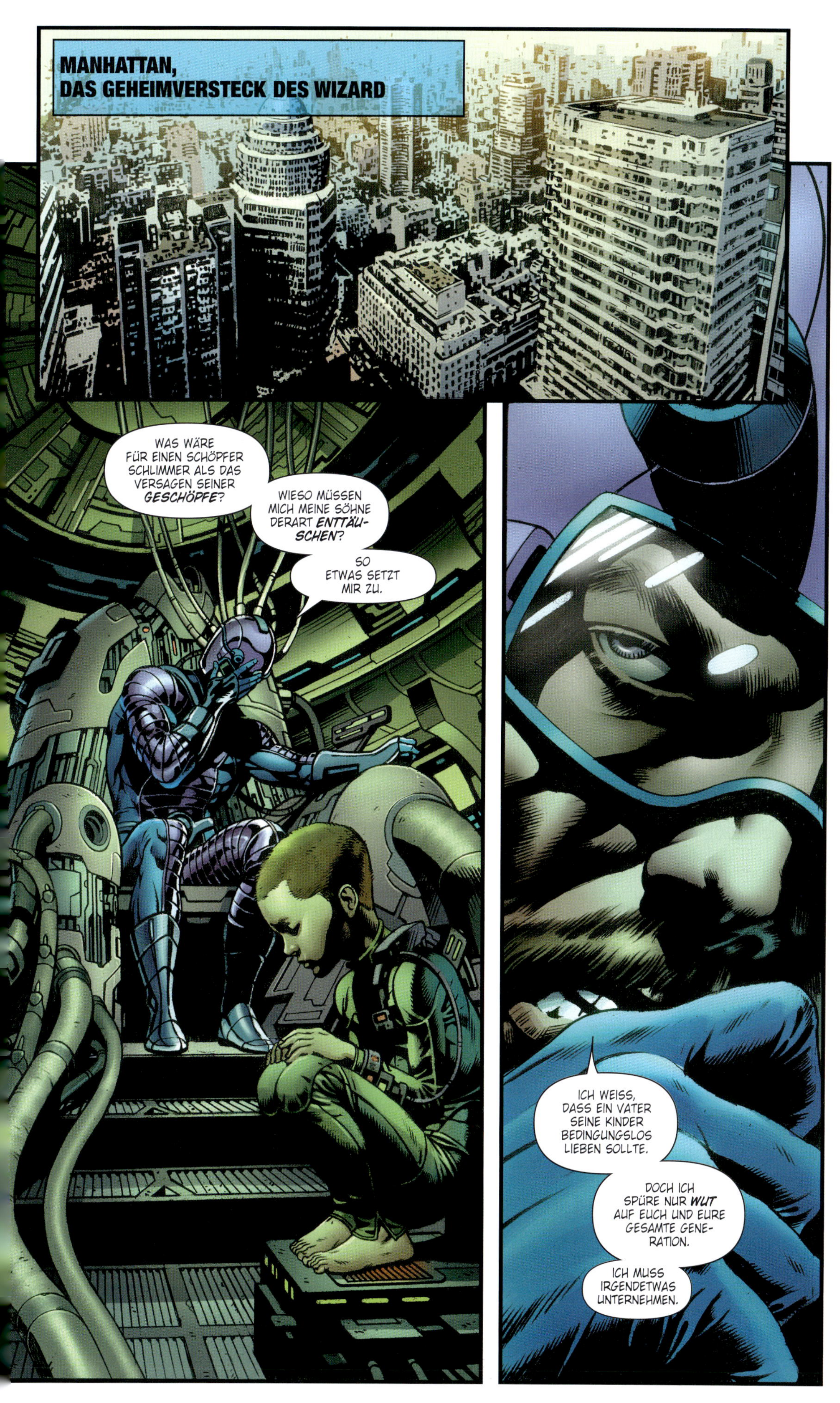
MANHATTAN,
DAS GEHEIMVERSTECK DES WIZARD
WAS WÄRE FÜR EINEN SCHÖPFER SCHLIMMER ALS DAS VERSAGEN SEINER *GESCHÖPFE*?
WIESO MÜSSEN MICH MEINE SÖHNE DERART *ENTTÄU-SCHEN*?
SO ETWAS SETZT MIR ZU.
ICH WEISS, DASS EIN VATER SEINE KINDER BEDINGUNGSLOS LIEBEN SOLLTE.
DOCH ICH SPÜRE NUR *WUT* AUF EUCH UND EURE GESAMTE GENE-RATION.
ICH MUSS IRGENDETWAS UNTERNEHMEN.

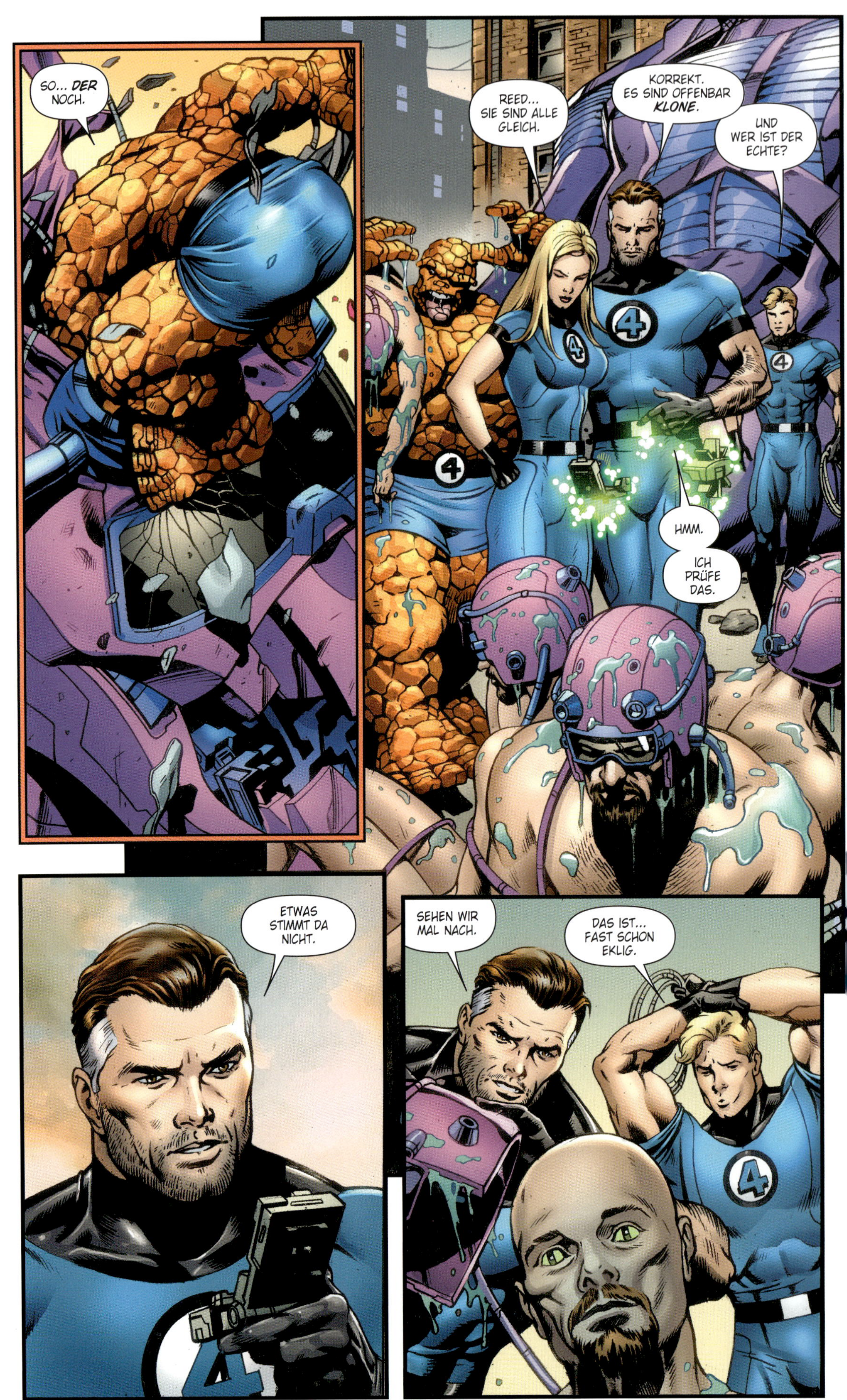
SO... **DER** NOCH.
REED... SIE SIND ALLE GLEICH.
KORREKT. ES SIND OFFENBAR **KLONE**.
UND WER IST DER ECHTE?
HMM.
ICH PRÜFE DAS.
ETWAS STIMMT DA NICHT.
SEHEN WIR MAL NACH.
DAS IST... FAST SCHON EKLIG.

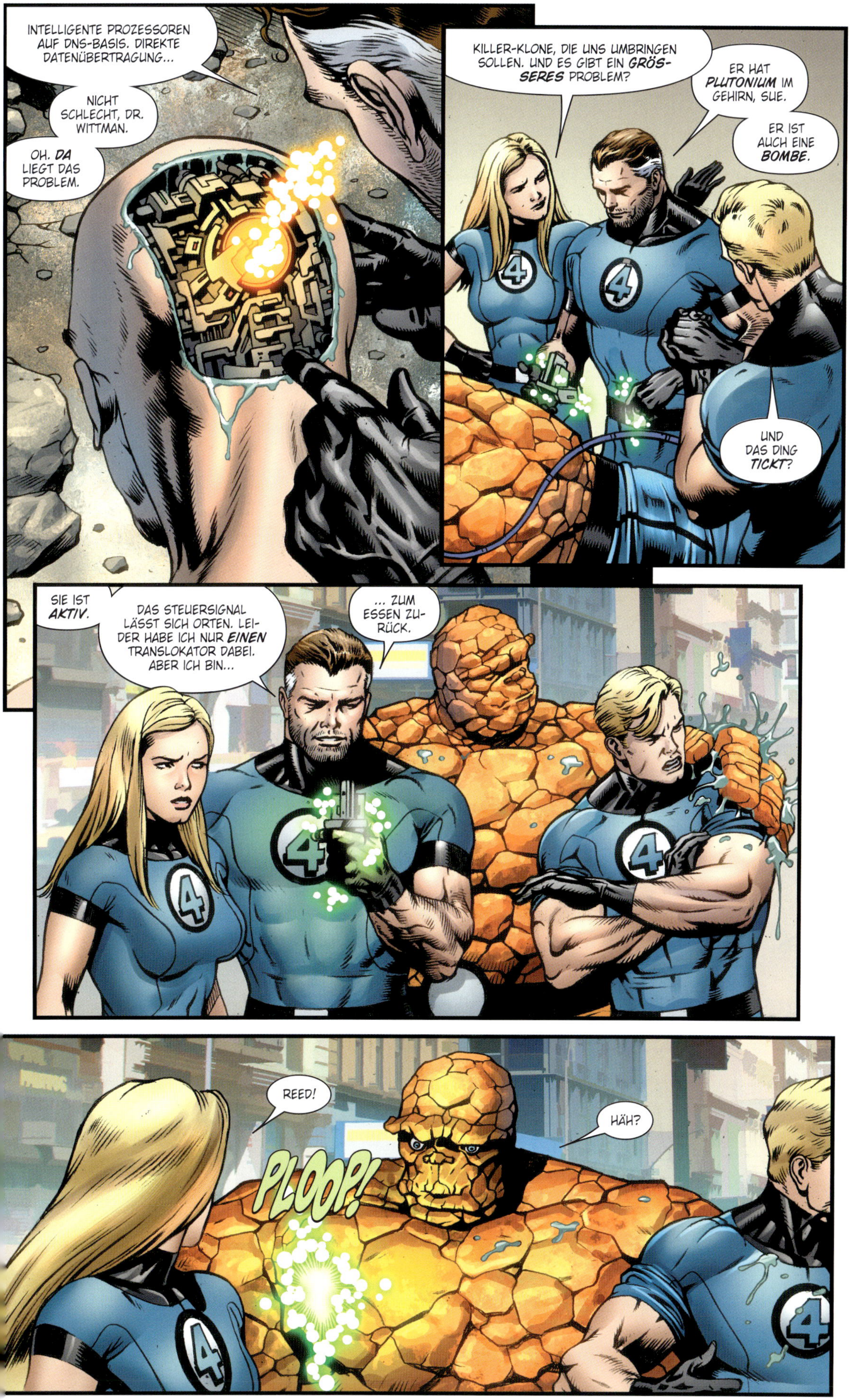

INTELLIGENTE PROZESSOREN AUF DNS-BASIS. DIREKTE DATENÜBERTRAGUNG...
NICHT SCHLECHT, DR. WITTMAN.
OH. **DA** LIEGT DAS PROBLEM.

KILLER-KLONE, DIE UNS UMBRINGEN SOLLEN. UND ES GIBT EIN **GRÖS-SERES** PROBLEM?
ER HAT **PLUTONIUM** IM GEHIRN, SUE.
ER IST AUCH EINE **BOMBE**.
UND DAS DING *TICKT*?

SIE IST *AKTIV*.
DAS STEUERSIGNAL LÄSST SICH ORTEN. LEI-DER HABE ICH NUR *EINEN* TRANSLOKATOR DABEI. ABER ICH BIN...
... ZUM ESSEN ZU-RÜCK.

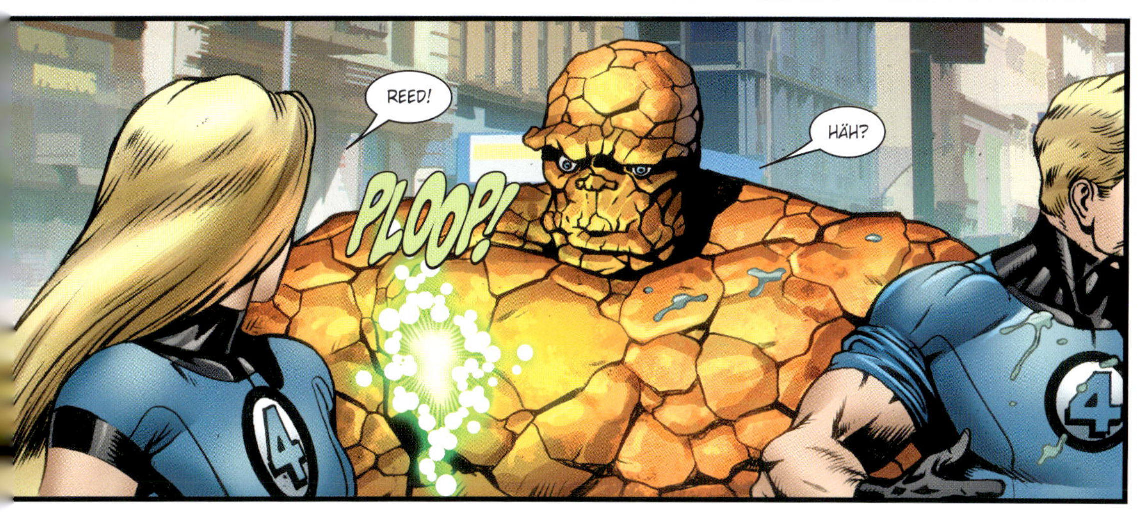

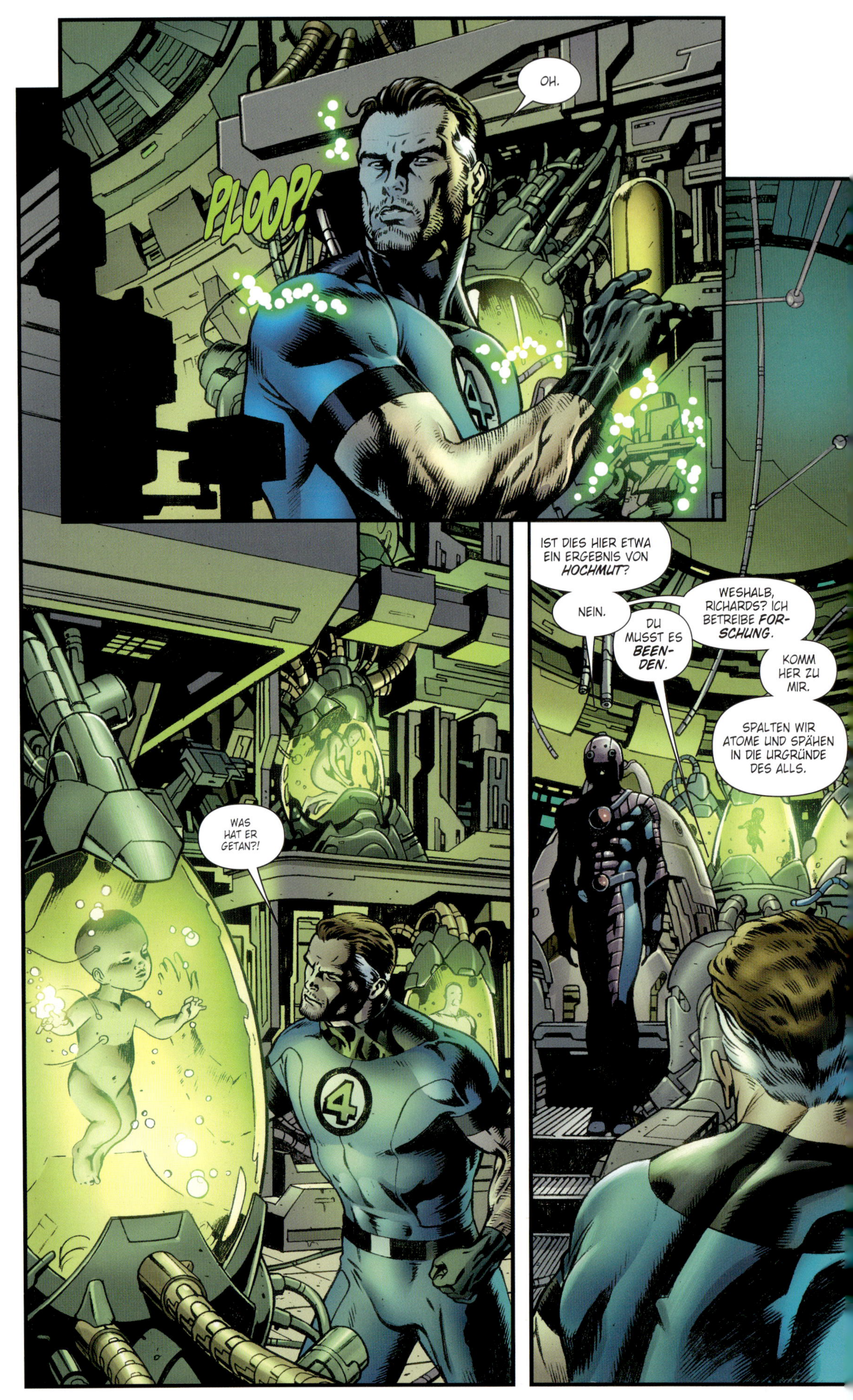
OH.
PLOOP!
WAS HAT ER GETAN?!
IST DIES HIER ETWA EIN ERGEBNIS VON *HOCHMUT*?
NEIN.
WESHALB, RICHARDS? ICH BETREIBE *FORSCHUNG*.
DU MUSST ES *BEENDEN*.
KOMM HER ZU MIR.
SPALTEN WIR ATOME UND SPÄHEN IN DIE URGRÜNDE DES ALLS.

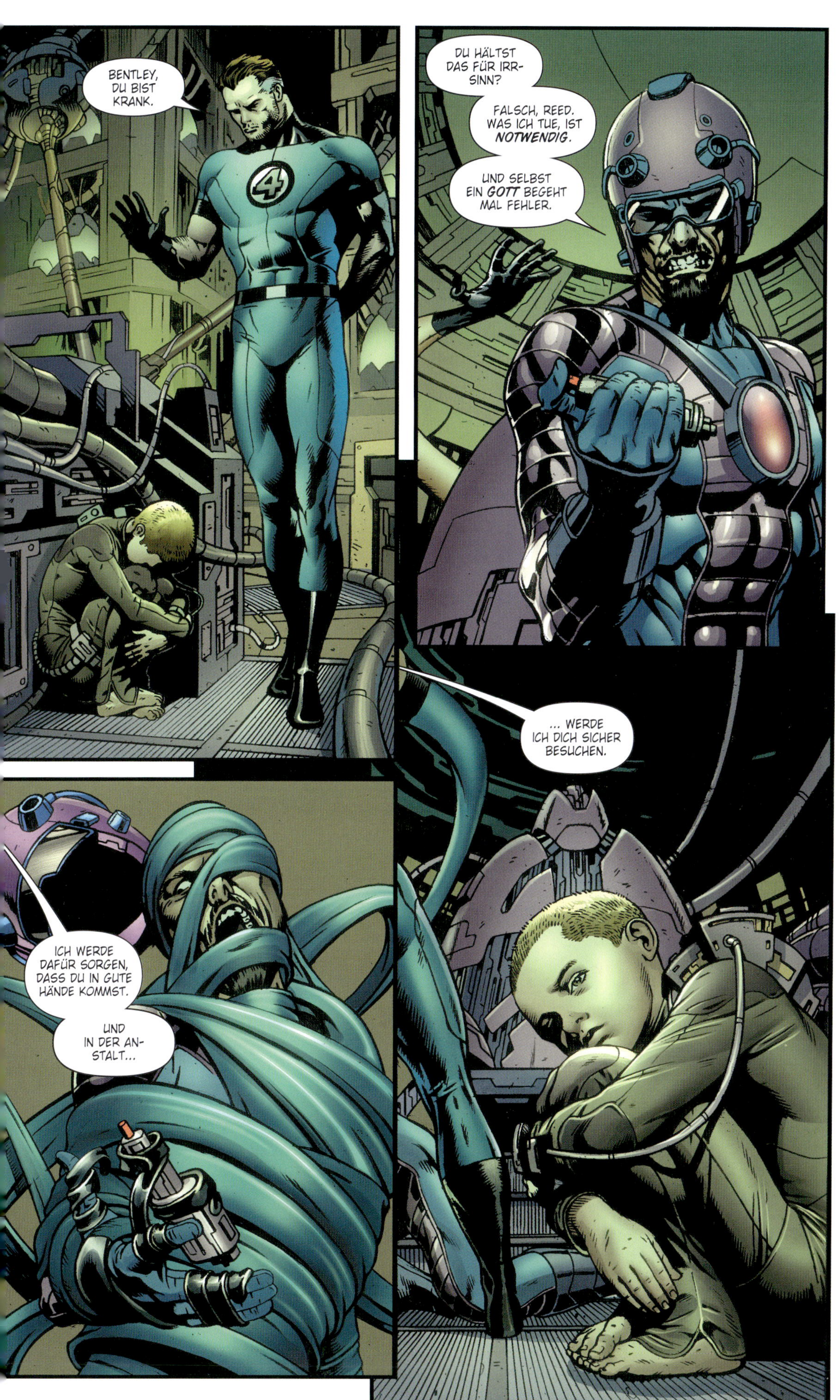
BENTLEY, DU BIST KRANK.
DU HÄLTST DAS FÜR IRRSINN?
FALSCH, REED. WAS ICH TUE, IST **NOTWENDIG**.
UND SELBST EIN **GOTT** BEGEHT MAL FEHLER.
ICH WERDE DAFÜR SORGEN, DASS DU IN GUTE HÄNDE KOMMST.
UND IN DER ANSTALT...
... WERDE ICH DICH SICHER BESUCHEN.

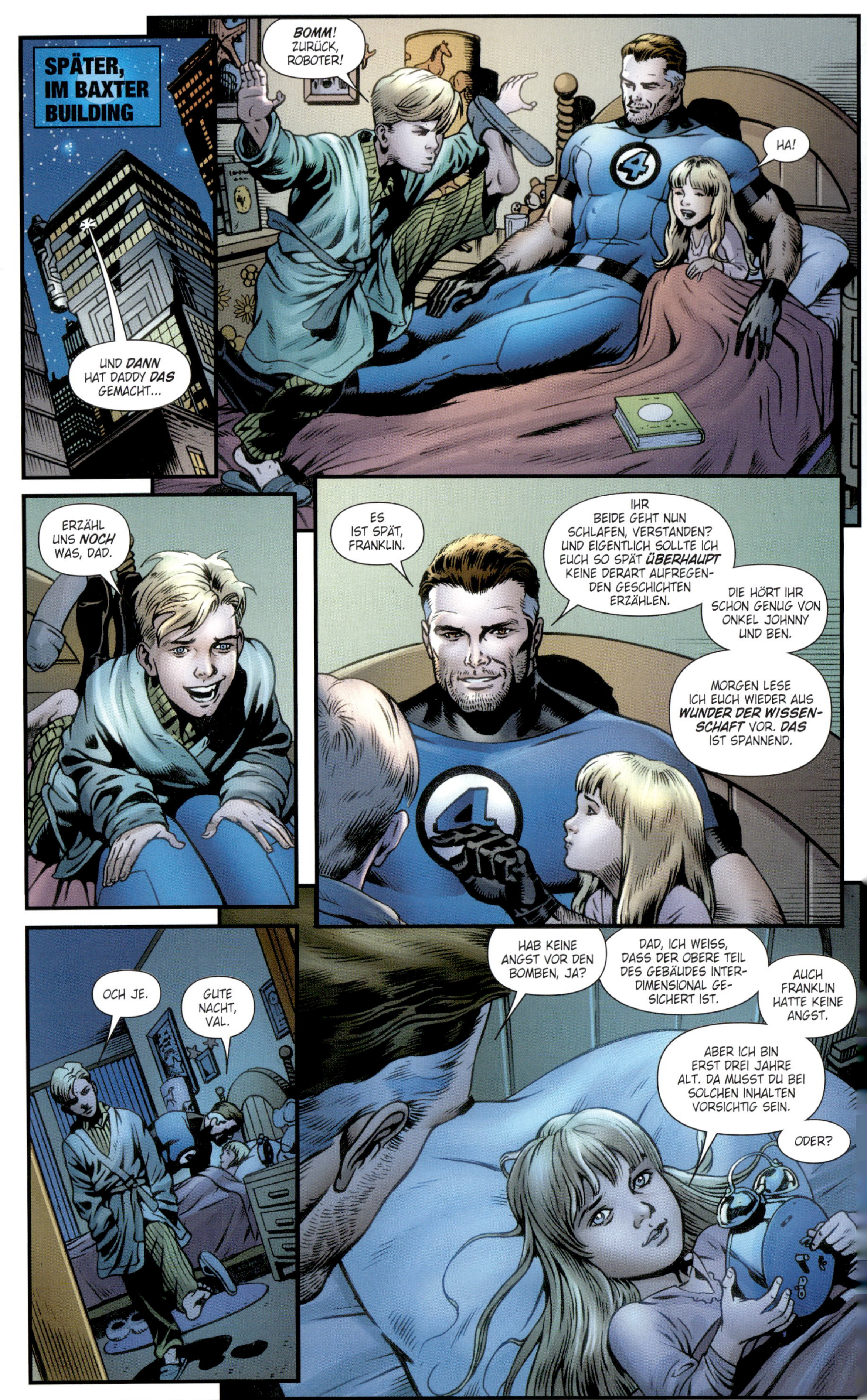
SPÄTER, IM BAXTER BUILDING
UND DANN HAT DADDY DAS GEMACHT...
BOMM! ZURÜCK, ROBOTER!
HA!
ERZÄHL UNS NOCH WAS, DAD.
ES IST SPÄT, FRANKLIN.
IHR BEIDE GEHT NUN SCHLAFEN, VERSTANDEN? UND EIGENTLICH SOLLTE ICH EUCH SO SPÄT ÜBERHAUPT KEINE DERART AUFREGENDEN GESCHICHTEN ERZÄHLEN.
DIE HÖRT IHR SCHON GENUG VON ONKEL JOHNNY UND BEN.
MORGEN LESE ICH EUCH WIEDER AUS WUNDER DER WISSENSCHAFT VOR. DAS IST SPANNEND.
OCH JE.
GUTE NACHT, VAL.
HAB KEINE ANGST VOR DEN BOMBEN, JA?
DAD, ICH WEISS, DASS DER OBERE TEIL DES GEBÄUDES INTERDIMENSIONAL GESICHERT IST.
AUCH FRANKLIN HATTE KEINE ANGST.
ABER ICH BIN ERST DREI JAHRE ALT. DA MUSST DU BEI SOLCHEN INHALTEN VORSICHTIG SEIN.
ODER?

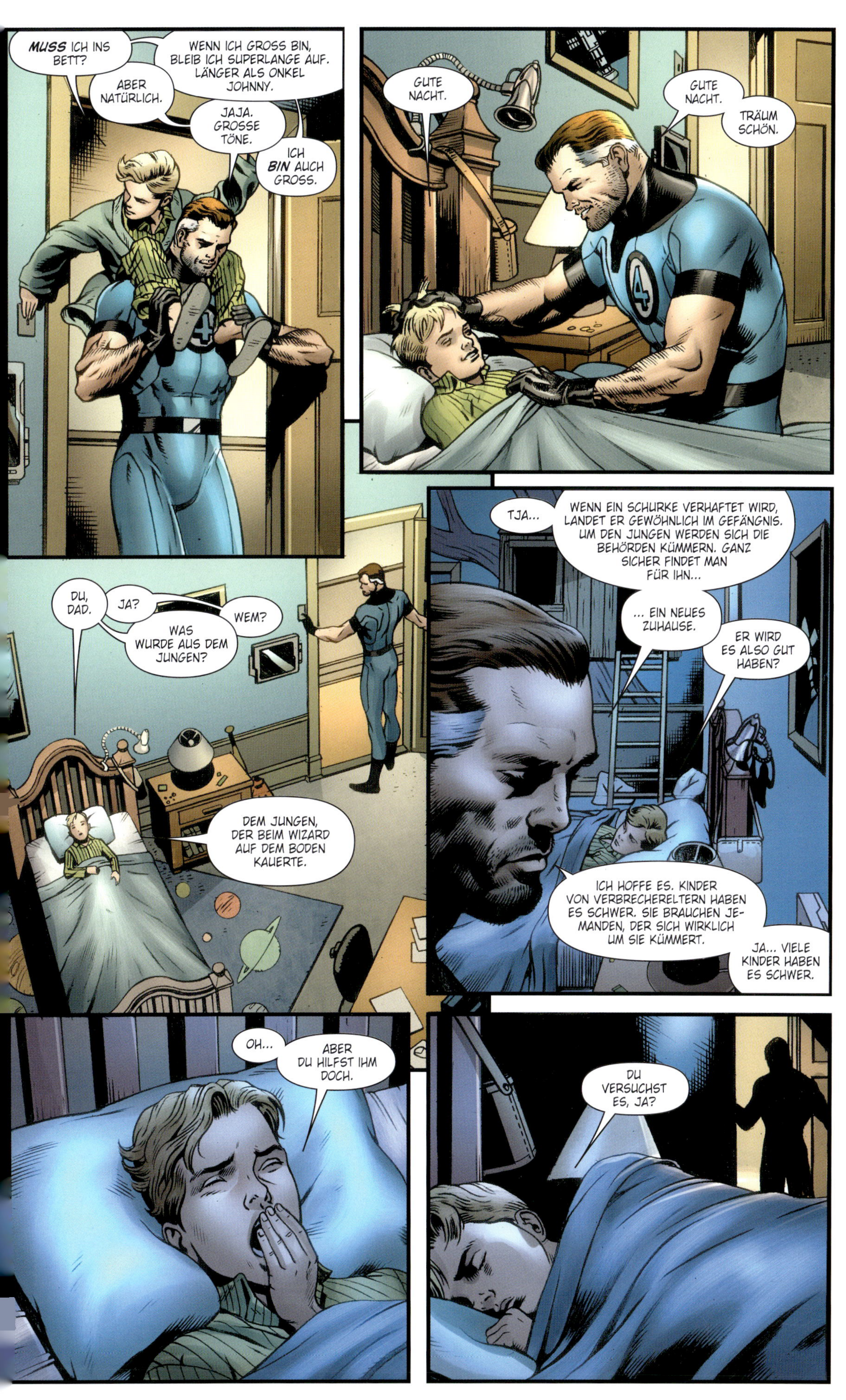
MUSS ICH INS BETT?
WENN ICH GROSS BIN, BLEIB ICH SUPERLANGE AUF. LÄNGER ALS ONKEL JOHNNY.
ABER NATÜRLICH.
JAJA. GROSSE TÖNE.
ICH BIN AUCH GROSS.
GUTE NACHT.
GUTE NACHT.
TRÄUM SCHÖN.
DU, DAD.
JA?
WEM?
WAS WURDE AUS DEM JUNGEN?
DEM JUNGEN, DER BEIM WIZARD AUF DEM BODEN KAUERTE.
TJA...
WENN EIN SCHURKE VERHAFTET WIRD, LANDET ER GEWÖHNLICH IM GEFÄNGNIS. UM DEN JUNGEN WERDEN SICH DIE BEHÖRDEN KÜMMERN. GANZ SICHER FINDET MAN FÜR IHN...
... EIN NEUES ZUHAUSE.
ER WIRD ES ALSO GUT HABEN?
ICH HOFFE ES. KINDER VON VERBRECHERELTERN HABEN ES SCHWER. SIE BRAUCHEN JEMANDEN, DER SICH WIRKLICH UM SIE KÜMMERT.
JA... VIELE KINDER HABEN ES SCHWER.
OH...
ABER DU HILFST IHM DOCH.
DU VERSUCHST ES, JA?

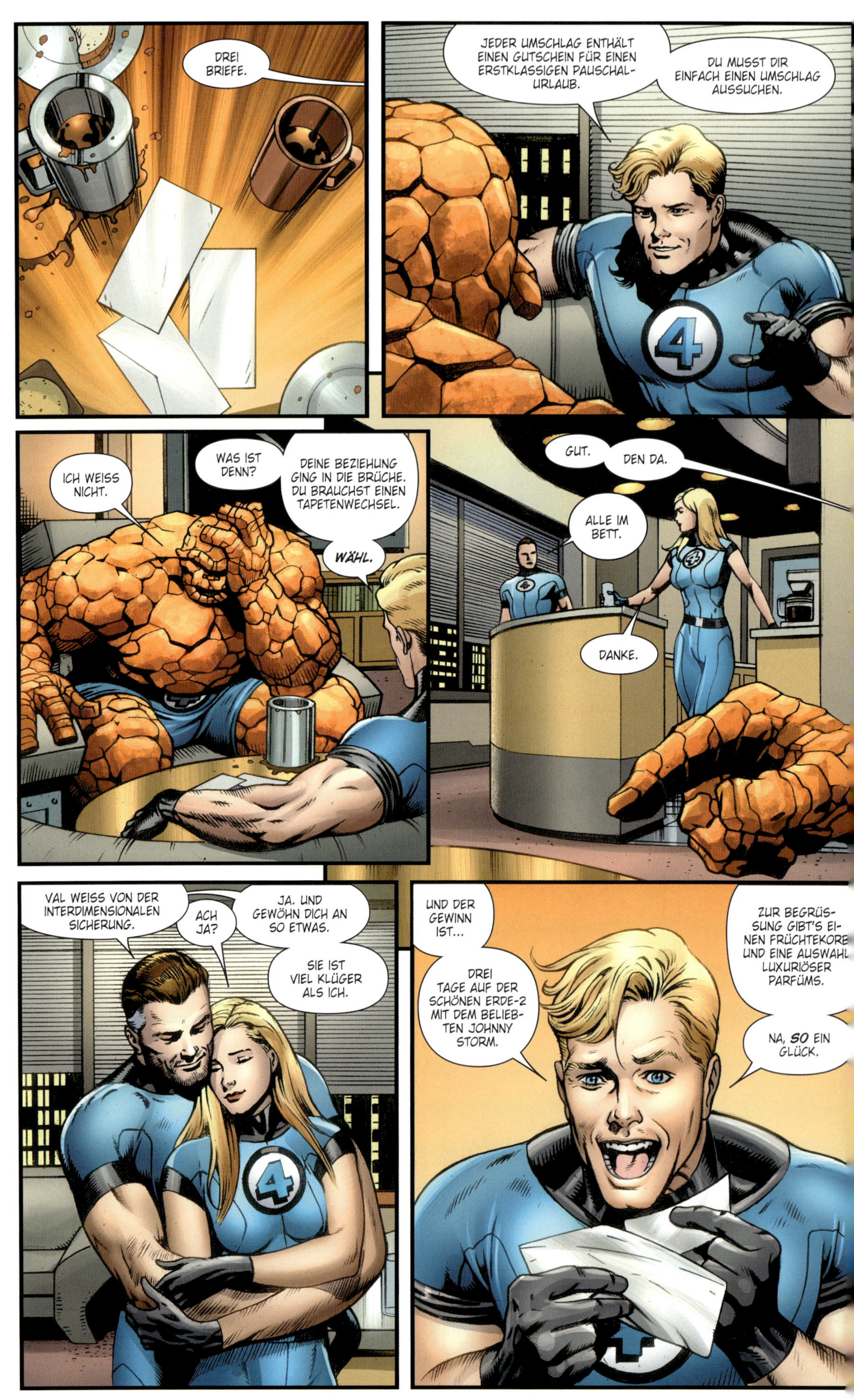
DREI BRIEFE.
JEDER UMSCHLAG ENTHÄLT EINEN GUTSCHEIN FÜR EINEN ERSTKLASSIGEN PAUSCHAL-URLAUB.
DU MUSST DIR EINFACH EINEN UMSCHLAG AUSSUCHEN.
ICH WEISS NICHT.
WAS IST DENN?
DEINE BEZIEHUNG GING IN DIE BRÜCHE. DU BRAUCHST EINEN TAPETENWECHSEL.
WÄHL.
GUT.
DEN DA.
ALLE IM BETT.
DANKE.
VAL WEISS VON DER INTERDIMENSIONALEN SICHERUNG.
ACH JA?
JA. UND GEWÖHN DICH AN SO ETWAS.
SIE IST VIEL KLÜGER ALS ICH.
UND DER GEWINN IST...
DREI TAGE AUF DER SCHÖNEN ERDE-2 MIT DEM BELIEBTEN JOHNNY STORM.
ZUR BEGRÜSSUNG GIBT'S EINEN FRÜCHTEKORB UND EINE AUSWAHL LUXURIÖSER PARFÜMS.
NA, SO EIN GLÜCK.

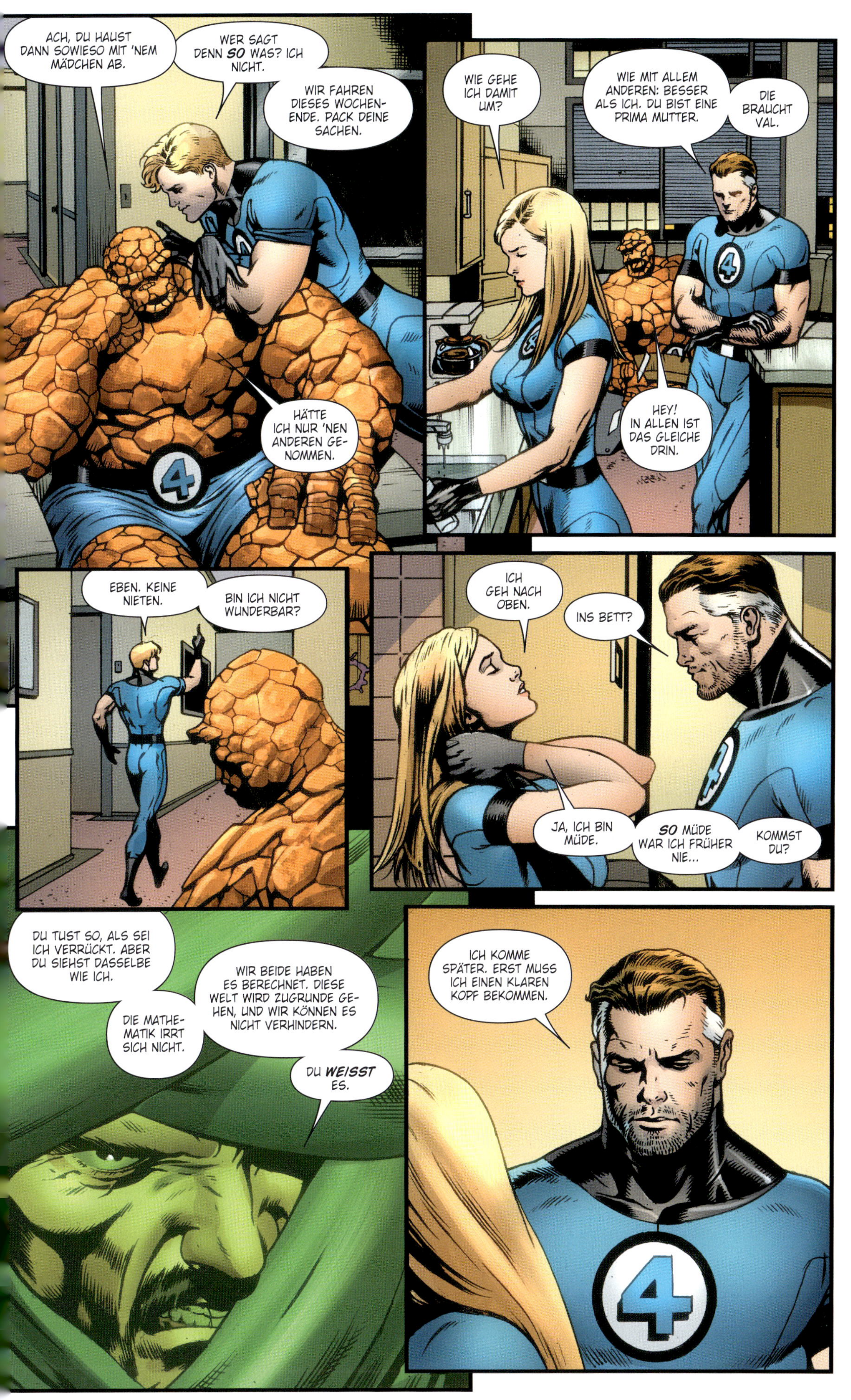
ACH, DU HAUST DANN SOWIESO MIT 'NEM MÄDCHEN AB.
WER SAGT DENN **SO** WAS? ICH NICHT.
WIR FAHREN DIESES WOCHEN-ENDE. PACK DEINE SACHEN.
HÄTTE ICH NUR 'NEN ANDEREN GE-NOMMEN.
WIE GEHE ICH DAMIT UM?
WIE MIT ALLEM ANDEREN: BESSER ALS ICH. DU BIST EINE PRIMA MUTTER.
DIE BRAUCHT VAL.
HEY! IN ALLEN IST DAS GLEICHE DRIN.
EBEN. KEINE NIETEN.
BIN ICH NICHT WUNDERBAR?
ICH GEH NACH OBEN.
INS BETT?
JA, ICH BIN MÜDE.
SO MÜDE WAR ICH FRÜHER NIE...
KOMMST DU?
DU TUST SO, ALS SEI ICH VERRÜCKT. ABER DU SIEHST DASSELBE WIE ICH.
DIE MATHE-MATIK IRRT SICH NICHT.
WIR BEIDE HABEN ES BERECHNET. DIESE WELT WIRD ZUGRUNDE GE-HEN, UND WIR KÖNNEN ES NICHT VERHINDERN.
DU **WEISST** ES.
ICH KOMME SPÄTER. ERST MUSS ICH EINEN KLAREN KOPF BEKOMMEN.

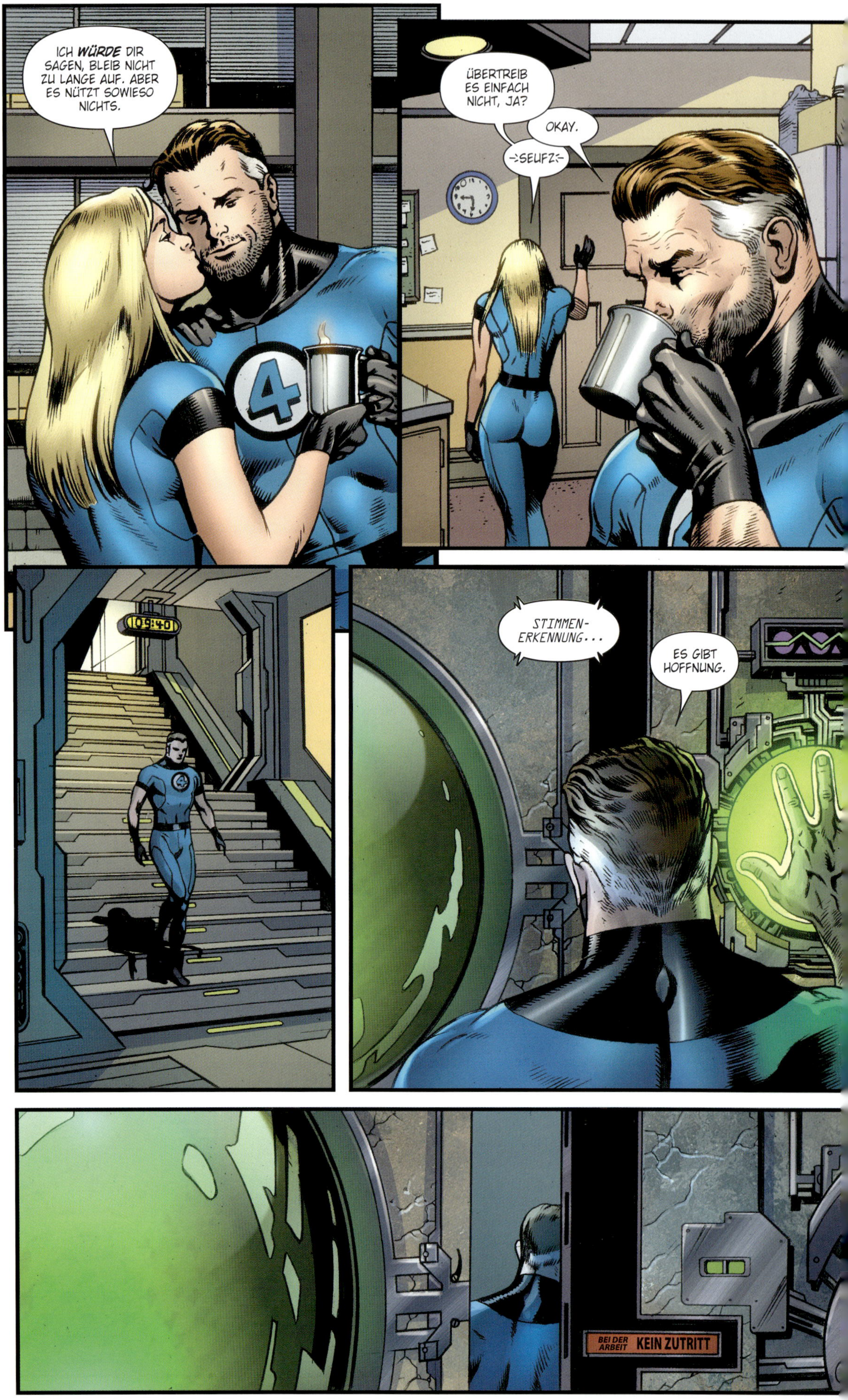

ICH *WÜRDE* DIR SAGEN, BLEIB NICHT ZU LANGE AUF. ABER ES NÜTZT SOWIESO NICHTS.
ÜBERTREIB ES EINFACH NICHT, JA?
OKAY.
-SEUFZ-
STIMMEN-ERKENNUNG...
ES GIBT HOFFNUNG.

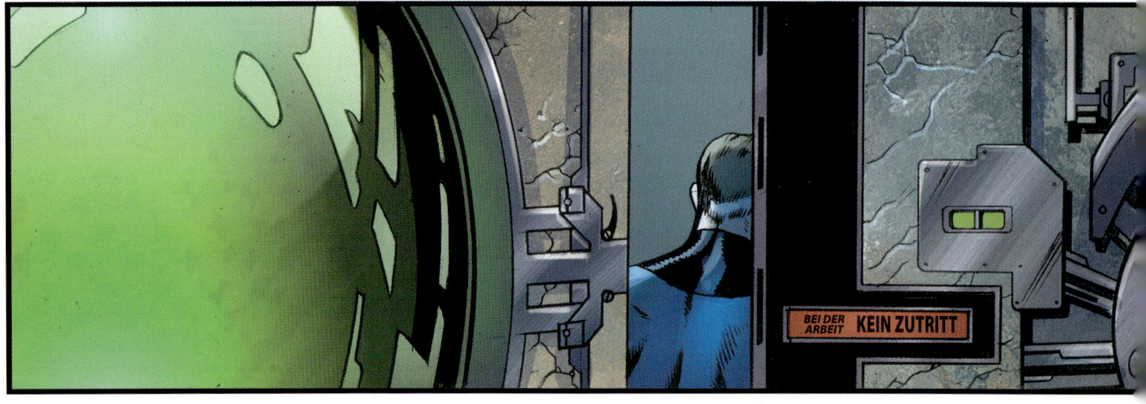

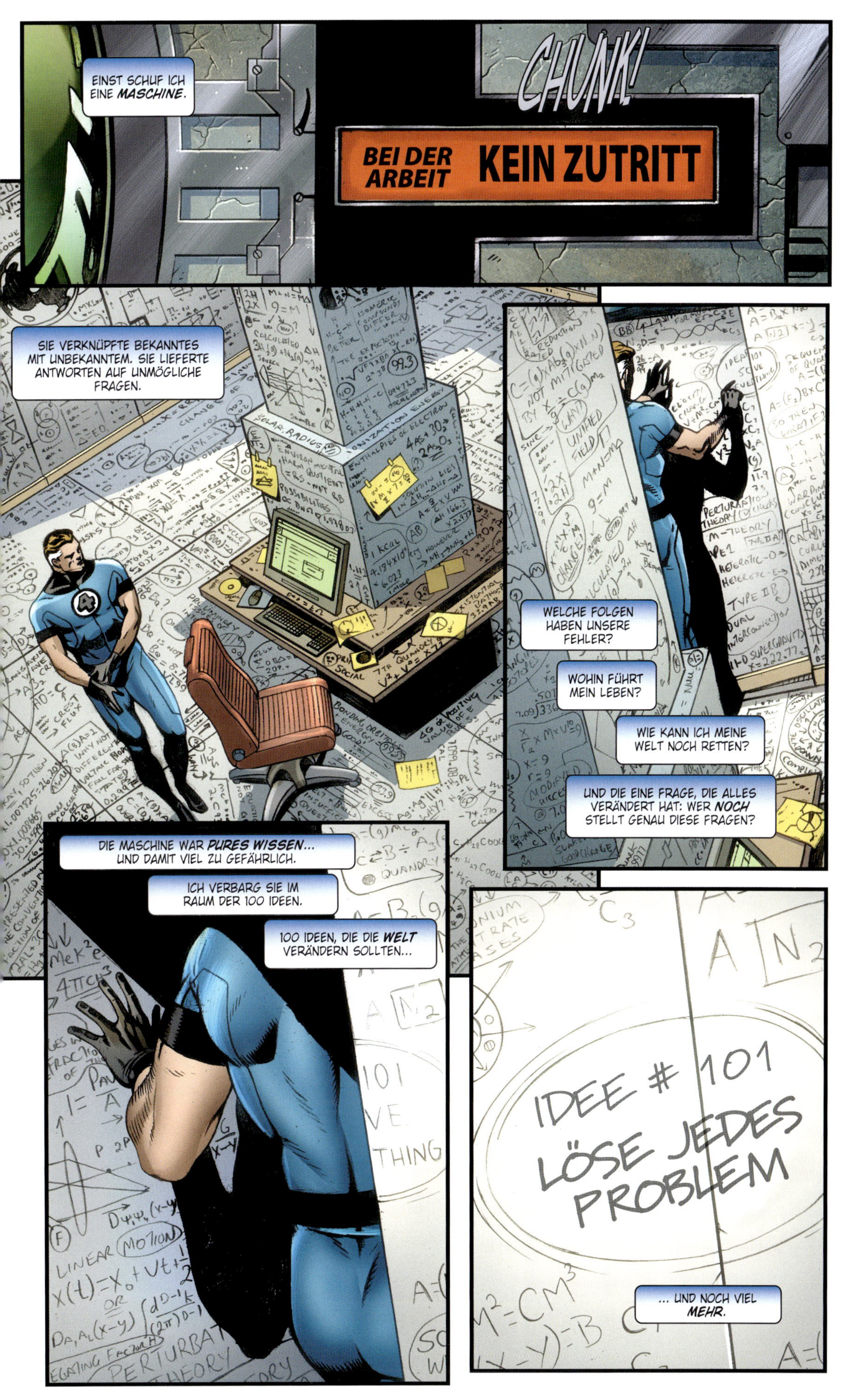
EINST SCHUF ICH EINE MASCHINE.
CHUNK!
BEI DER ARBEIT
KEIN ZUTRITT
SIE VERKNÜPFTE BEKANNTES MIT UNBEKANNTEM. SIE LIEFERTE ANTWORTEN AUF UNMÖGLICHE FRAGEN.
WELCHE FOLGEN HABEN UNSERE FEHLER?
WOHIN FÜHRT MEIN LEBEN?
WIE KANN ICH MEINE WELT NOCH RETTEN?
UND DIE EINE FRAGE, DIE ALLES VERÄNDERT HAT: WER NOCH STELLT GENAU DIESE FRAGEN?
DIE MASCHINE WAR PURES WISSEN... UND DAMIT VIEL ZU GEFÄHRLICH.
ICH VERBARG SIE IM RAUM DER 100 IDEEN.
100 IDEEN, DIE DIE WELT VERÄNDERN SOLLTEN...
IDEE # 101
LÖSE JEDES PROBLEM
... UND NOCH VIEL MEHR.

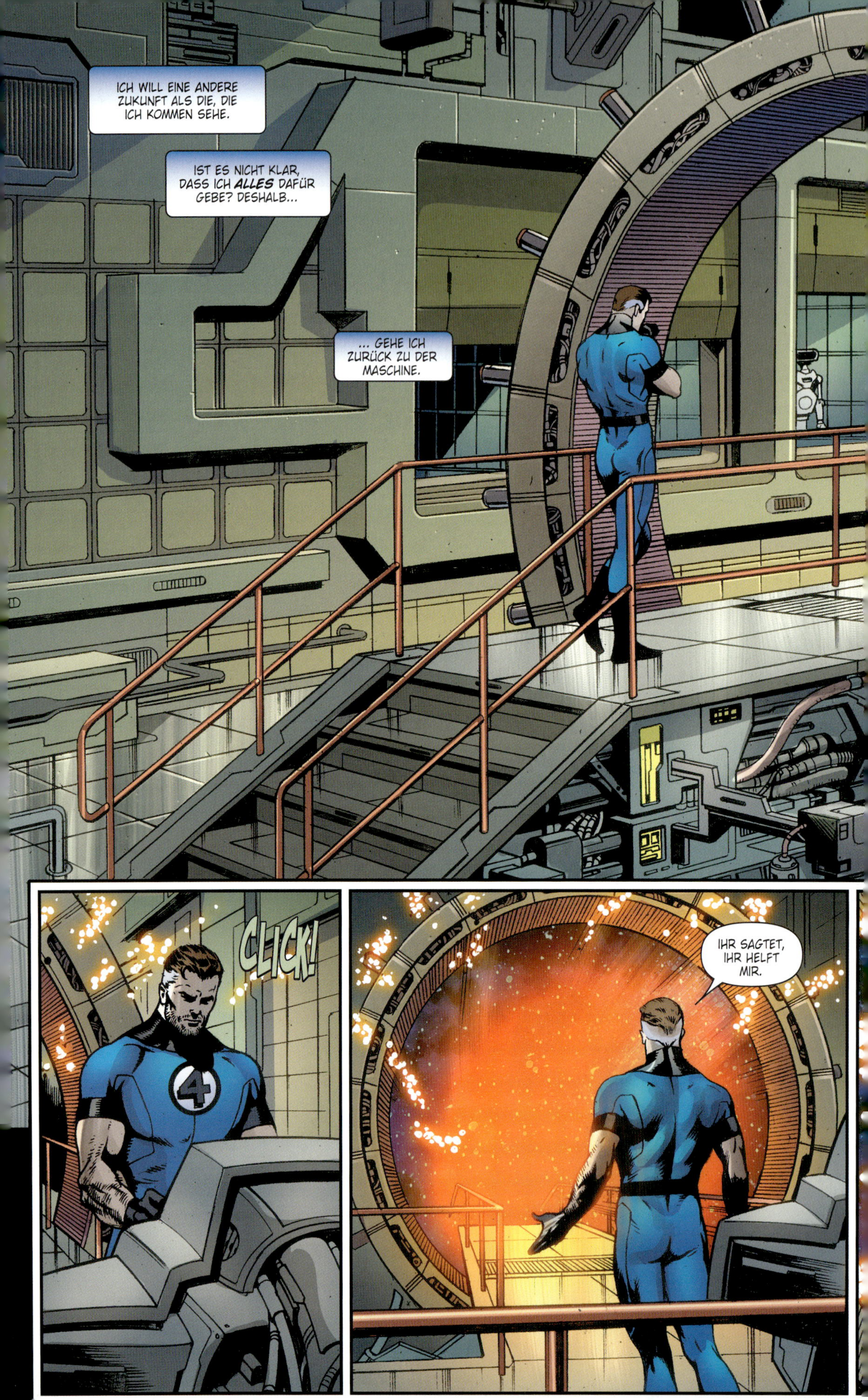
ICH WILL EINE ANDERE ZUKUNFT ALS DIE, DIE ICH KOMMEN SEHE.
IST ES NICHT KLAR, DASS ICH ***ALLES*** DAFÜR GEBE? DESHALB...
... GEHE ICH ZURÜCK ZU DER MASCHINE.
CLICK!
IHR SAGTET, IHR HELFT MIR.

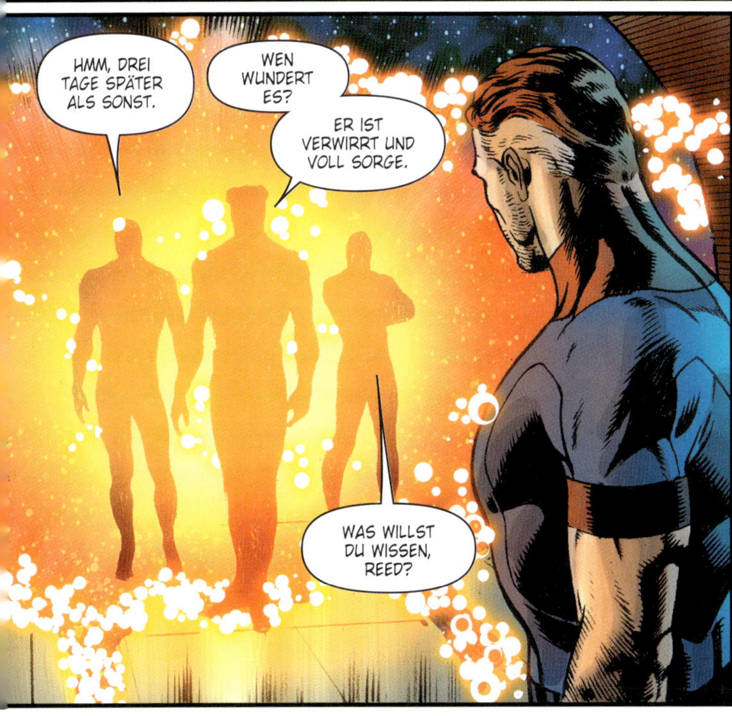
HMM, DREI TAGE SPÄTER ALS SONST.
WEN WUNDERT ES?
ER IST VERWIRRT UND VOLL SORGE.
WAS WILLST DU WISSEN, REED?

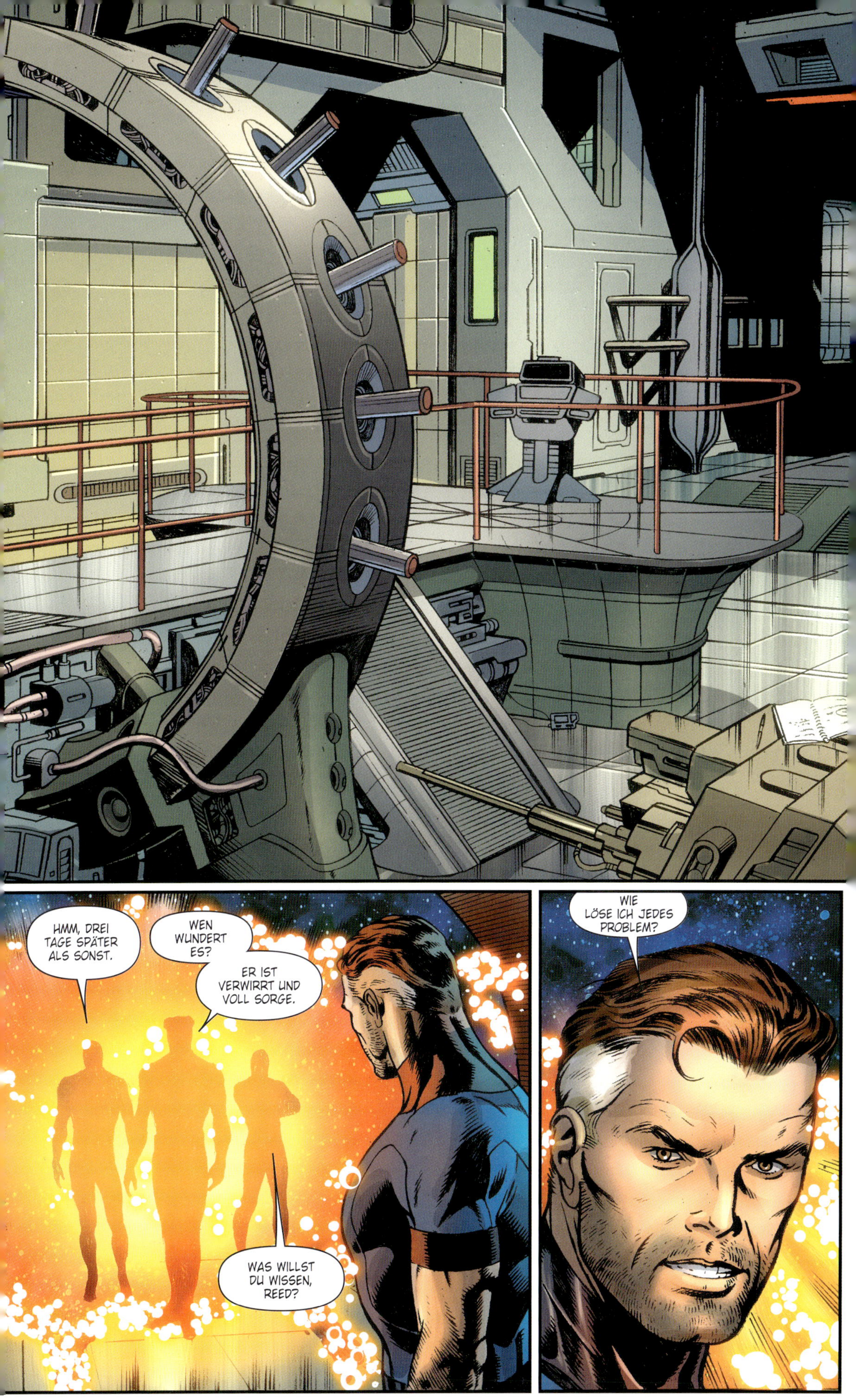

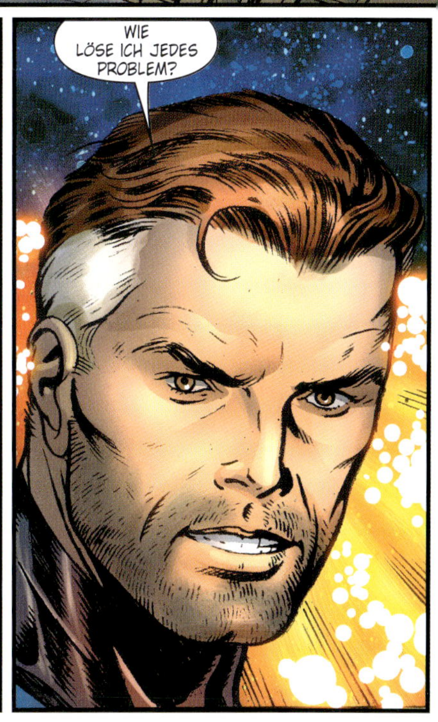
WIE LÖSE ICH JEDES PROBLEM?

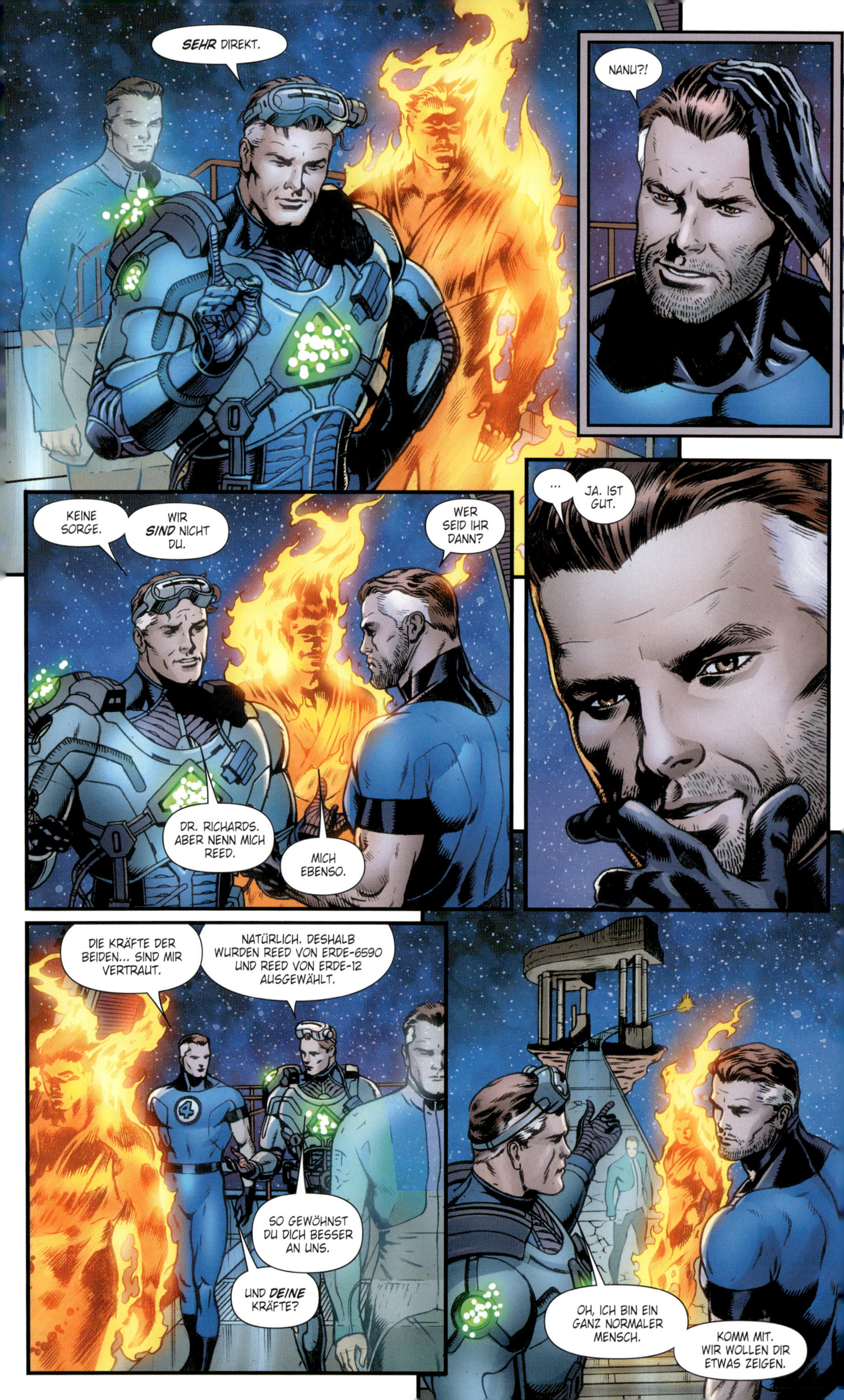
SEHR DIREKT.
NANU?!
KEINE SORGE.
WIR SIND NICHT DU.
WER SEID IHR DANN?
DR. RICHARDS. ABER NENN MICH REED.
MICH EBENSO.
... JA. IST GUT.
DIE KRÄFTE DER BEIDEN... SIND MIR VERTRAUT.
NATÜRLICH. DESHALB WURDEN REED VON ERDE-6590 UND REED VON ERDE-12 AUSGEWÄHLT.
SO GEWÖHNST DU DICH BESSER AN UNS.
UND DEINE KRÄFTE?
OH, ICH BIN EIN GANZ NORMALER MENSCH.
KOMM MIT. WIR WOLLEN DIR ETWAS ZEIGEN.

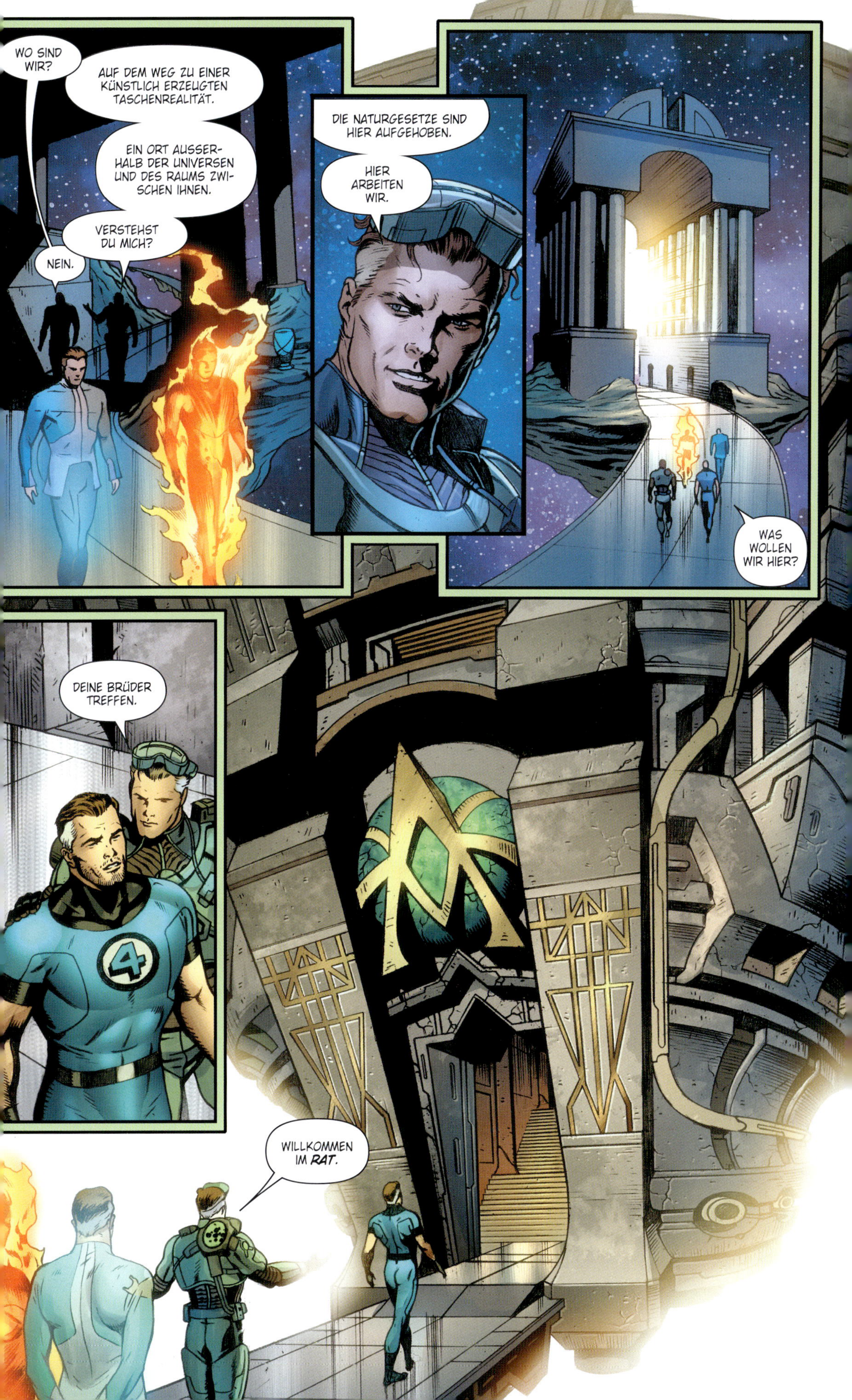
WO SIND WIR?
AUF DEM WEG ZU EINER KÜNSTLICH ERZEUGTEN TASCHENREALITÄT.
EIN ORT AUSSERHALB DER UNIVERSEN UND DES RAUMS ZWISCHEN IHNEN.
VERSTEHST DU MICH?
NEIN.
DIE NATURGESETZE SIND HIER AUFGEHOBEN.
HIER ARBEITEN WIR.
WAS WOLLEN WIR HIER?
DEINE BRÜDER TREFFEN.
WILLKOMMEN IM *RAT*.

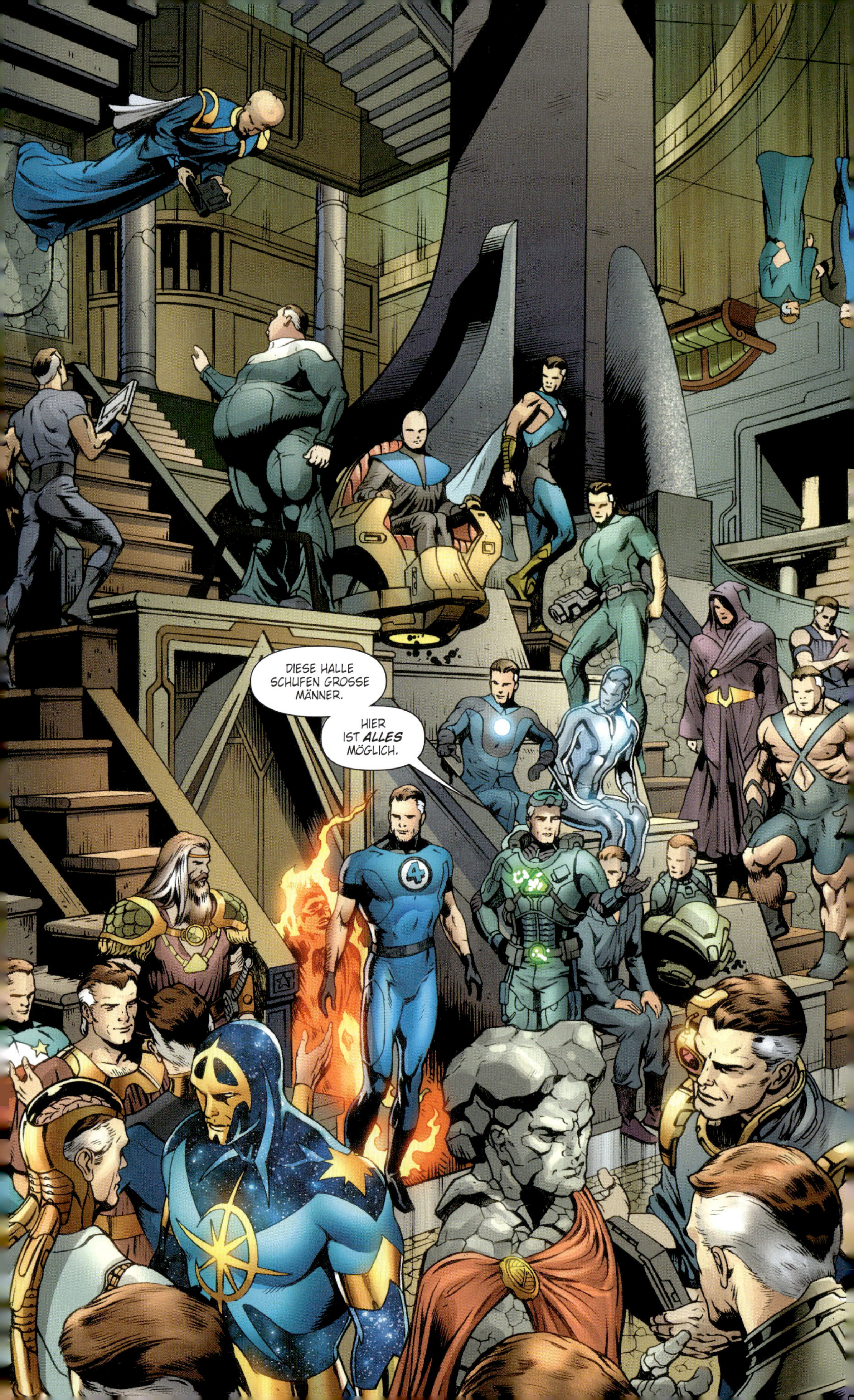
DIESE HALLE SCHUFEN GROSSE MÄNNER.
HIER IST ALLES MÖGLICH.

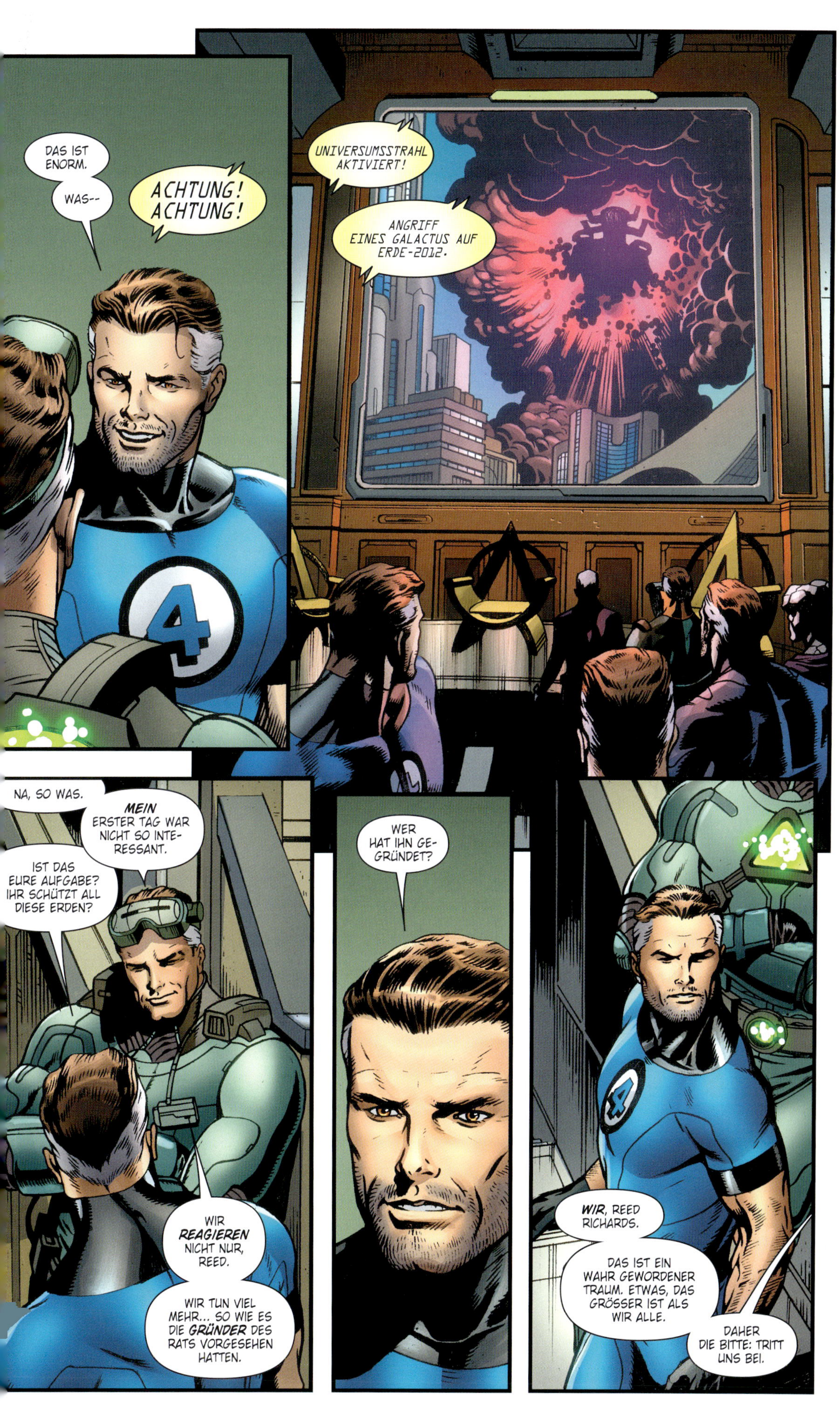
DAS IST ENORM.
WAS--
ACHTUNG! ACHTUNG!
UNIVERSUMSSTRAHL AKTIVIERT!
ANGRIFF EINES GALACTUS AUF ERDE-2012.
NA, SO WAS.
MEIN ERSTER TAG WAR NICHT SO INTERESSANT.
IST DAS EURE AUFGABE? IHR SCHÜTZT ALL DIESE ERDEN?
WIR REAGIEREN NICHT NUR, REED.
WIR TUN VIEL MEHR... SO WIE ES DIE GRÜNDER DES RATS VORGESEHEN HATTEN.
WER HAT IHN GEGRÜNDET?
WIR, REED RICHARDS.
DAS IST EIN WAHR GEWORDENER TRAUM. ETWAS, DAS GRÖSSER IST ALS WIR ALLE.
DAHER DIE BITTE: TRITT UNS BEI.

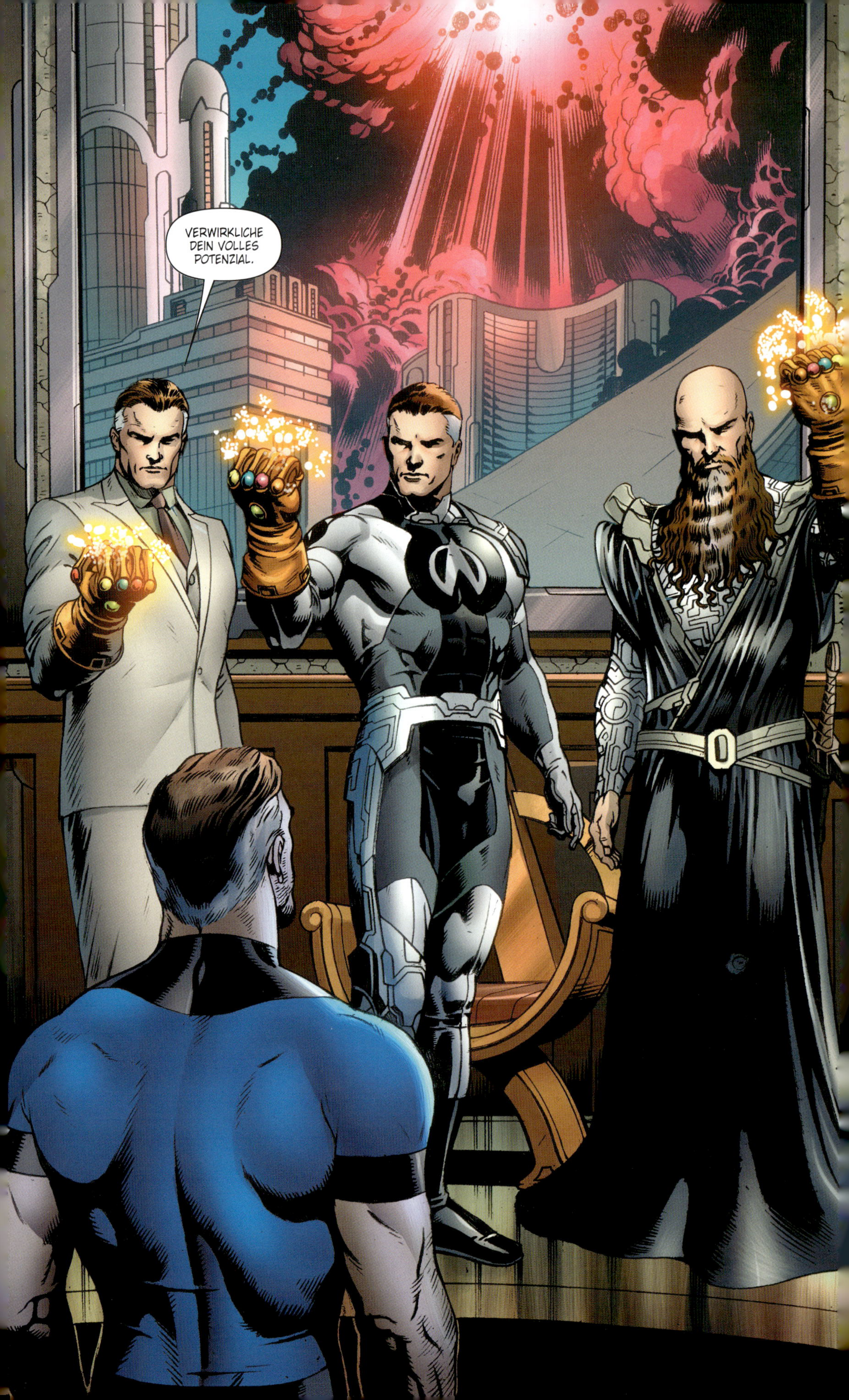
VERWIRKLICHE
DEIN VOLLES
POTENZIAL.

DIE LÖSUNG ALLER PROBLEME, TEIL 2

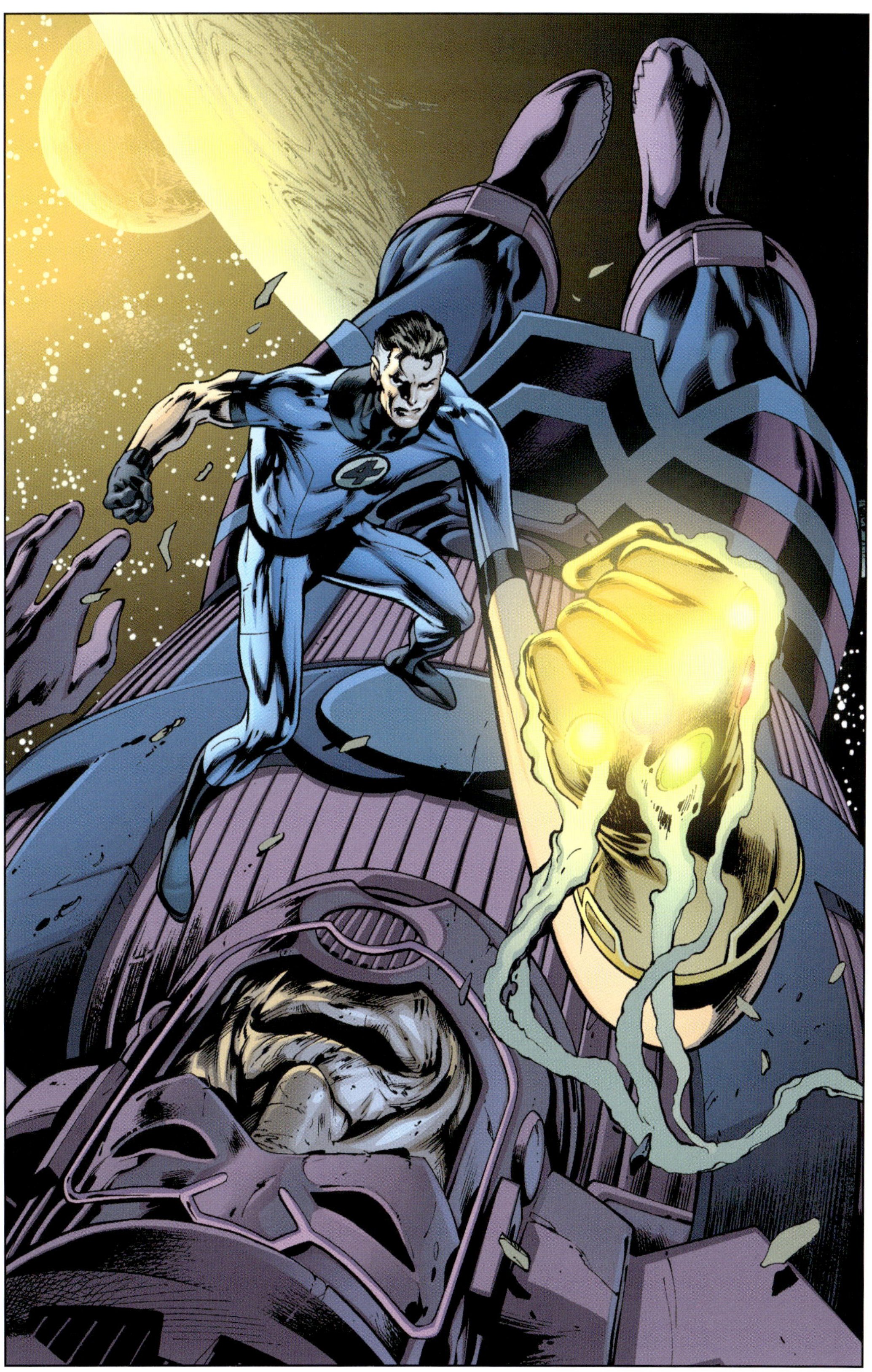

Fantastic Four (1961) 571
Cover von **ALAN DAVIS**

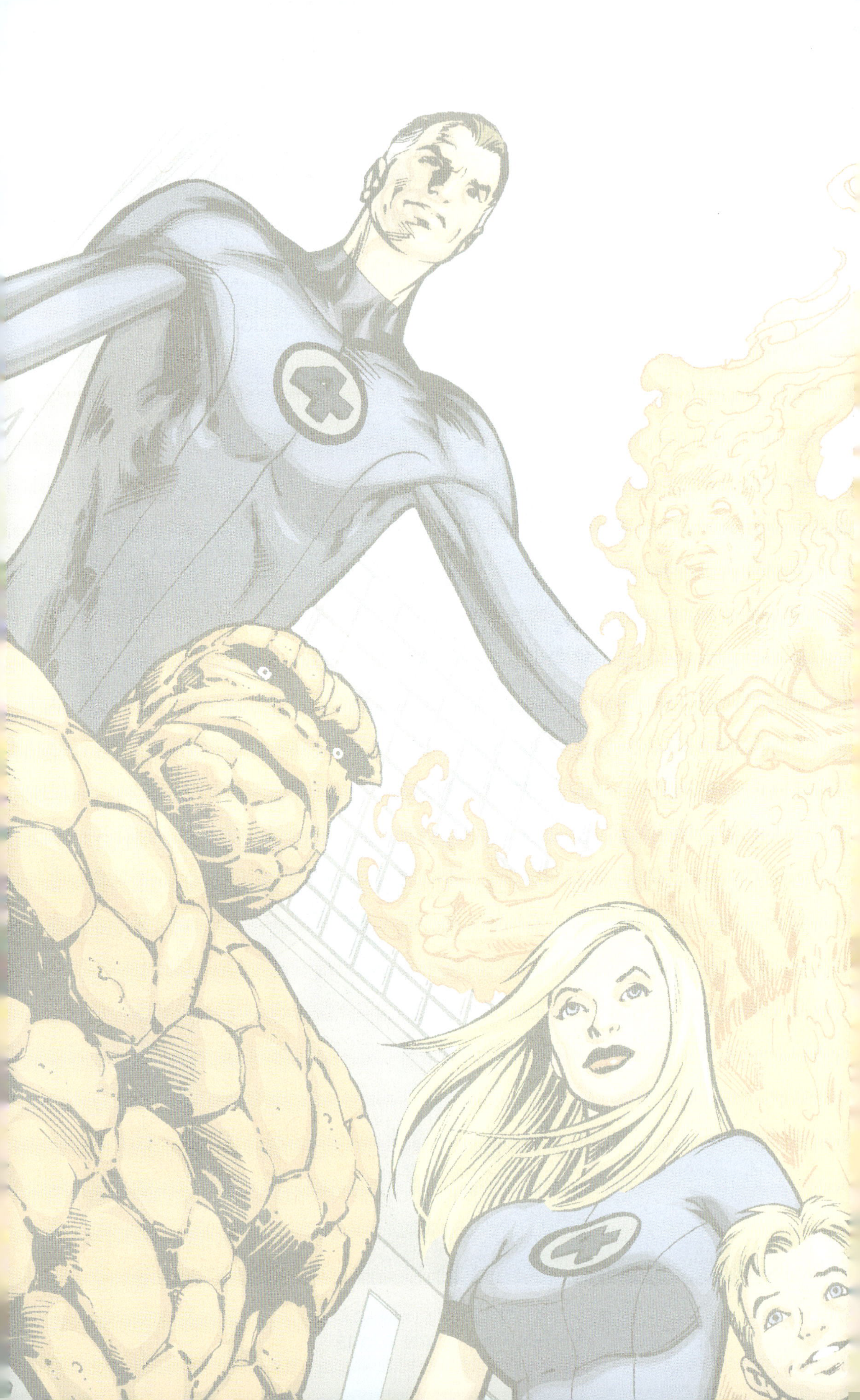

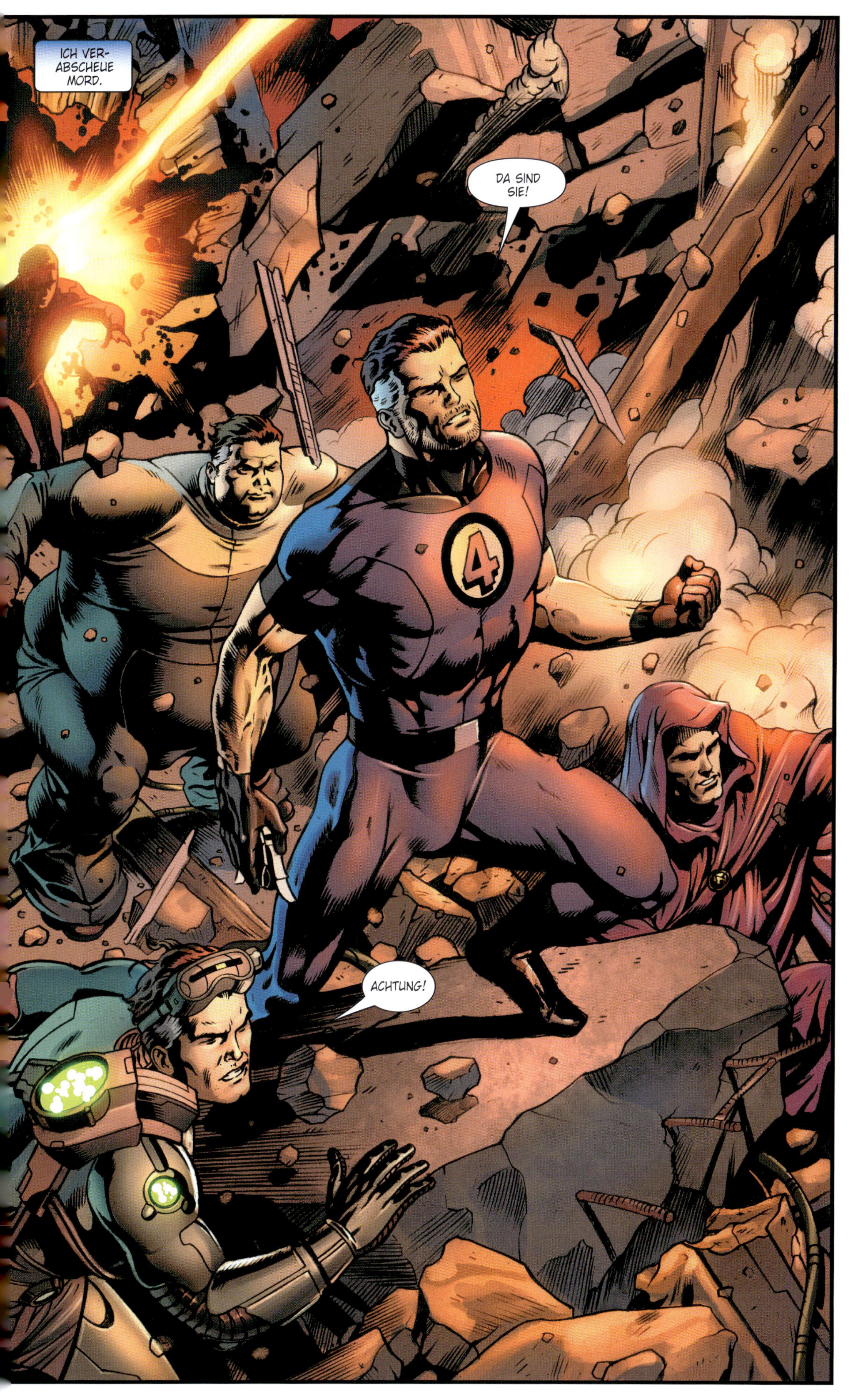
ICH VERABSCHEUE MORD.
DA SIND SIE!
ACHTUNG!

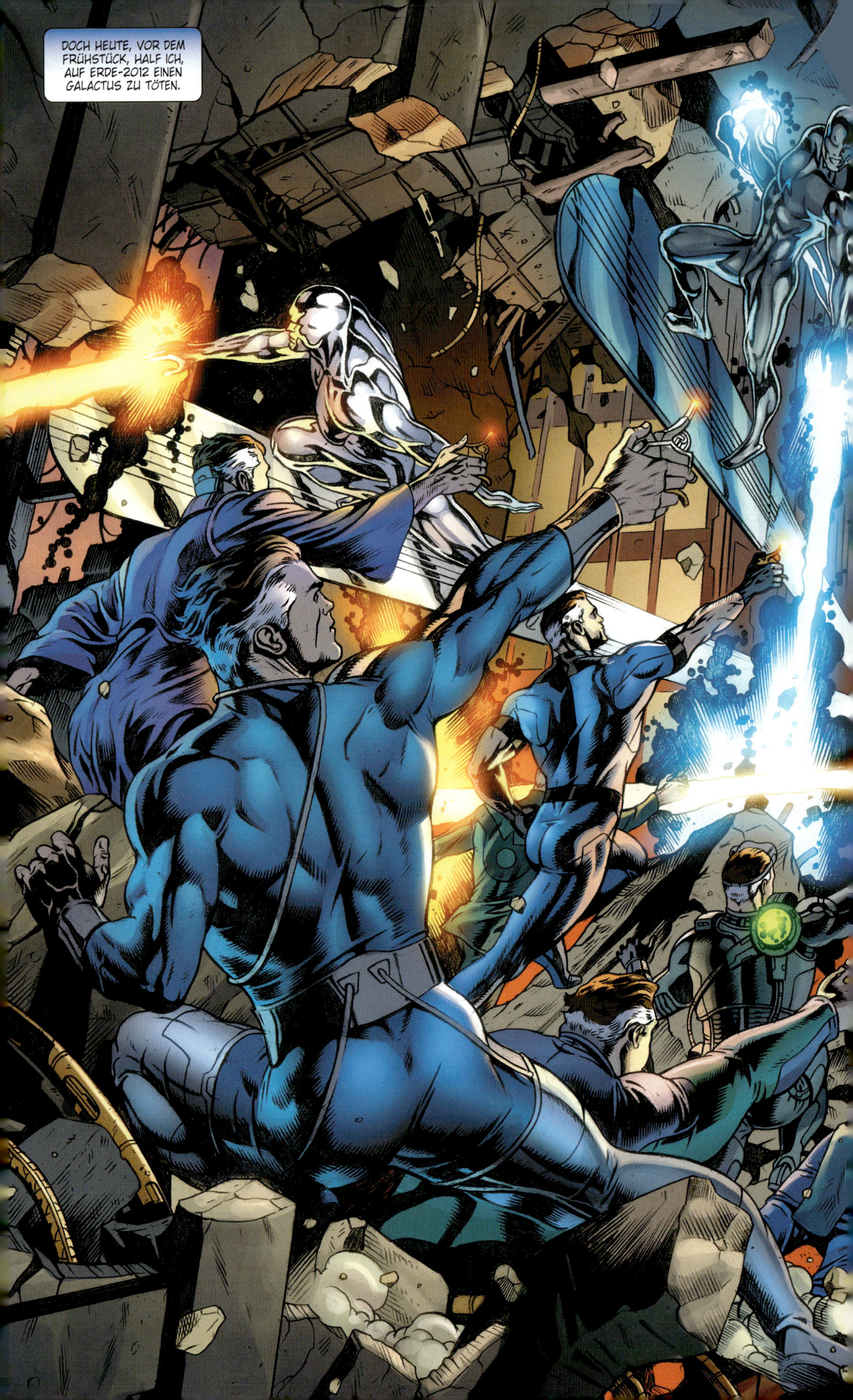
DOCH HEUTE, VOR DEM FRÜHSTÜCK, HALF ICH, AUF ERDE-2012 EINEN GALACTUS ZU TÖTEN.

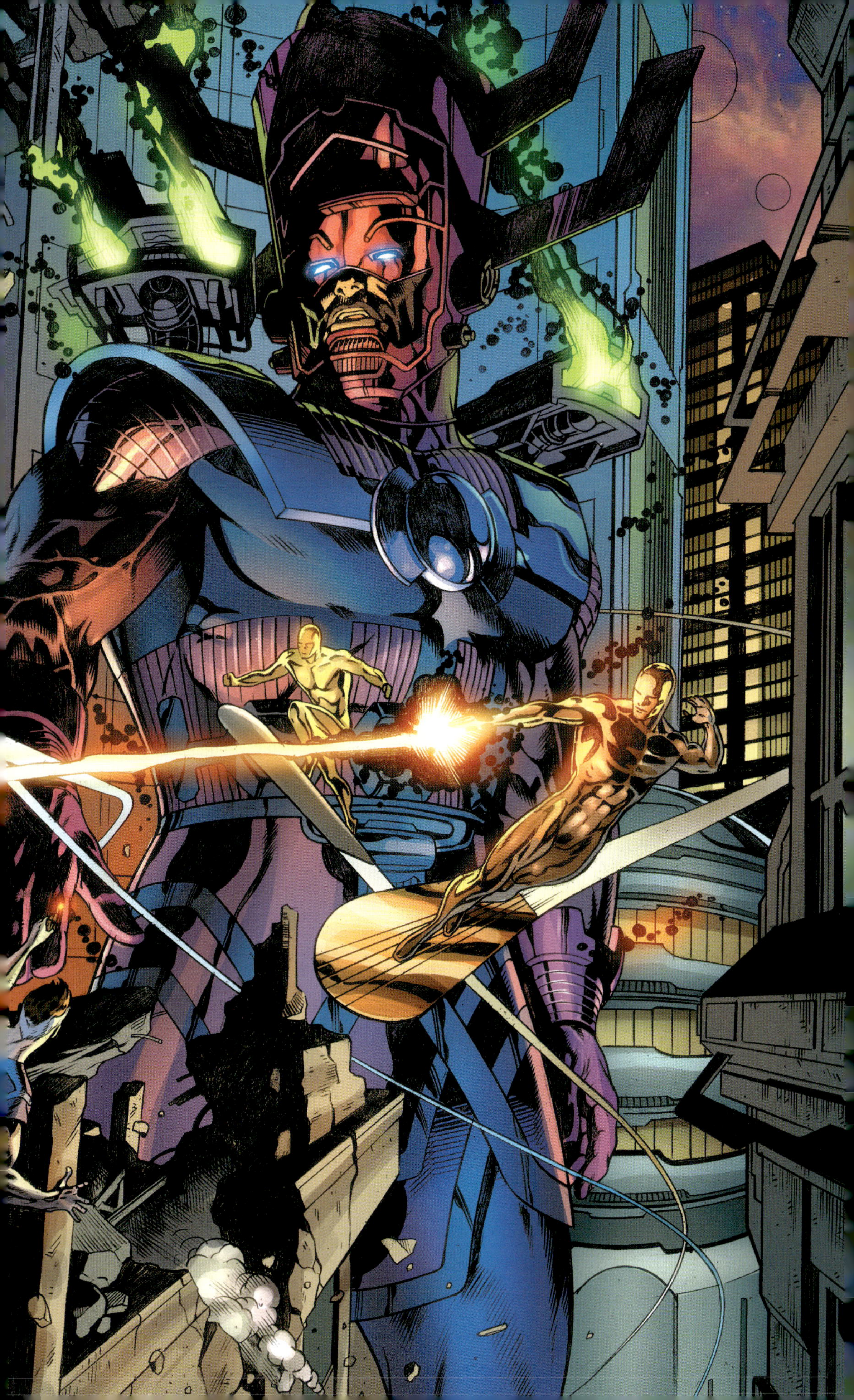

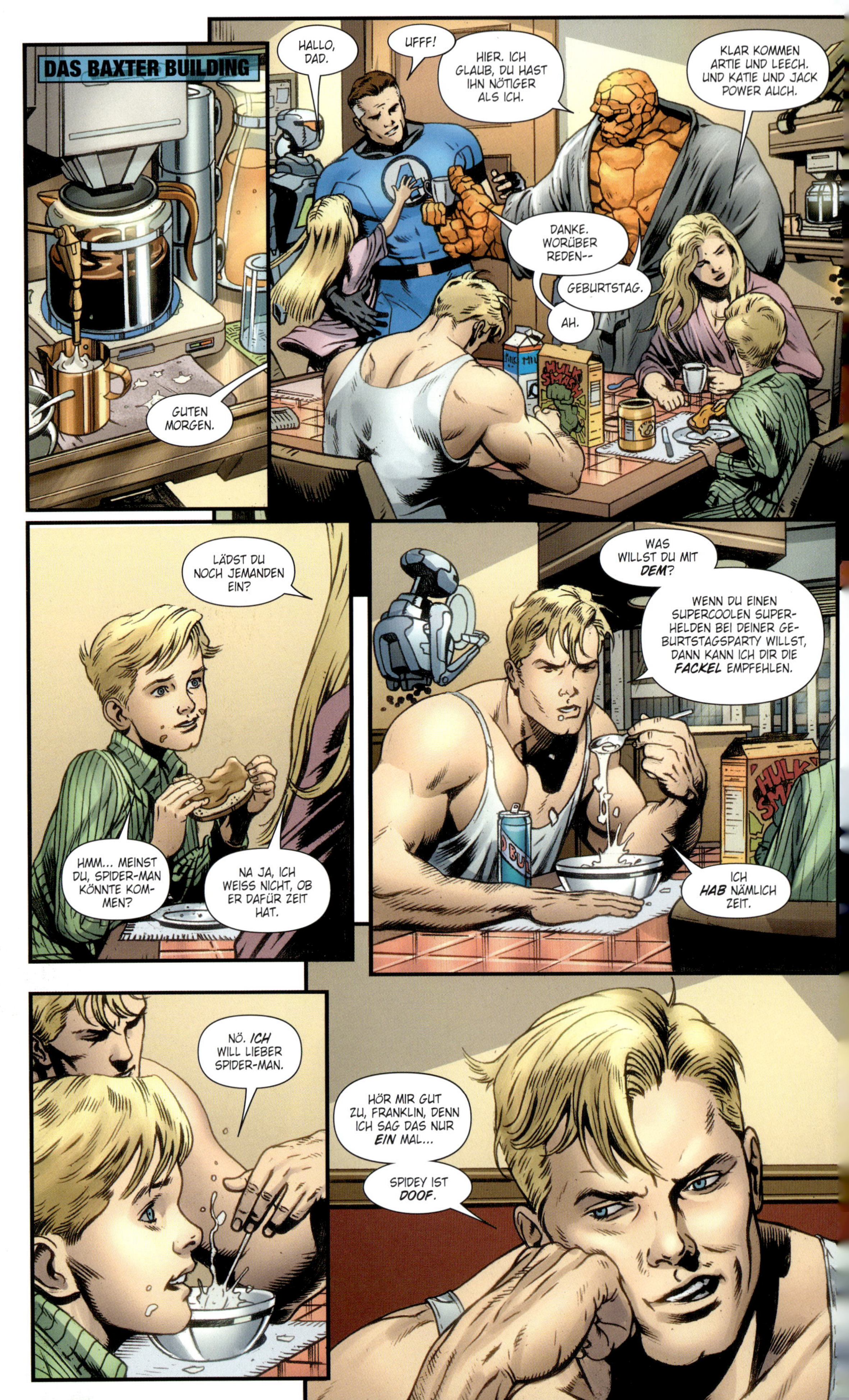
DAS BAXTER BUILDING
GUTEN MORGEN.
HALLO, DAD.
UFFF!
HIER. ICH GLAUB, DU HAST IHN NÖTIGER ALS ICH.
KLAR KOMMEN ARTIE UND LEECH. UND KATIE UND JACK POWER AUCH.
DANKE. WORÜBER REDEN--
GEBURTSTAG.
AH.
LÄDST DU NOCH JEMANDEN EIN?
HMM... MEINST DU, SPIDER-MAN KÖNNTE KOMMEN?
NA JA, ICH WEISS NICHT, OB ER DAFÜR ZEIT HAT.
WAS WILLST DU MIT DEM?
WENN DU EINEN SUPERCOOLEN SUPERHELDEN BEI DEINER GEBURTSTAGSPARTY WILLST, DANN KANN ICH DIR DIE FACKEL EMPFEHLEN.
ICH HAB NÄMLICH ZEIT.
NÖ. ICH WILL LIEBER SPIDER-MAN.
HÖR MIR GUT ZU, FRANKLIN, DENN ICH SAG DAS NUR EIN MAL...
SPIDEY IST DOOF.

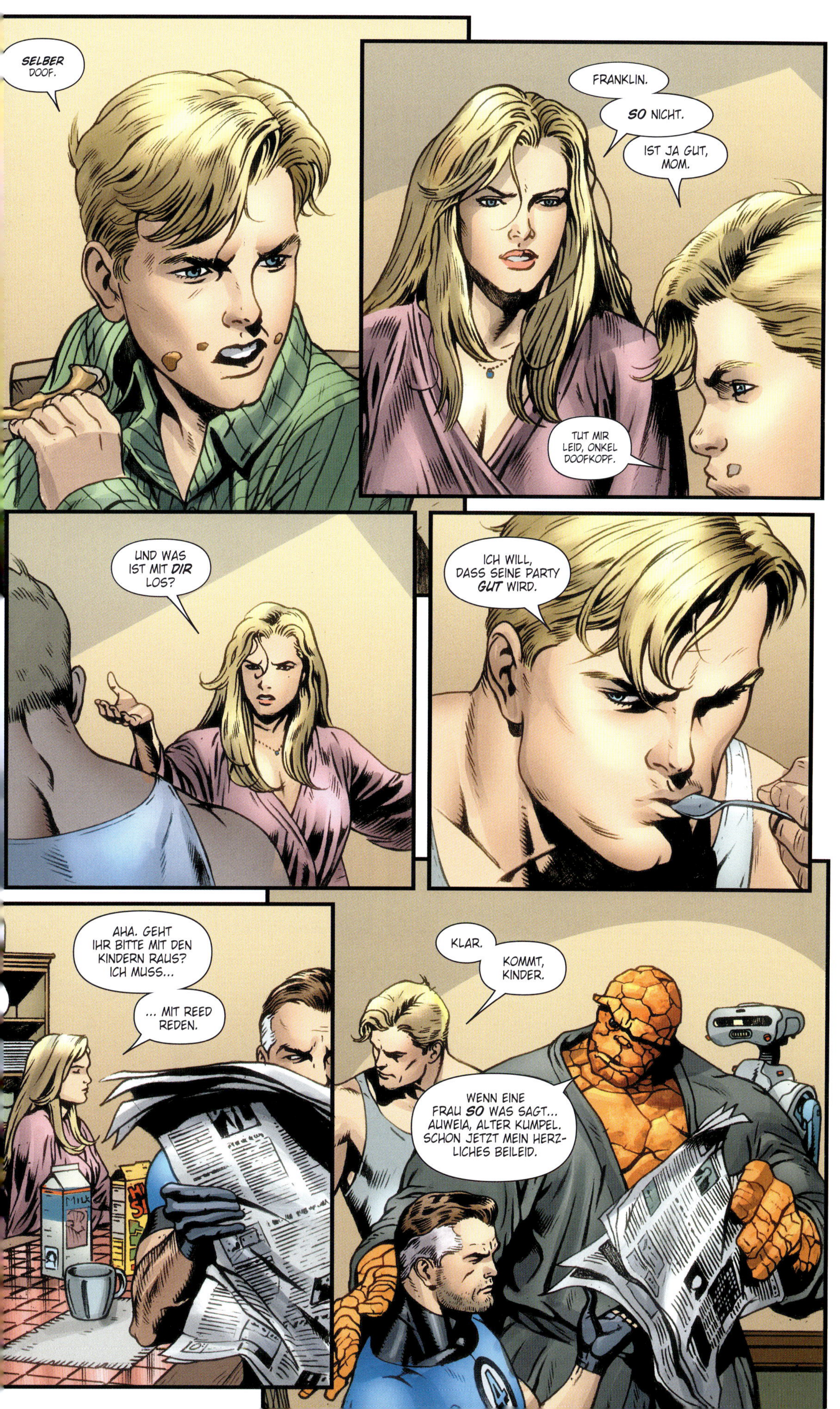
SELBER DOOF.
FRANKLIN.
SO NICHT.
IST JA GUT, MOM.
TUT MIR LEID, ONKEL DOOFKOPF.
UND WAS IST MIT DIR LOS?
ICH WILL, DASS SEINE PARTY GUT WIRD.
AHA. GEHT IHR BITTE MIT DEN KINDERN RAUS? ICH MUSS...
... MIT REED REDEN.
KLAR.
KOMMT, KINDER.
WENN EINE FRAU SO WAS SAGT... AUWEIA, ALTER KUMPEL. SCHON JETZT MEIN HERZLICHES BEILEID.

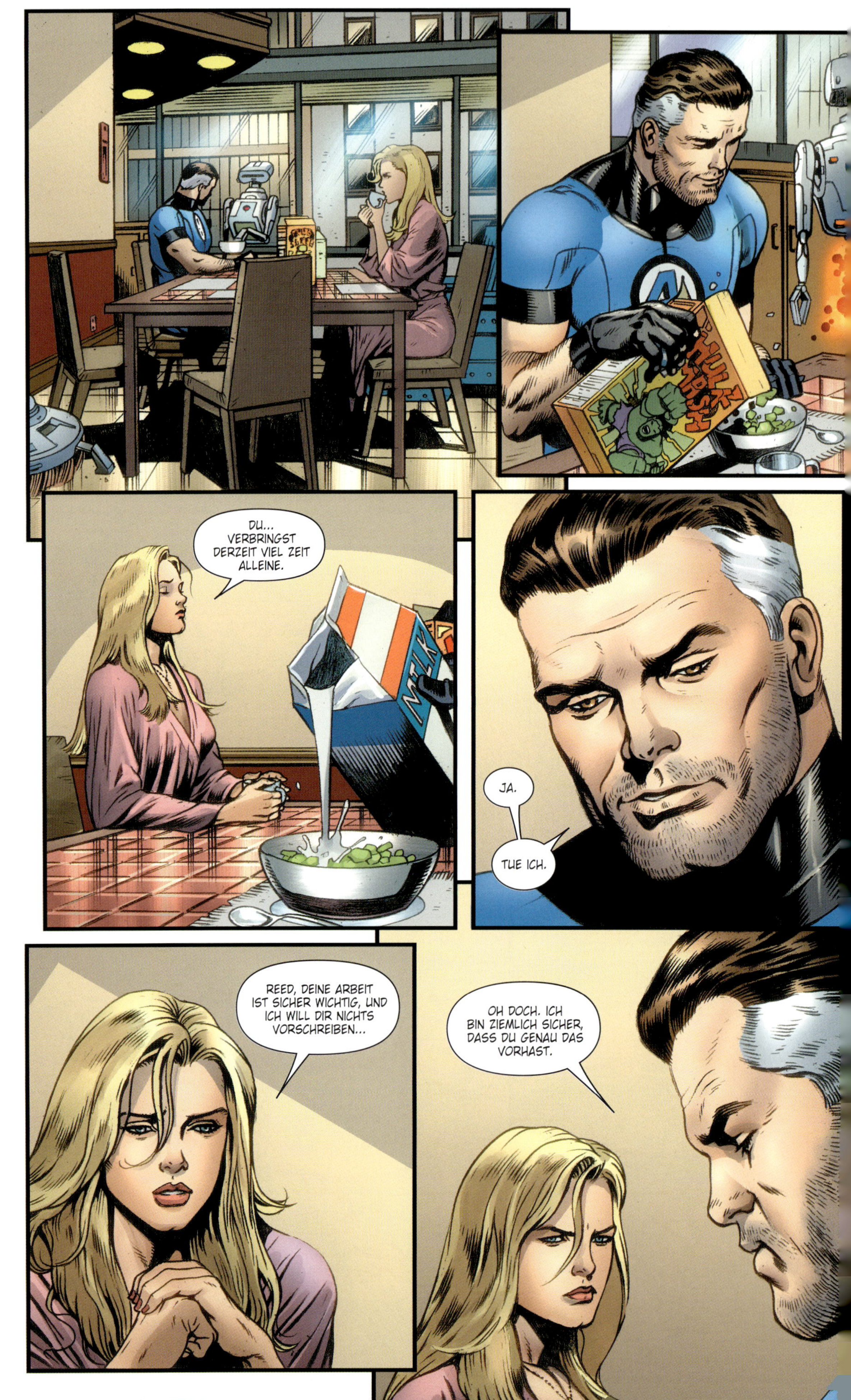
DU... VERBRINGST DERZEIT VIEL ZEIT ALLEINE.
JA.
TUE ICH.
REED, DEINE ARBEIT IST SICHER WICHTIG, UND ICH WILL DIR NICHTS VORSCHREIBEN...
OH DOCH. ICH BIN ZIEMLICH SICHER, DASS DU GENAU DAS VORHAST.

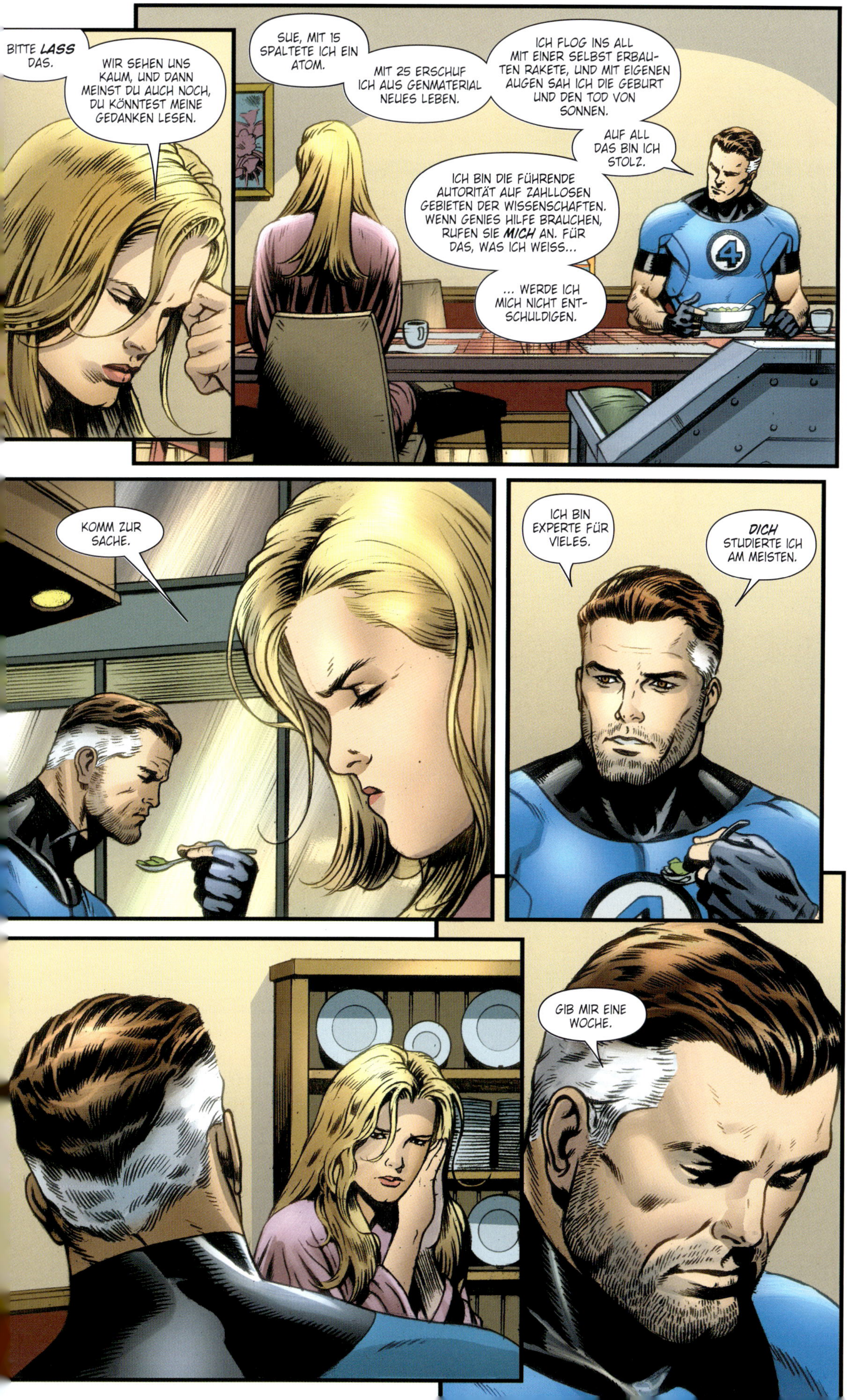

BITTE **LASS** DAS.
WIR SEHEN UNS KAUM, UND DANN MEINST DU AUCH NOCH, DU KÖNNTEST MEINE GEDANKEN LESEN.
SUE, MIT 15 SPALTETE ICH EIN ATOM.
MIT 25 ERSCHUF ICH AUS GENMATERIAL NEUES LEBEN.
ICH FLOG INS ALL MIT EINER SELBST ERBAUTEN RAKETE, UND MIT EIGENEN AUGEN SAH ICH DIE GEBURT UND DEN TOD VON SONNEN.
AUF ALL DAS BIN ICH STOLZ.
ICH BIN DIE FÜHRENDE AUTORITÄT AUF ZAHLLOSEN GEBIETEN DER WISSENSCHAFTEN. WENN GENIES HILFE BRAUCHEN, RUFEN SIE **MICH** AN. FÜR DAS, WAS ICH WEISS...
... WERDE ICH MICH NICHT ENTSCHULDIGEN.

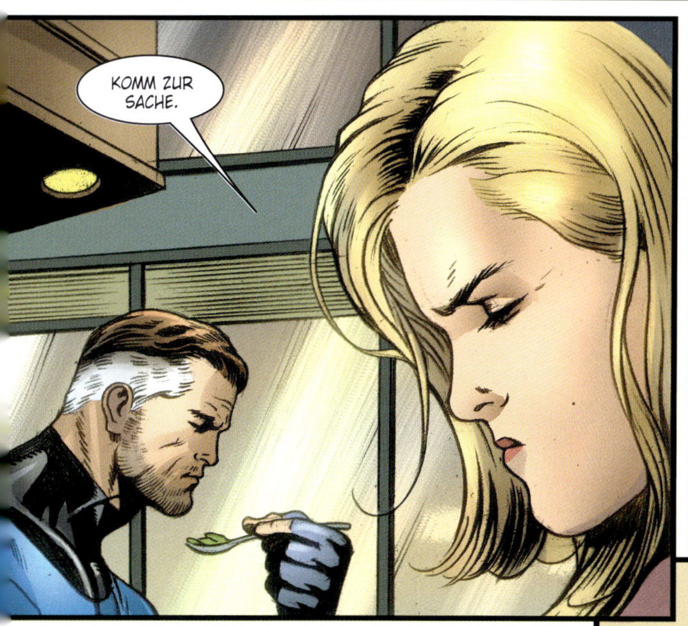

KOMM ZUR SACHE.

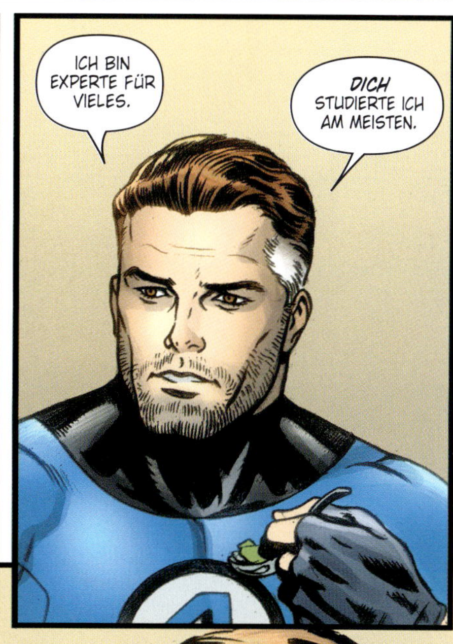

ICH BIN EXPERTE FÜR VIELES.
DICH STUDIERTE ICH AM MEISTEN.

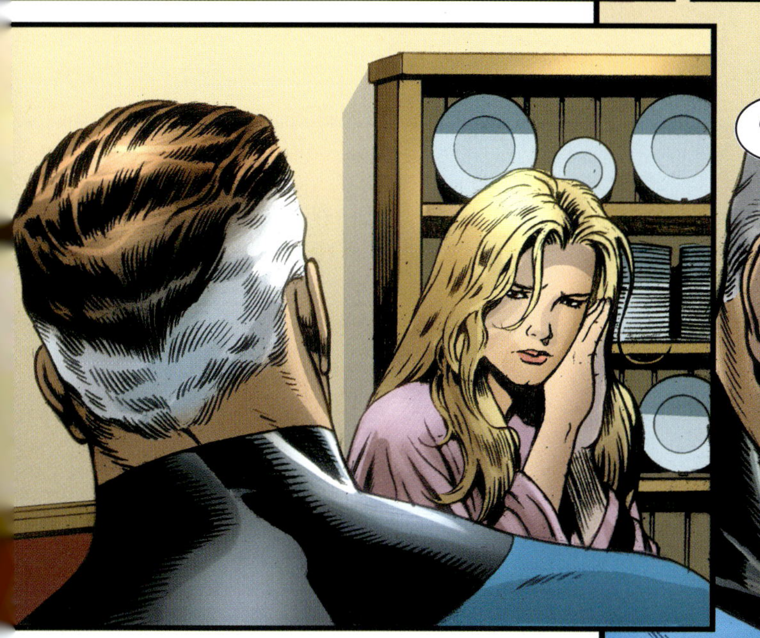

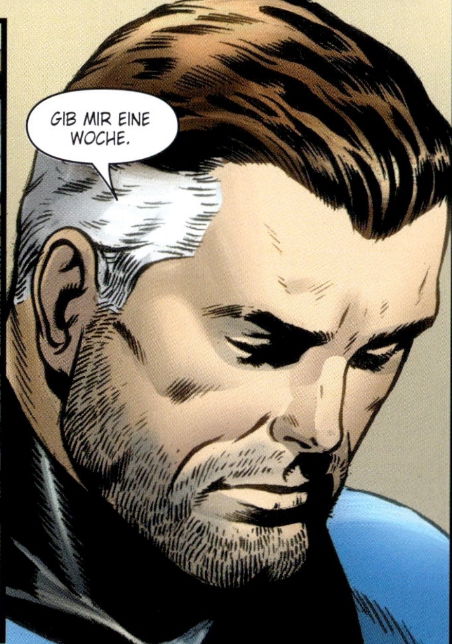

GIB MIR EINE WOCHE.

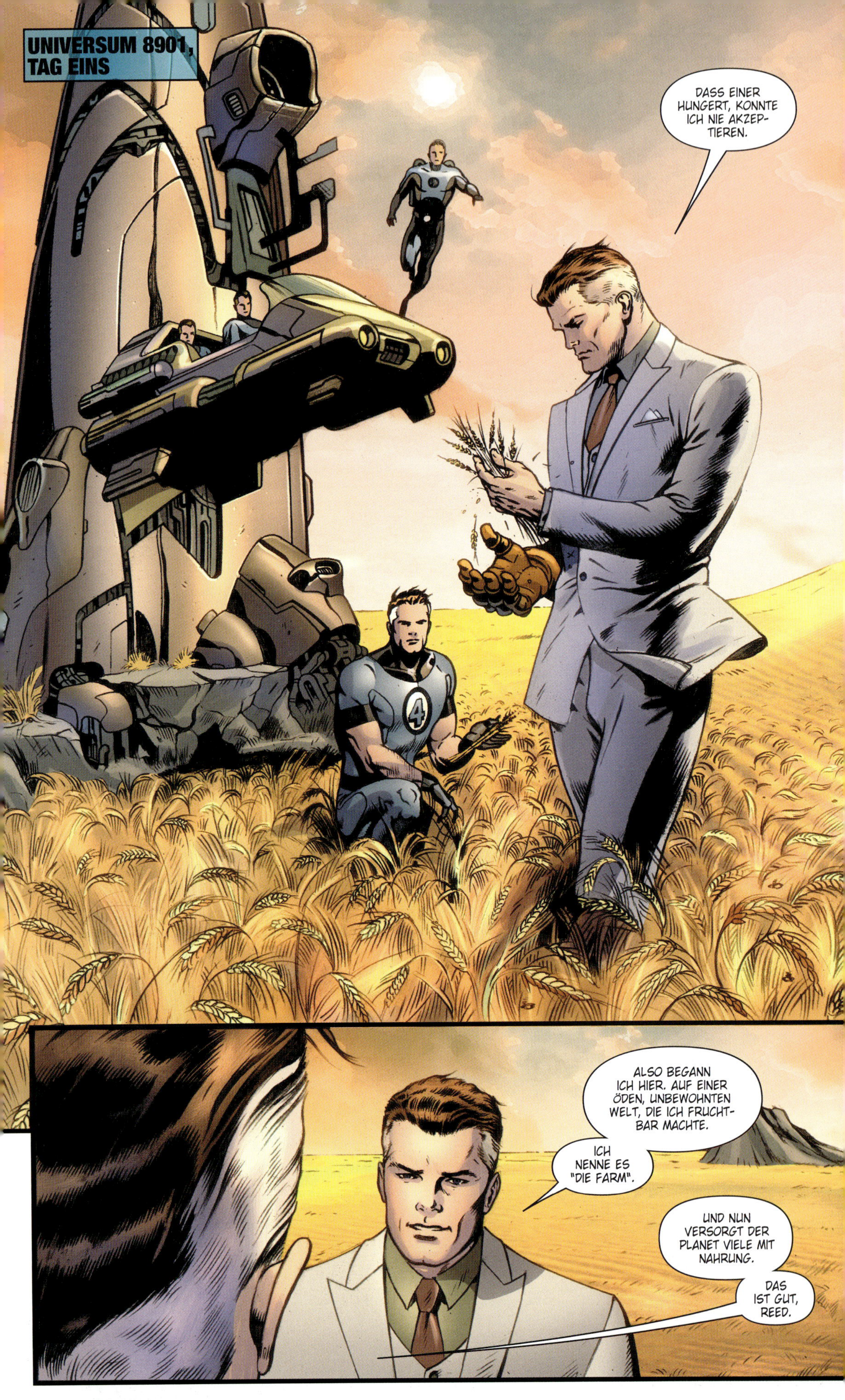
UNIVERSUM 8901, TAG EINS
DASS EINER HUNGERT, KONNTE ICH NIE AKZEPTIEREN.
ALSO BEGANN ICH HIER. AUF EINER ÖDEN, UNBEWOHNTEN WELT, DIE ICH FRUCHTBAR MACHTE.
ICH NENNE ES "DIE FARM".
UND NUN VERSORGT DER PLANET VIELE MIT NAHRUNG.
DAS IST GUT, REED.

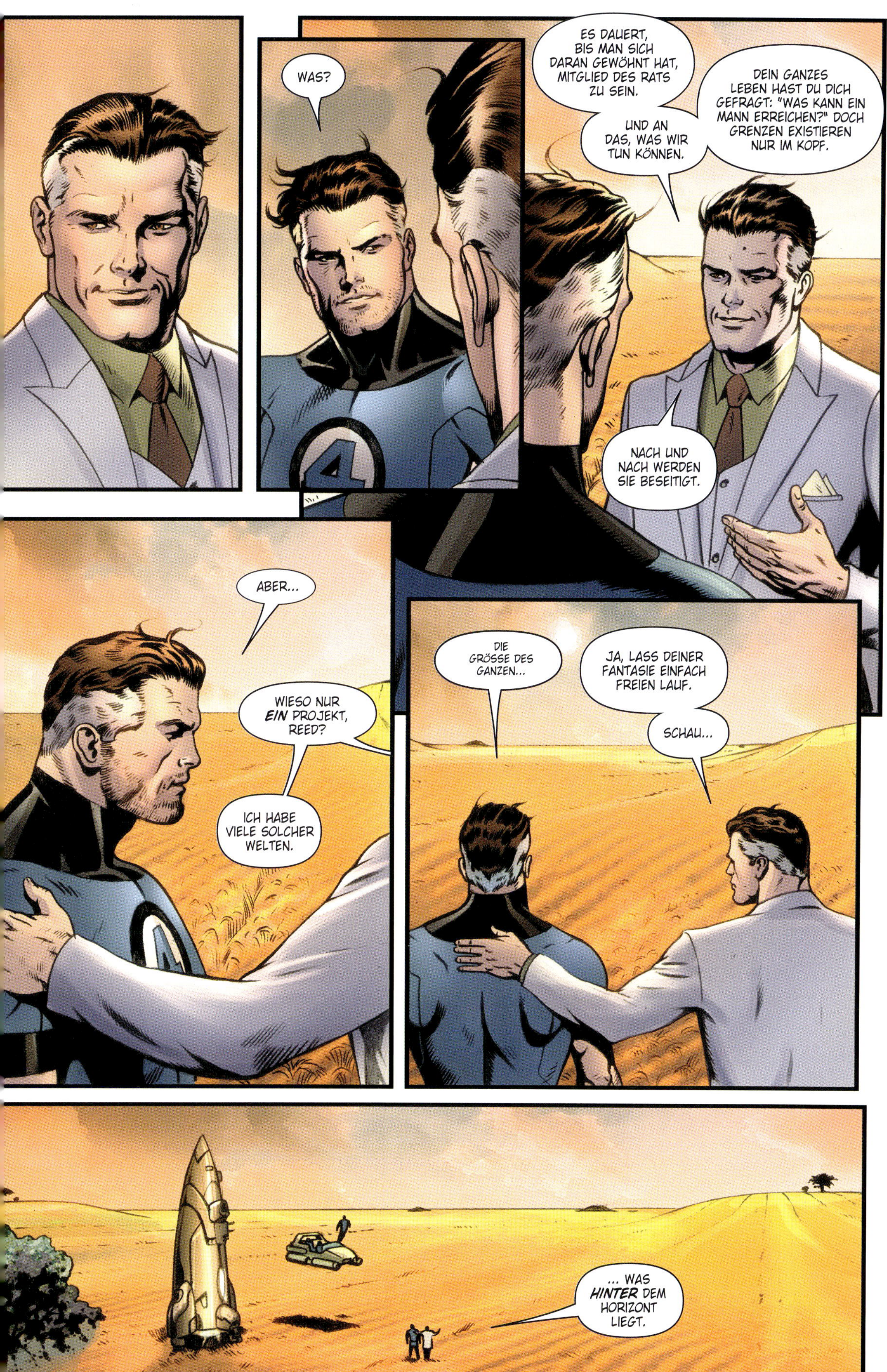
WAS?
ES DAUERT, BIS MAN SICH DARAN GEWÖHNT HAT, MITGLIED DES RATS ZU SEIN.
UND AN DAS, WAS WIR TUN KÖNNEN.
DEIN GANZES LEBEN HAST DU DICH GEFRAGT: "WAS KANN EIN MANN ERREICHEN?" DOCH GRENZEN EXISTIEREN NUR IM KOPF.
NACH UND NACH WERDEN SIE BESEITIGT.
ABER...
WIESO NUR *EIN* PROJEKT, REED?
ICH HABE VIELE SOLCHER WELTEN.
DIE GRÖSSE DES GANZEN...
JA, LASS DEINER FANTASIE EINFACH FREIEN LAUF.
SCHAU...
... WAS *HINTER* DEM HORIZONT LIEGT.

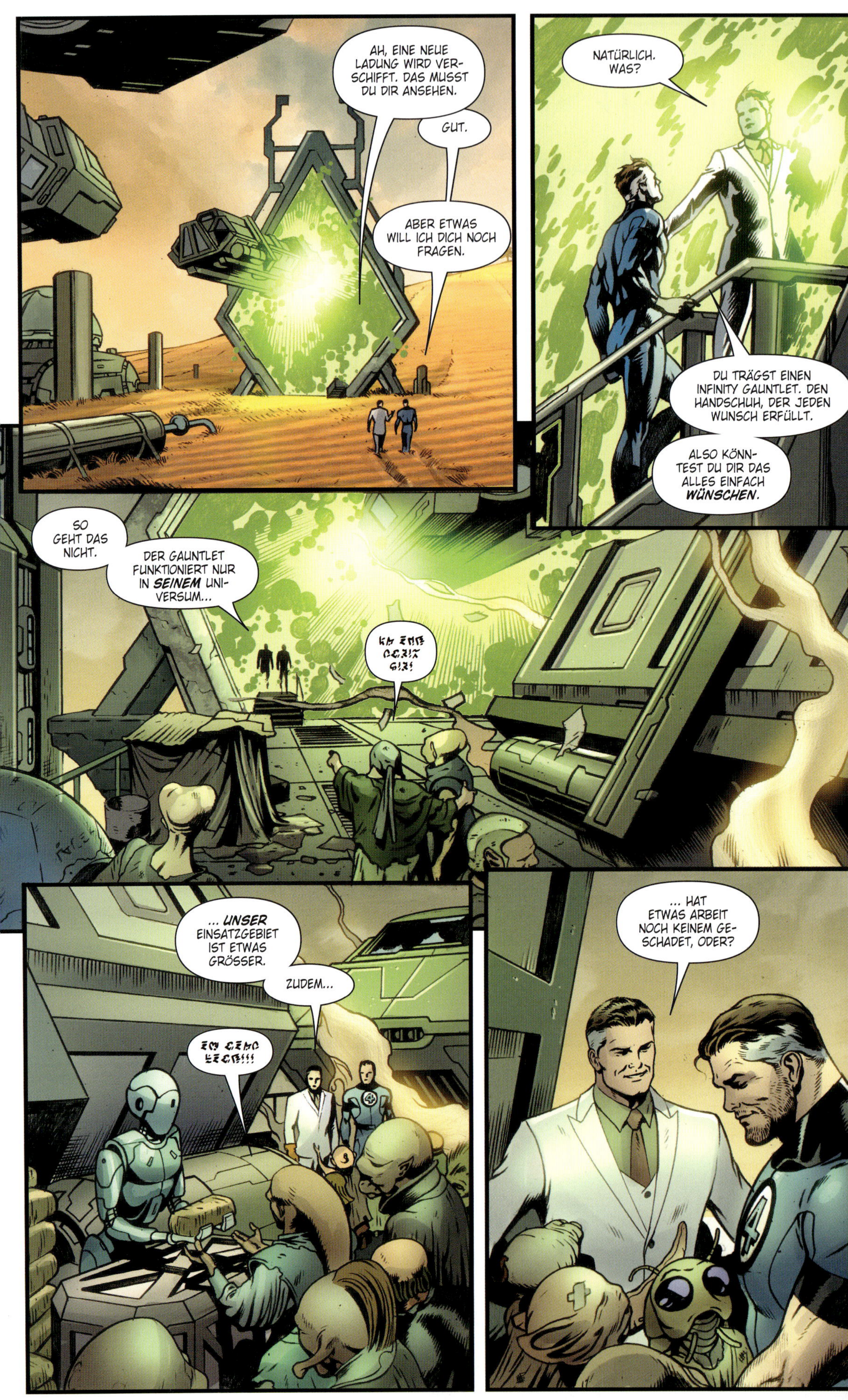
AH, EINE NEUE LADUNG WIRD VERSCHIFFT. DAS MUSST DU DIR ANSEHEN.
GUT.
ABER ETWAS WILL ICH DICH NOCH FRAGEN.
NATÜRLICH. WAS?
DU TRÄGST EINEN INFINITY GAUNTLET. DEN HANDSCHUH, DER JEDEN WUNSCH ERFÜLLT.
ALSO KÖNNTEST DU DIR DAS ALLES EINFACH *WÜNSCHEN*.
SO GEHT DAS NICHT.
DER GAUNTLET FUNKTIONIERT NUR IN *SEINEM* UNIVERSUM...
... *UNSER* EINSATZGEBIET IST ETWAS GRÖSSER.
ZUDEM...
... HAT ETWAS ARBEIT NOCH KEINEM GESCHADET, ODER?

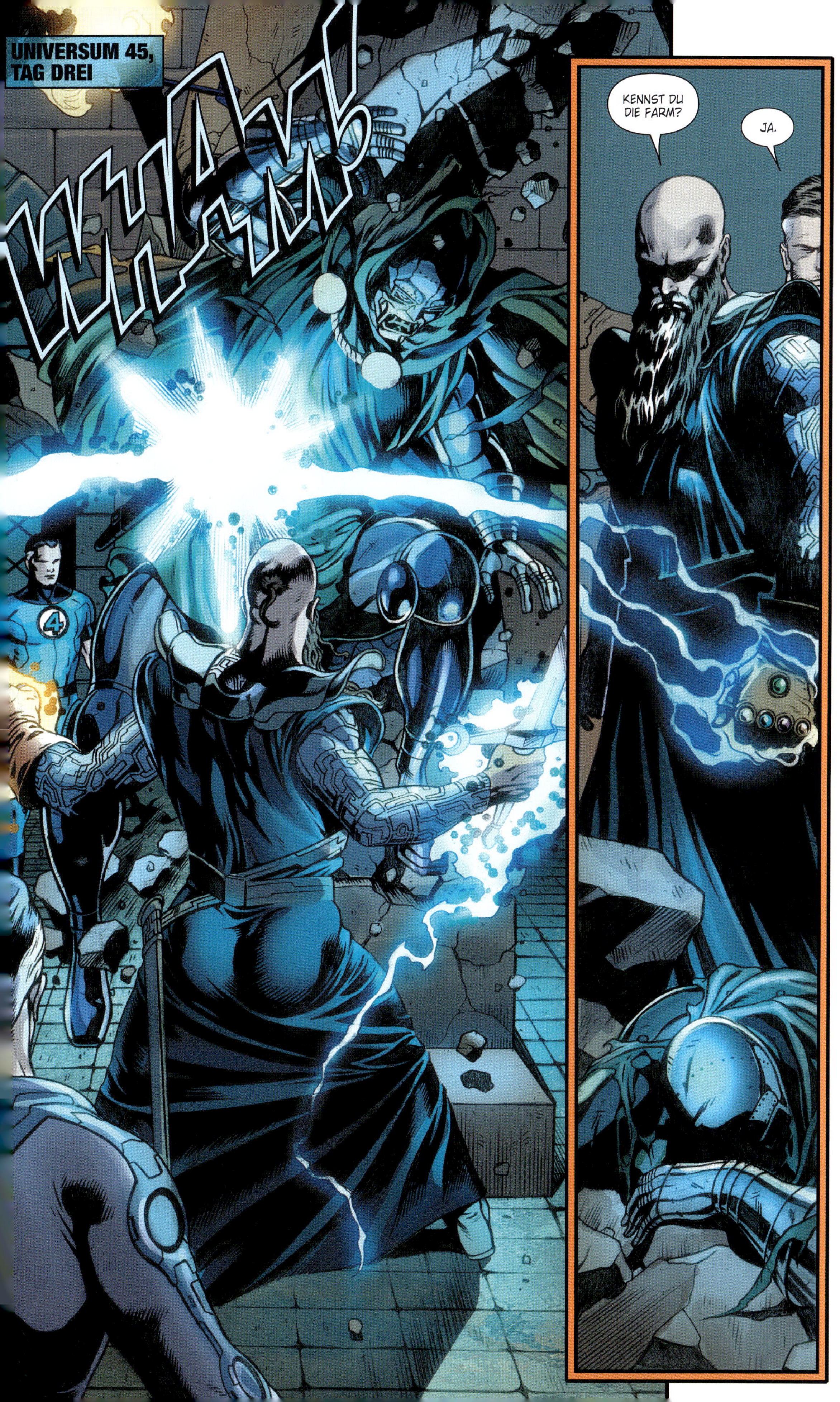
UNIVERSUM 45, TAG DREI
WHAM!
KENNST DU DIE FARM?
JA.

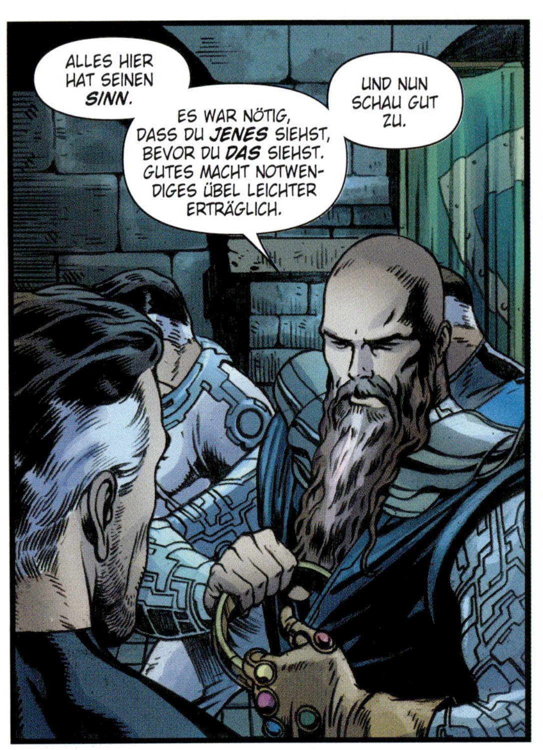

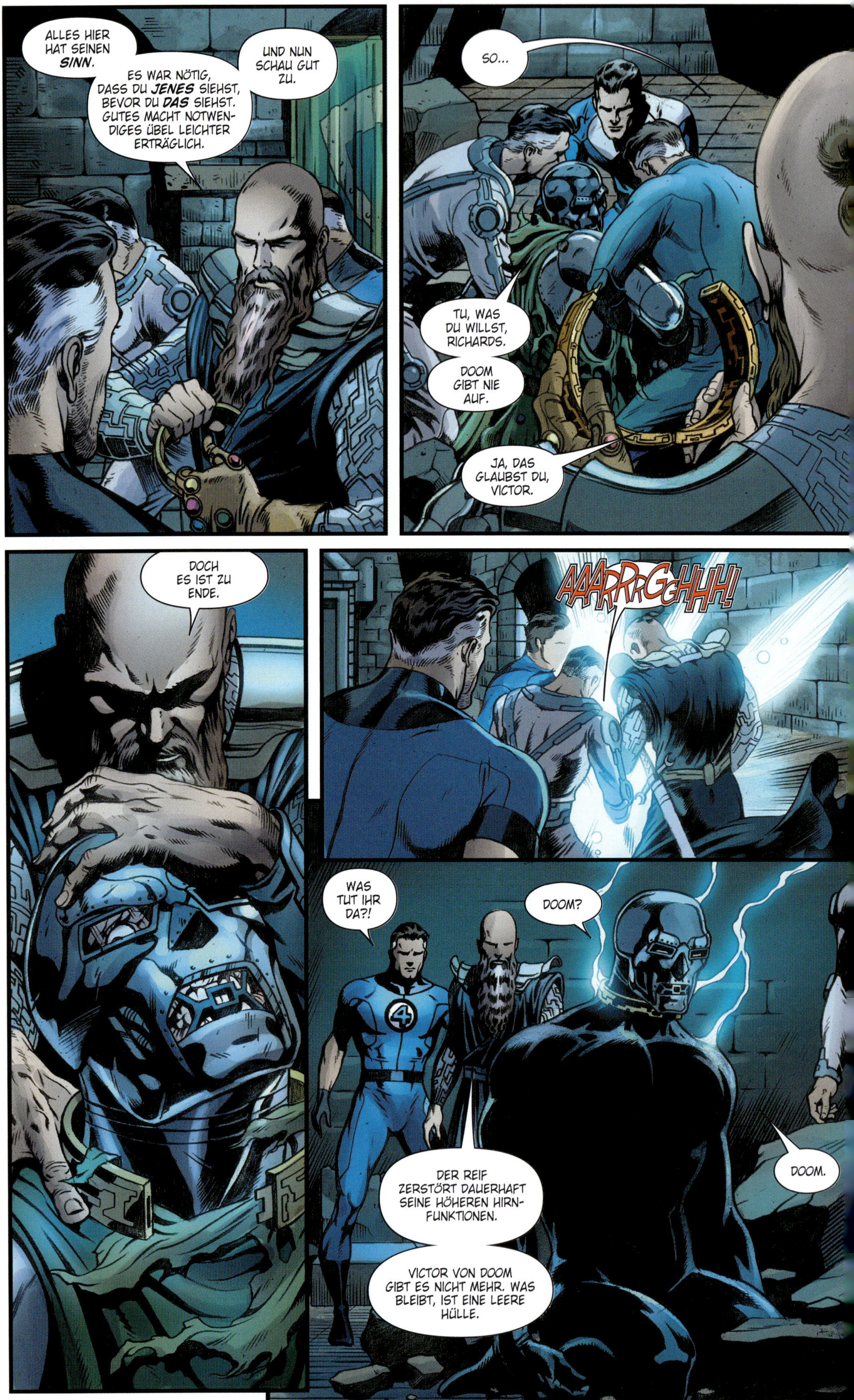

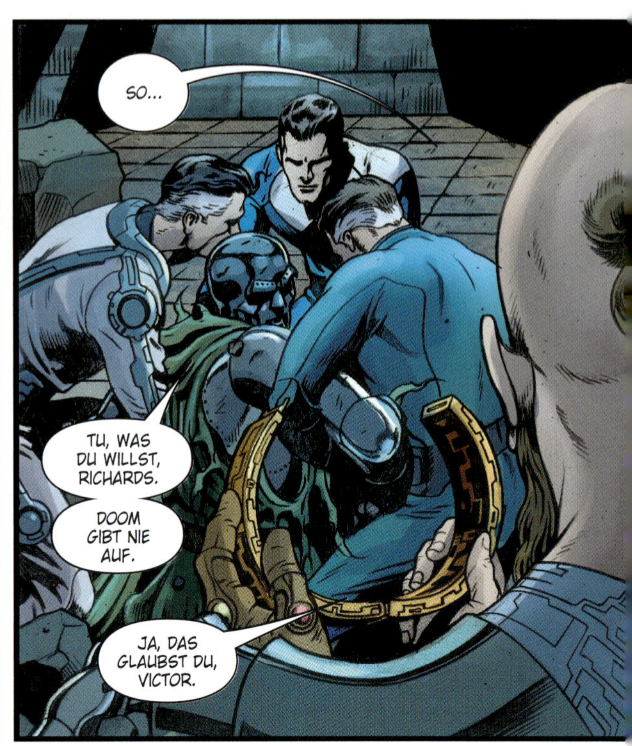

DOCH ES IST ZU ENDE.

AAARRRGGHHH!

WAS TUT IHR DA?!

DOOM?

DER REIF ZERSTÖRT DAUERHAFT SEINE HÖHEREN HIRN-FUNKTIONEN.

VICTOR VON DOOM GIBT ES NICHT MEHR. WAS BLEIBT, IST EINE LEERE HÜLLE.

DOOM.

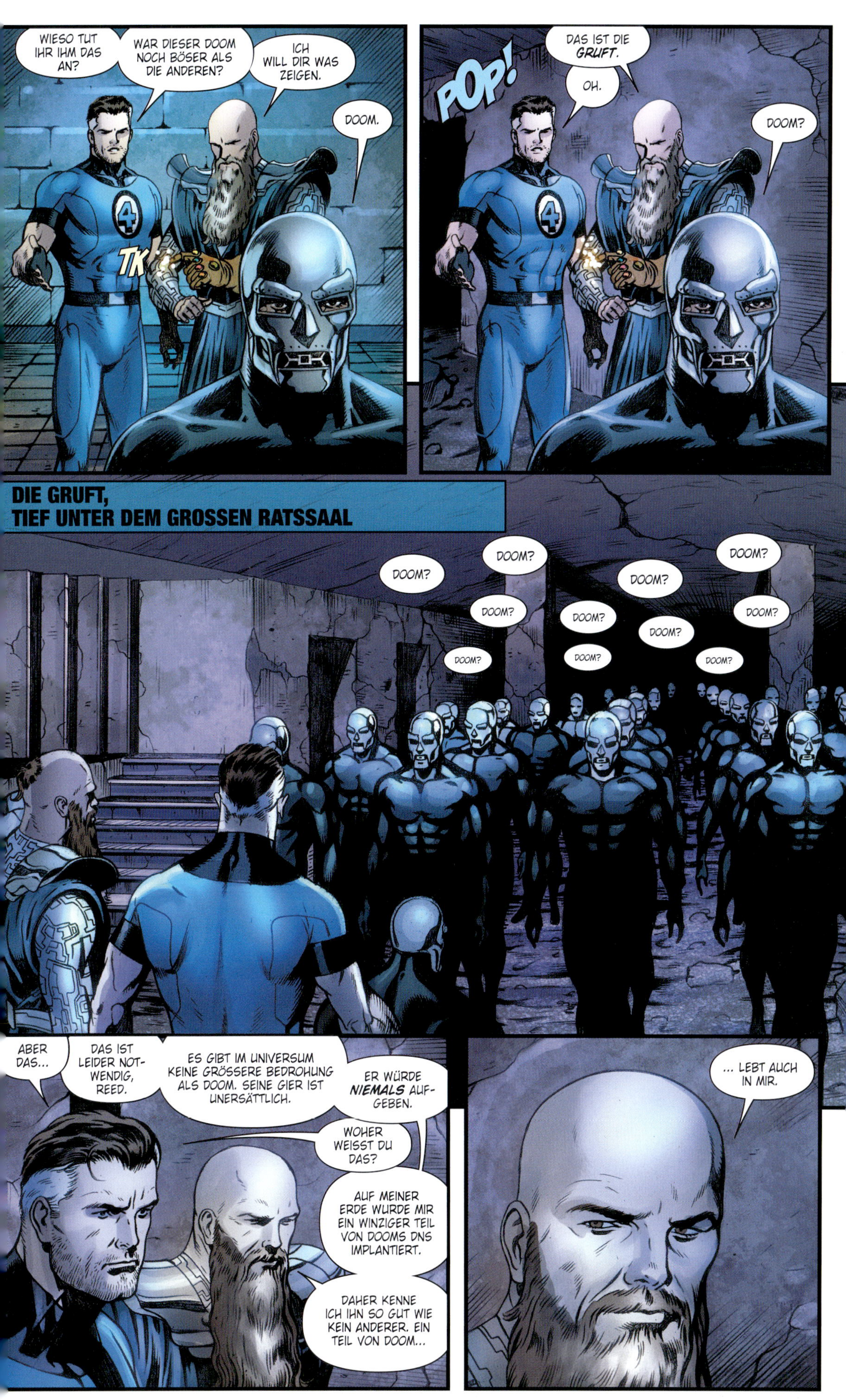
WIESO TUT IHR IHM DAS AN?
WAR DIESER DOOM NOCH BÖSER ALS DIE ANDEREN?
ICH WILL DIR WAS ZEIGEN.
DOOM.
TK
POP!
DAS IST DIE GRUFT.
OH.
DOOM?
DIE GRUFT, TIEF UNTER DEM GROSSEN RATSSAAL
DOOM?
DOOM?
DOOM?
DOOM?
DOOM?
DOOM?
DOOM?
DOOM?
DOOM?
DOOM?
DOOM?
ABER DAS...
DAS IST LEIDER NOTWENDIG, REED.
ES GIBT IM UNIVERSUM KEINE GRÖSSERE BEDROHUNG ALS DOOM. SEINE GIER IST UNERSÄTTLICH.
ER WÜRDE NIEMALS AUFGEBEN.
WOHER WEISST DU DAS?
AUF MEINER ERDE WURDE MIR EIN WINZIGER TEIL VON DOOMS DNS IMPLANTIERT.
DAHER KENNE ICH IHN SO GUT WIE KEIN ANDERER. EIN TEIL VON DOOM...
... LEBT AUCH IN MIR.

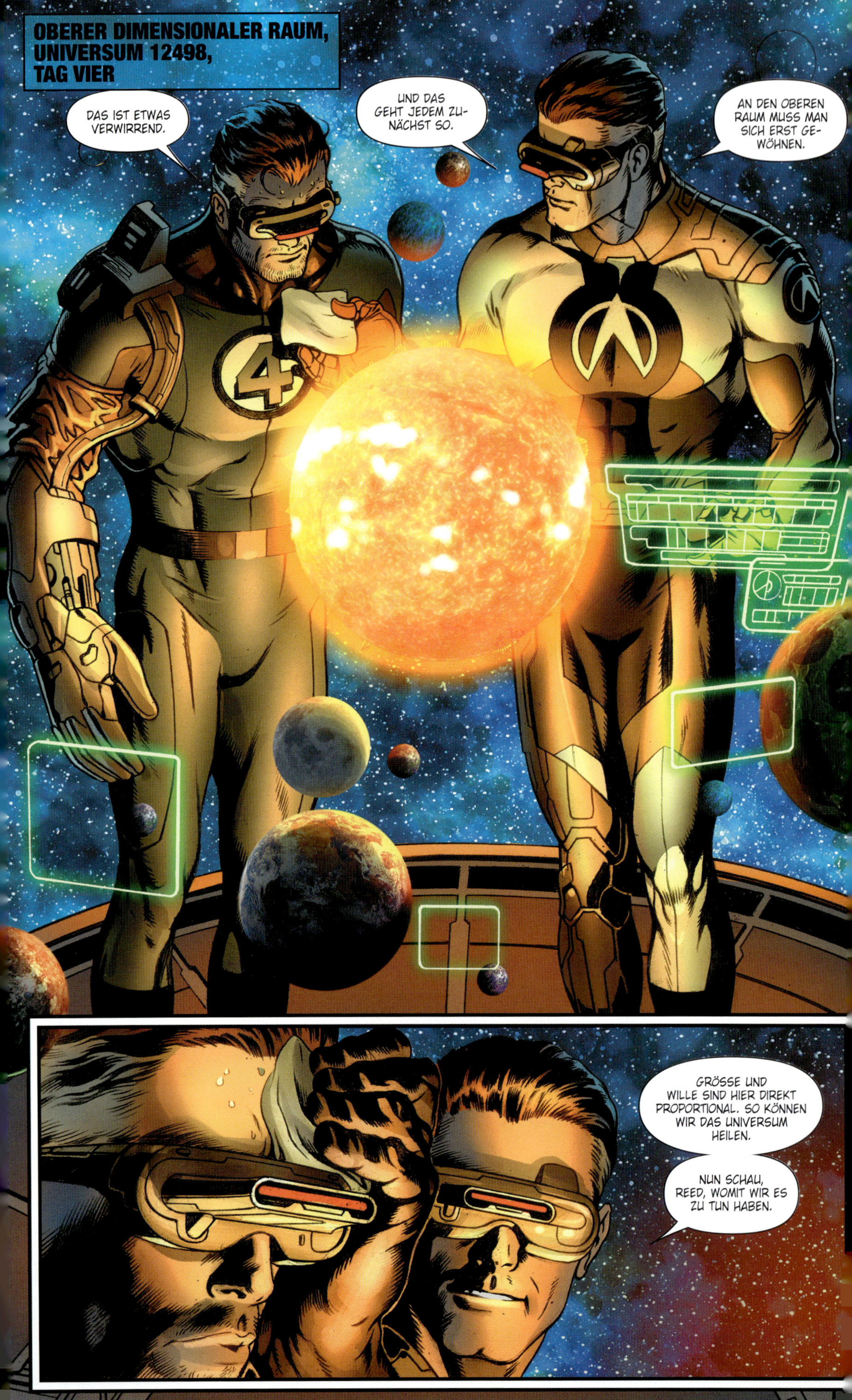
OBERER DIMENSIONALER RAUM, UNIVERSUM 12498, TAG VIER
DAS IST ETWAS VERWIRREND.
UND DAS GEHT JEDEM ZU-NÄCHST SO.
AN DEN OBEREN RAUM MUSS MAN SICH ERST GE-WÖHNEN.
GRÖSSE UND WILLE SIND HIER DIREKT PROPORTIONAL. SO KÖNNEN WIR DAS UNIVERSUM HEILEN.
NUN SCHAU, REED, WOMIT WIR ES ZU TUN HABEN.

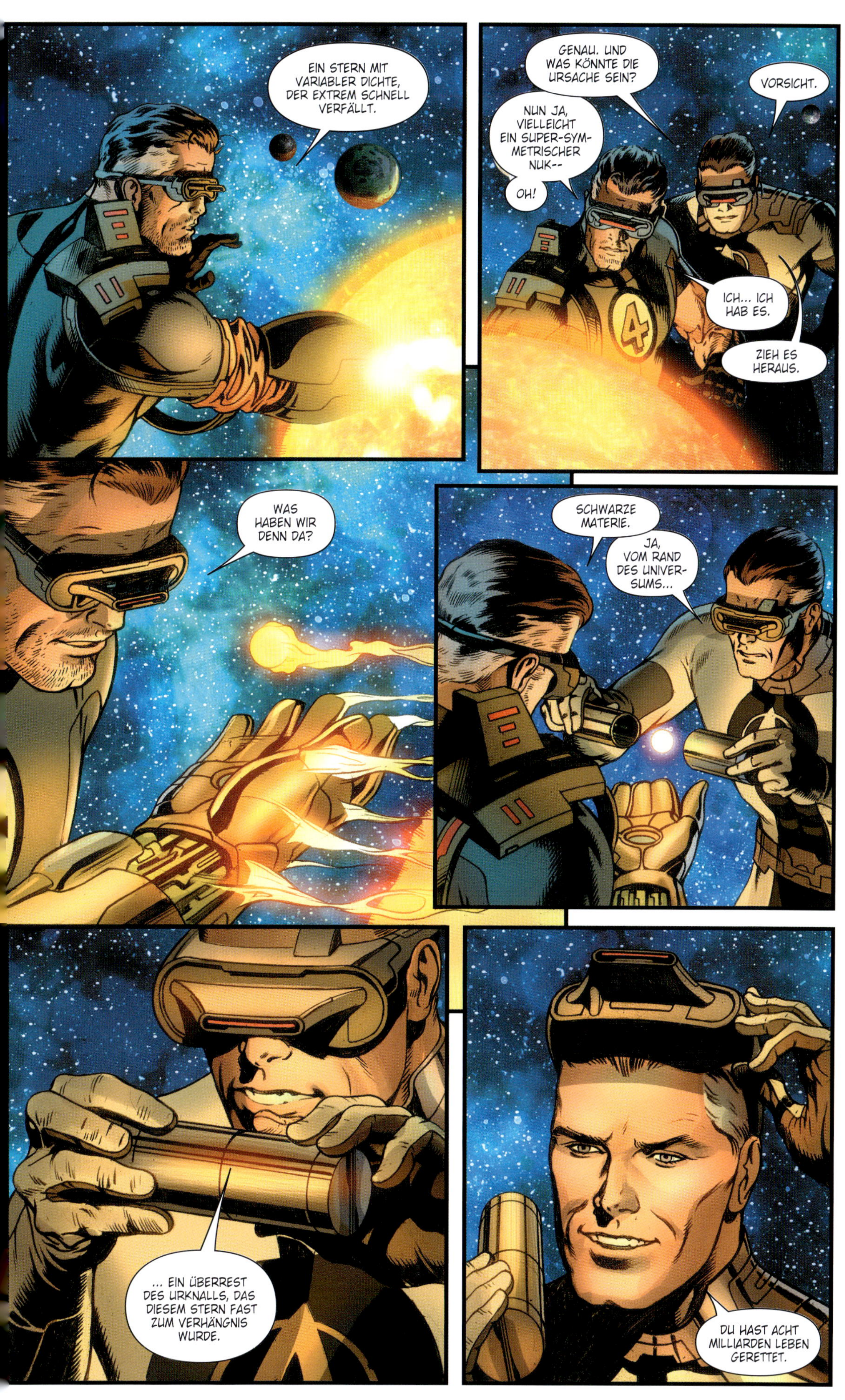
EIN STERN MIT VARIABLER DICHTE, DER EXTREM SCHNELL VERFÄLLT.
GENAU. UND WAS KÖNNTE DIE URSACHE SEIN?
NUN JA, VIELLEICHT EIN SUPER-SYM-METRISCHER NUK--
OH!
VORSICHT.
ICH... ICH HAB ES.
ZIEH ES HERAUS.
WAS HABEN WIR DENN DA?
SCHWARZE MATERIE.
JA, VOM RAND DES UNIVER-SUMS...
... EIN ÜBERREST DES URKNALLS, DAS DIESEM STERN FAST ZUM VERHÄNGNIS WURDE.
DU HAST ACHT MILLIARDEN LEBEN GERETTET.

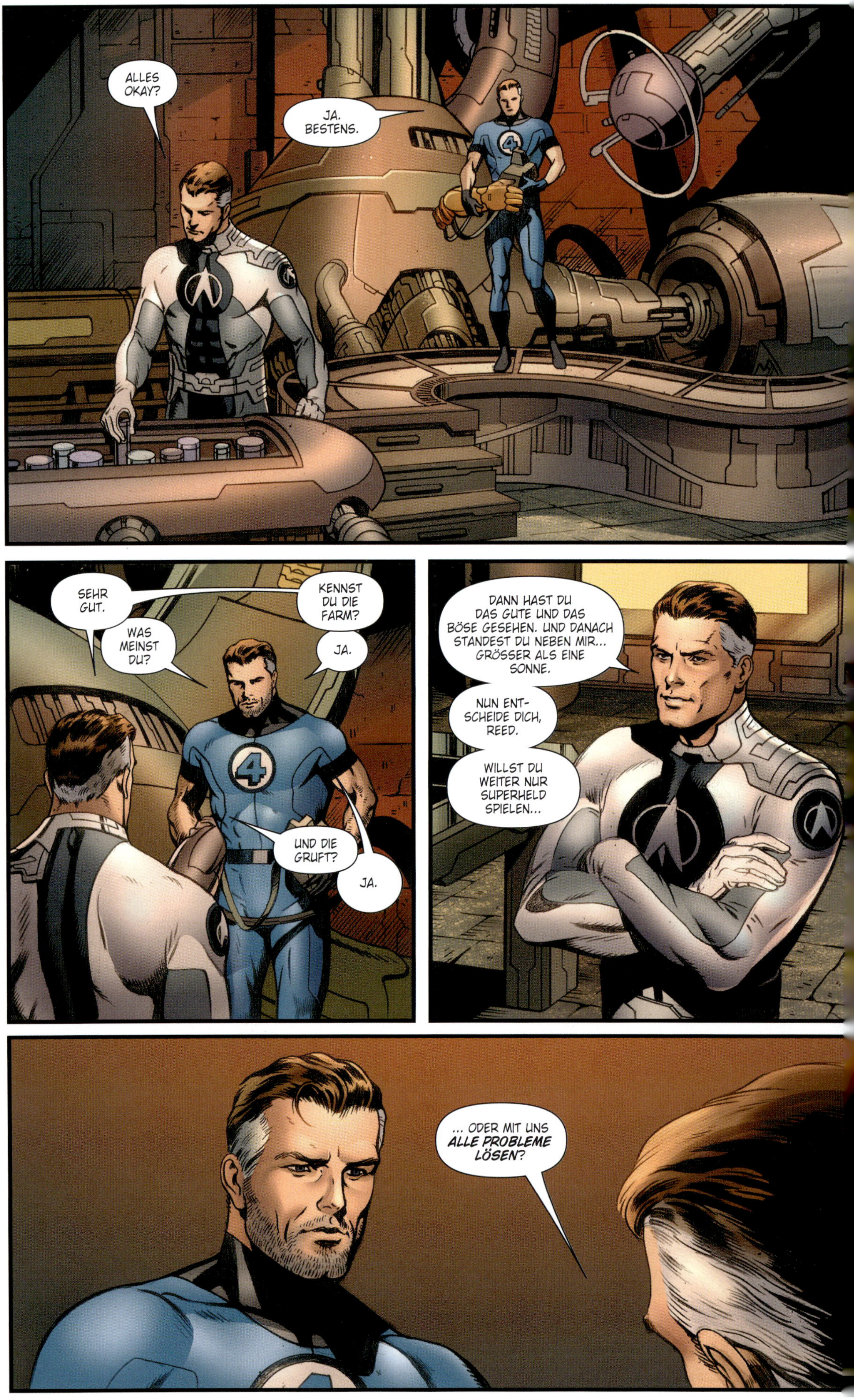

ALLES OKAY?
JA. BESTENS.

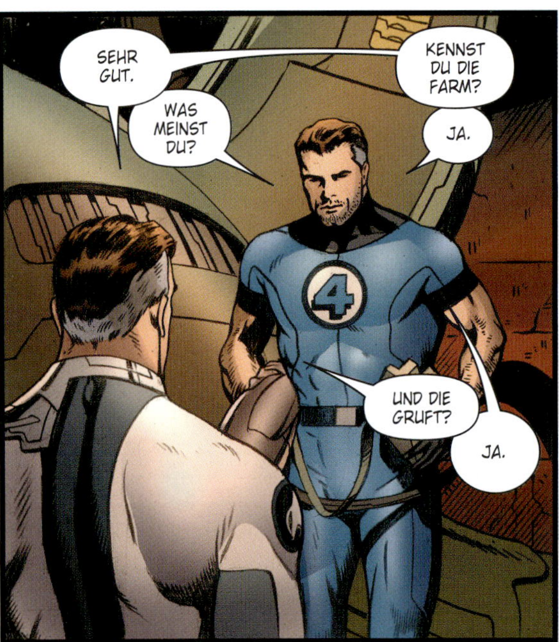
SEHR GUT.
KENNST DU DIE FARM?
WAS MEINST DU?
JA.
UND DIE GRUFT?
JA.

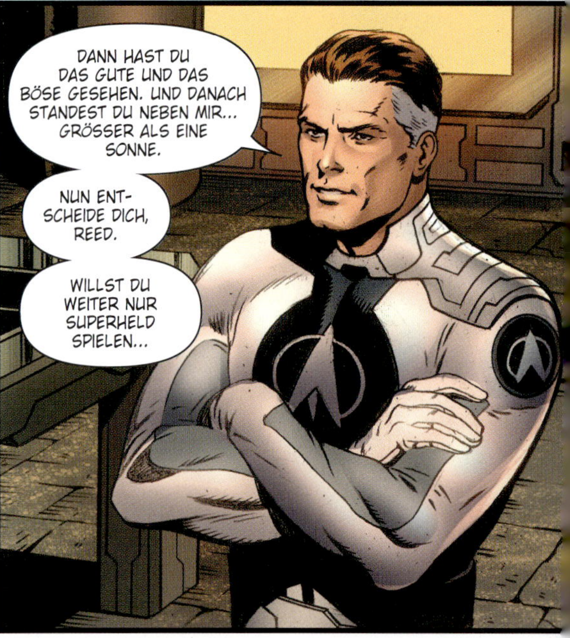
DANN HAST DU DAS GUTE UND DAS BÖSE GESEHEN. UND DANACH STANDEST DU NEBEN MIR... GRÖSSER ALS EINE SONNE.
NUN ENT-SCHEIDE DICH, REED.
WILLST DU WEITER NUR SUPERHELD SPIELEN...

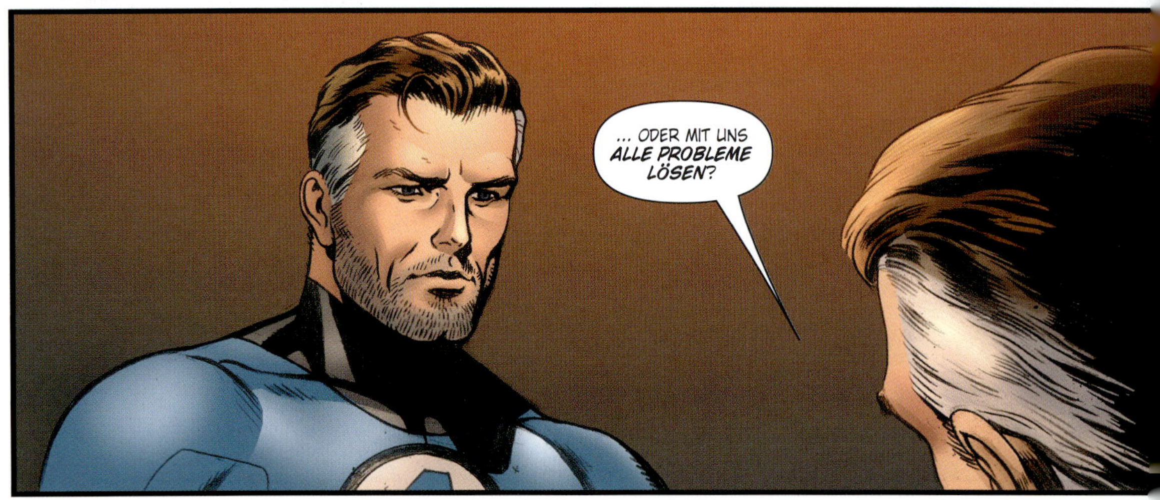
... ODER MIT UNS ***ALLE PROBLEME LÖSEN***?

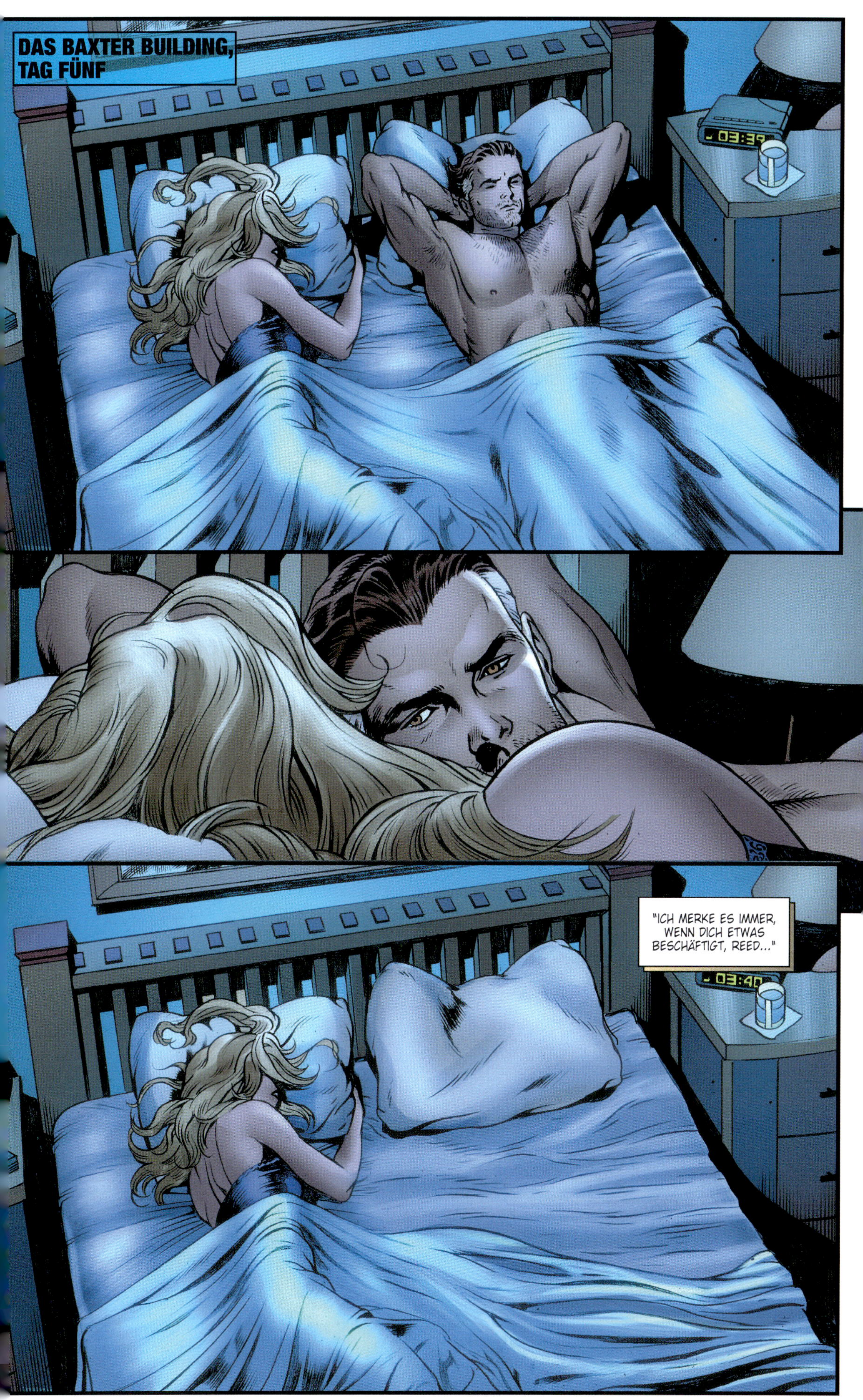
DAS BAXTER BUILDING,
TAG FÜNF
03:39
"ICH MERKE ES IMMER,
WENN DICH ETWAS
BESCHÄFTIGT, REED..."
03:40

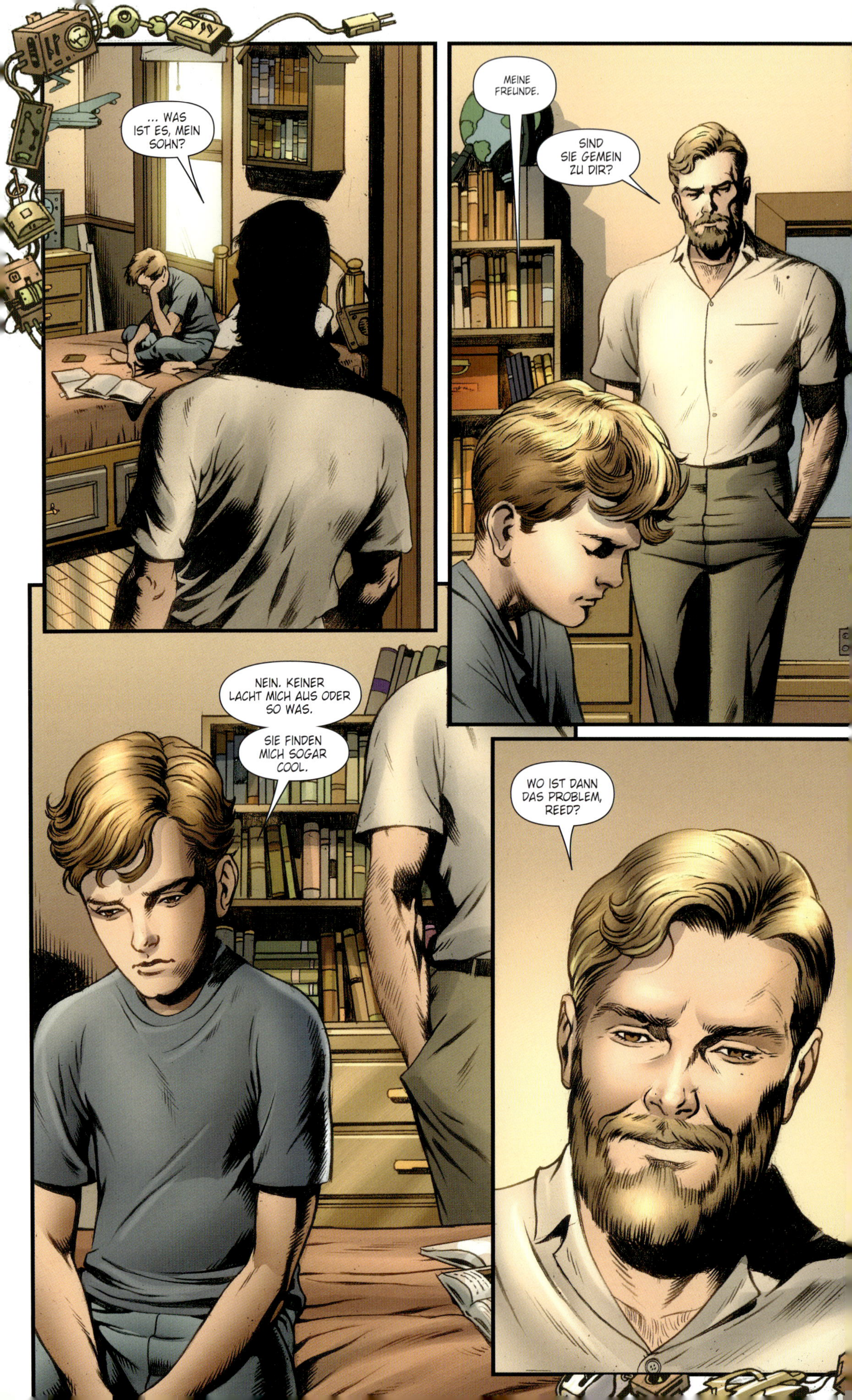
... WAS IST ES, MEIN SOHN?
MEINE FREUNDE.
SIND SIE GEMEIN ZU DIR?
NEIN. KEINER LACHT MICH AUS ODER SO WAS.
SIE FINDEN MICH SOGAR COOL.
WO IST DANN DAS PROBLEM, REED?

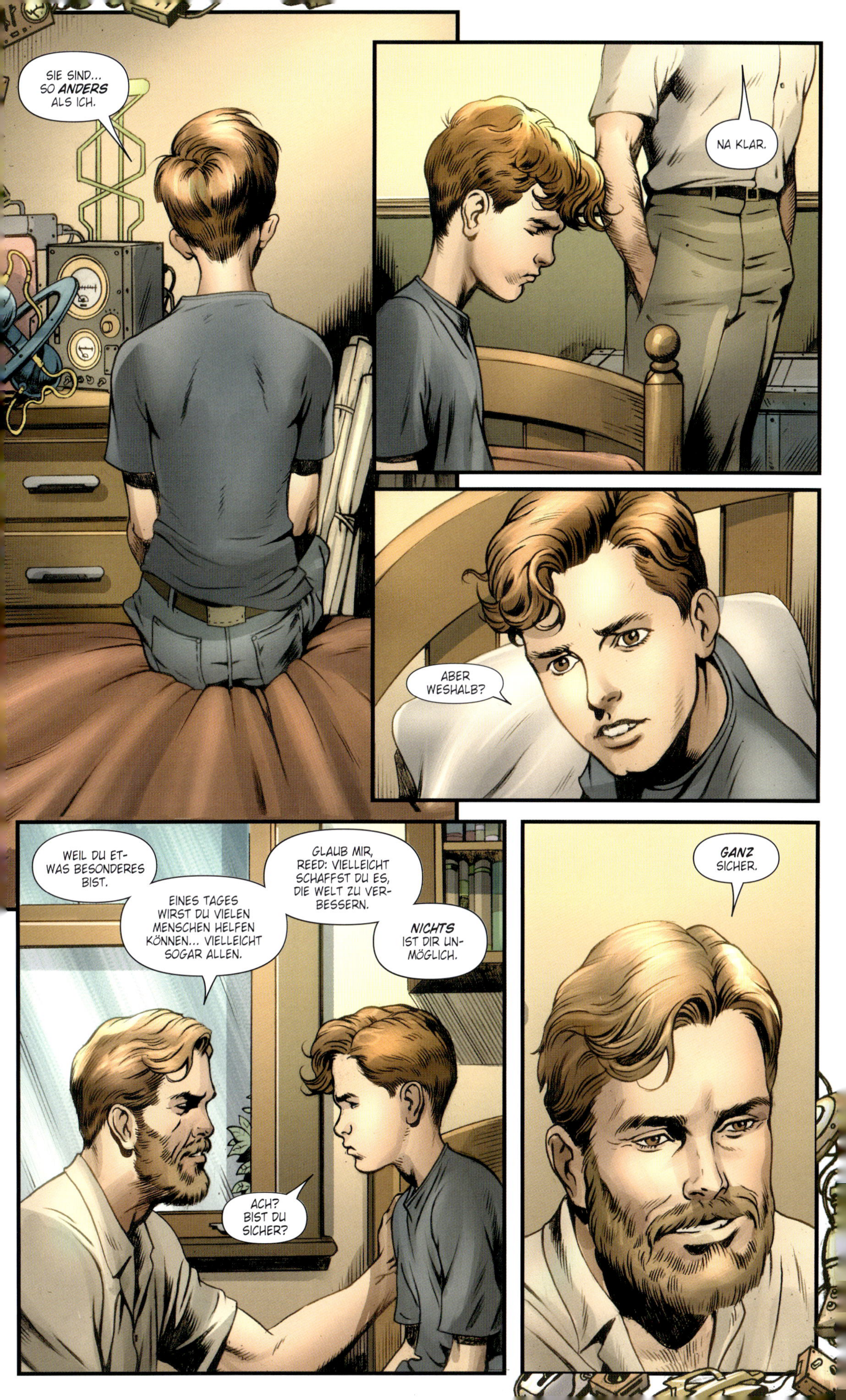

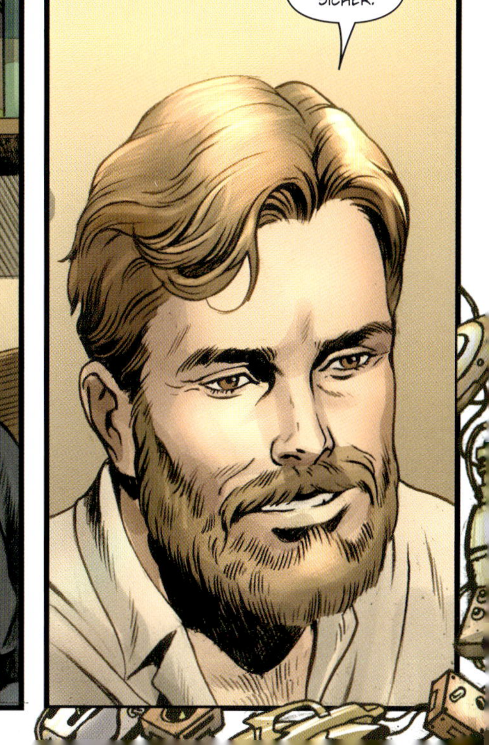
SIE SIND... SO ANDERS ALS ICH.
NA KLAR.
ABER WESHALB?
WEIL DU ETWAS BESONDERES BIST.
EINES TAGES WIRST DU VIELEN MENSCHEN HELFEN KÖNNEN... VIELLEICHT SOGAR ALLEN.
GLAUB MIR, REED: VIELLEICHT SCHAFFST DU ES, DIE WELT ZU VERBESSERN.
NICHTS IST DIR UNMÖGLICH.
ACH? BIST DU SICHER?
GANZ SICHER.

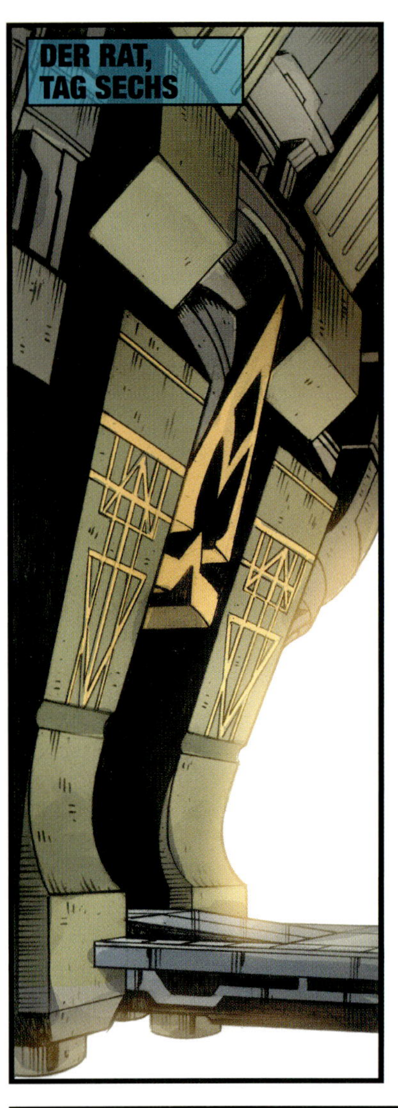
DER RAT, TAG SECHS

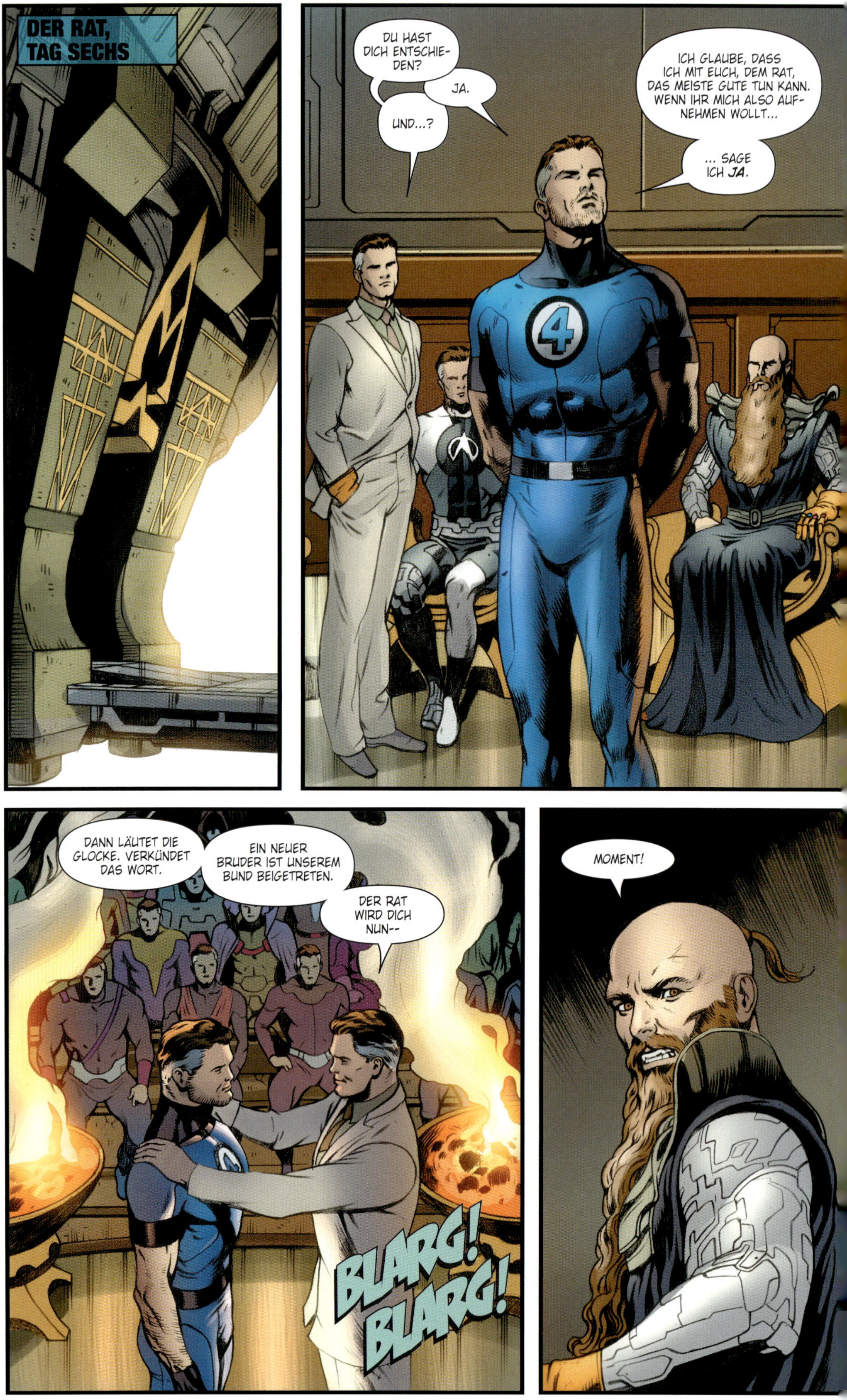

DU HAST DICH ENTSCHIEDEN?
JA.
UND...?
ICH GLAUBE, DASS ICH MIT EUCH, DEM RAT, DAS MEISTE GUTE TUN KANN. WENN IHR MICH ALSO AUFNEHMEN WOLLT...
... SAGE ICH ***JA***.

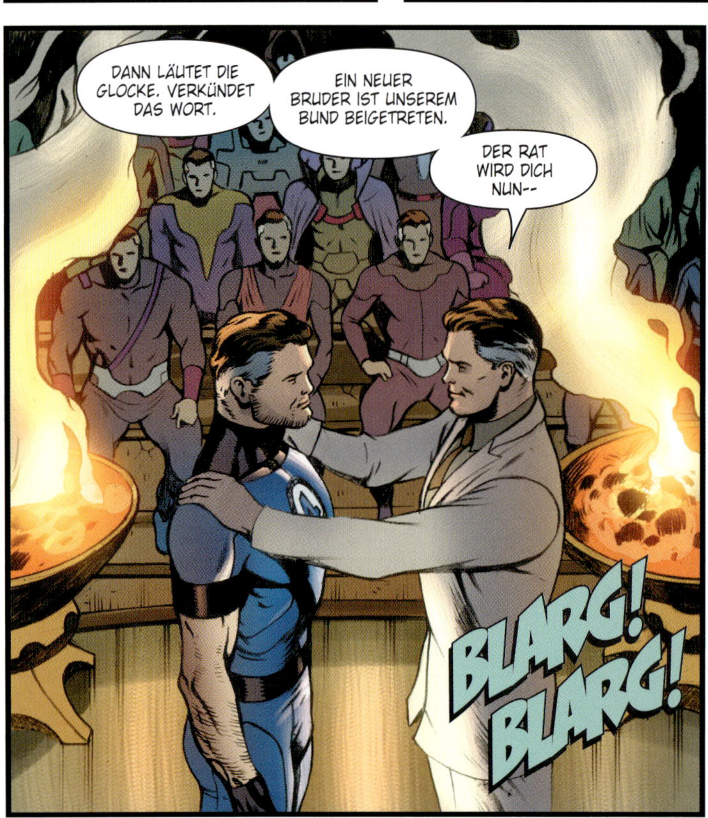
DANN LÄUTET DIE GLOCKE. VERKÜNDET DAS WORT.
EIN NEUER BRUDER IST UNSEREM BUND BEIGETRETEN.
DER RAT WIRD DICH NUN--
BLARG! BLARG!

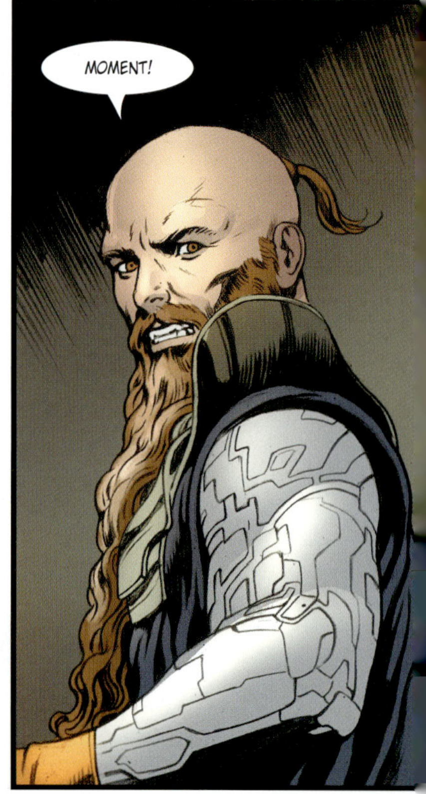
MOMENT!

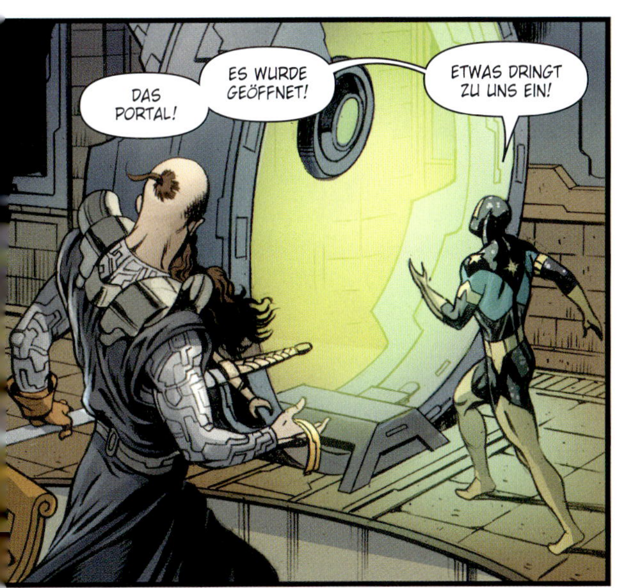
DAS PORTAL!
ES WURDE GEÖFFNET!
ETWAS DRINGT ZU UNS EIN!

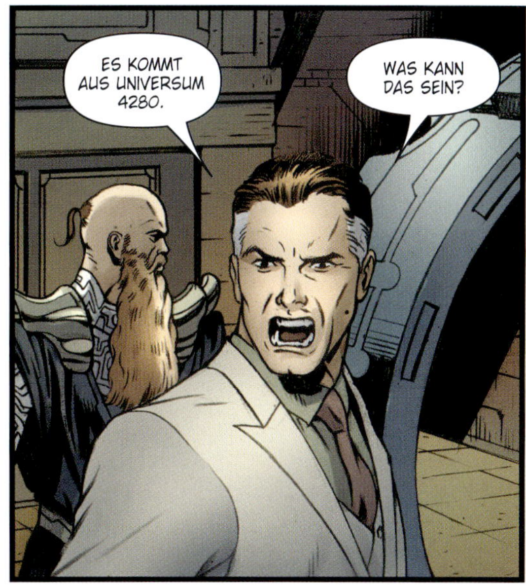
ES KOMMT AUS UNIVERSUM 4280.
WAS KANN DAS SEIN?

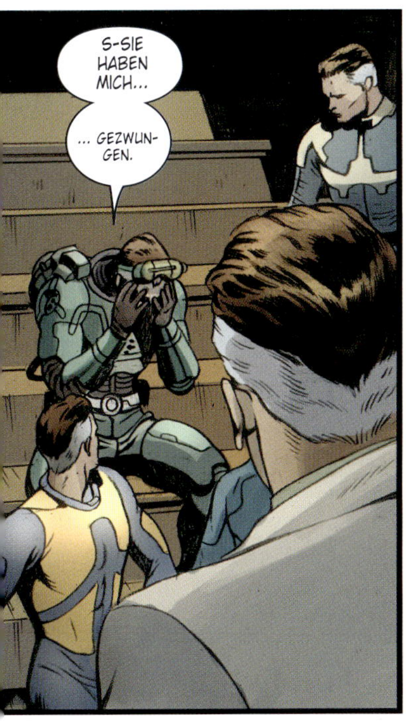
S-SIE HABEN MICH...
... GEZWUNGEN.

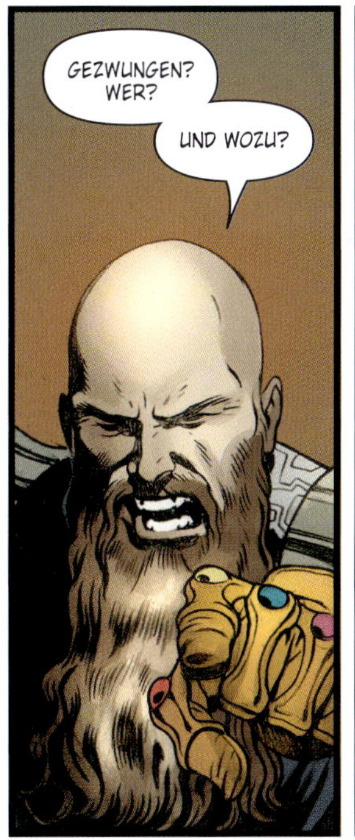
GEZWUNGEN? WER?
UND WOZU?

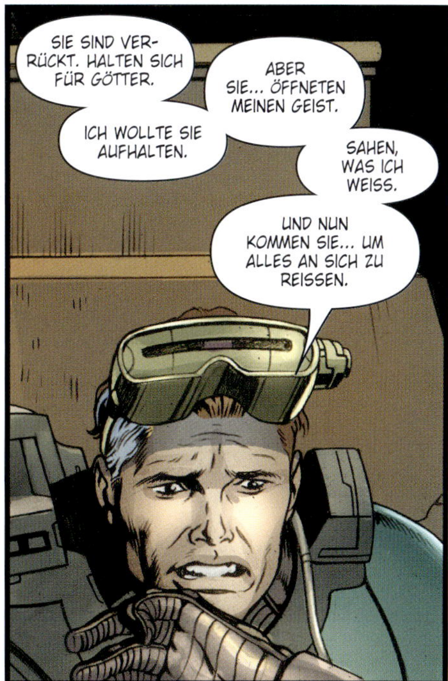
SIE SIND VERRÜCKT. HALTEN SICH FÜR GÖTTER.
ICH WOLLTE SIE AUFHALTEN.
ABER SIE... ÖFFNETEN MEINEN GEIST.
SAHEN, WAS ICH WEISS.
UND NUN KOMMEN SIE... UM ALLES AN SICH ZU REISSEN.

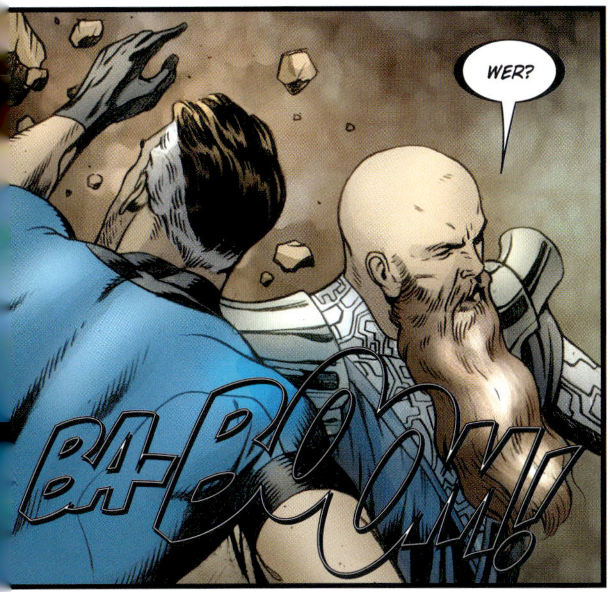
WER?
BA-BOOM!

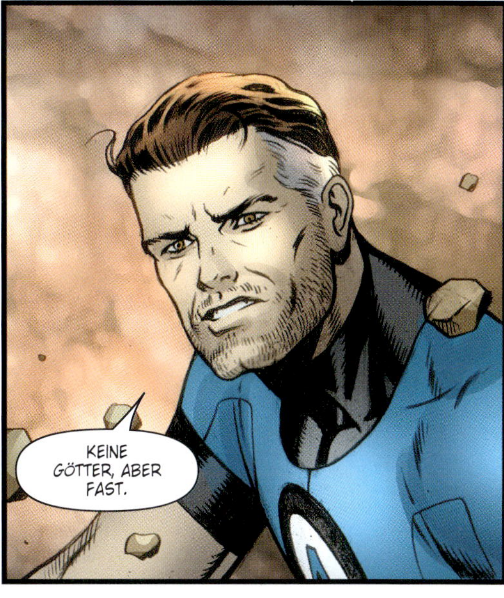
KEINE GÖTTER, ABER FAST.

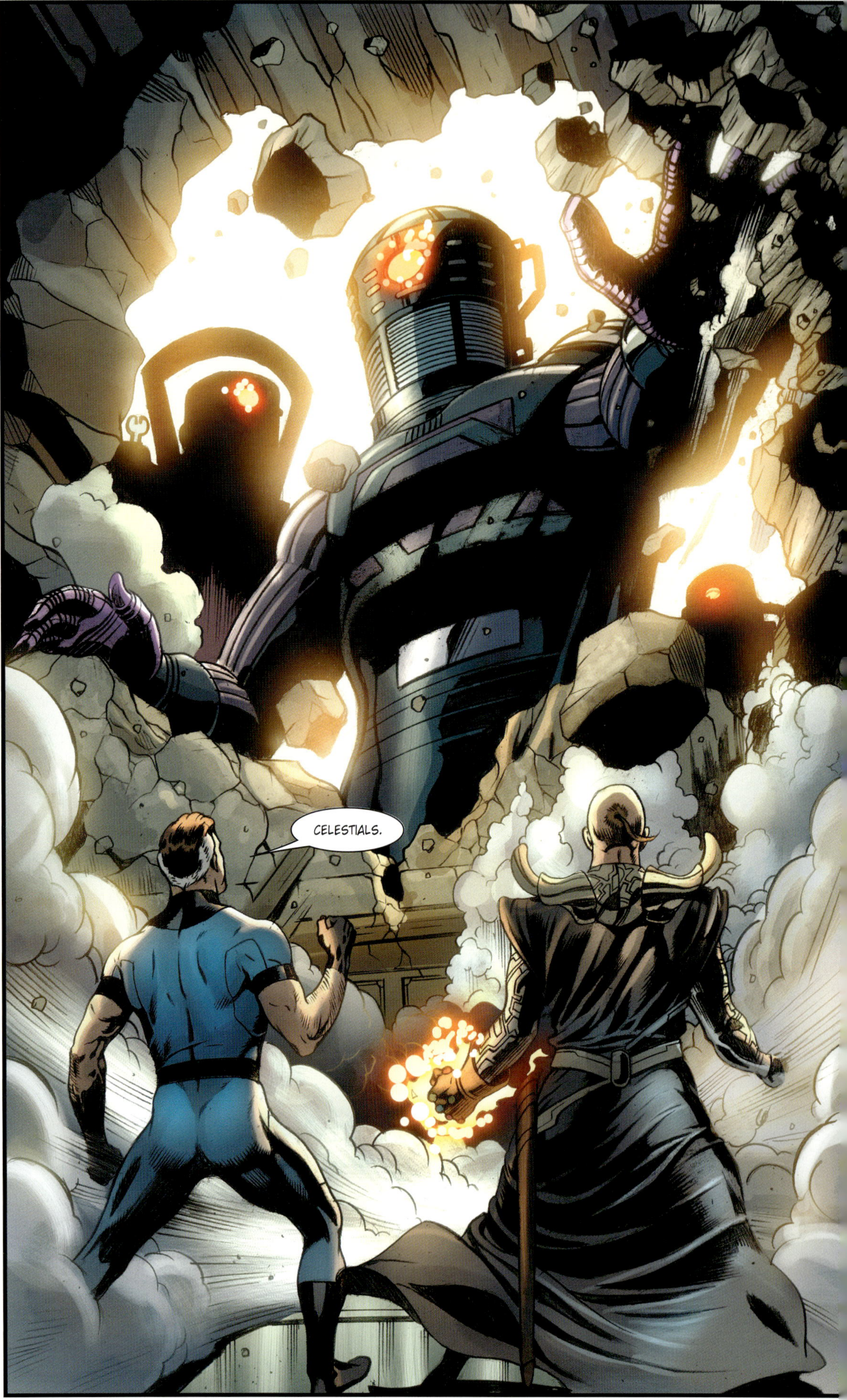
CELESTIALS.

DIE LÖSUNG ALLER PROBLEME, FINALE

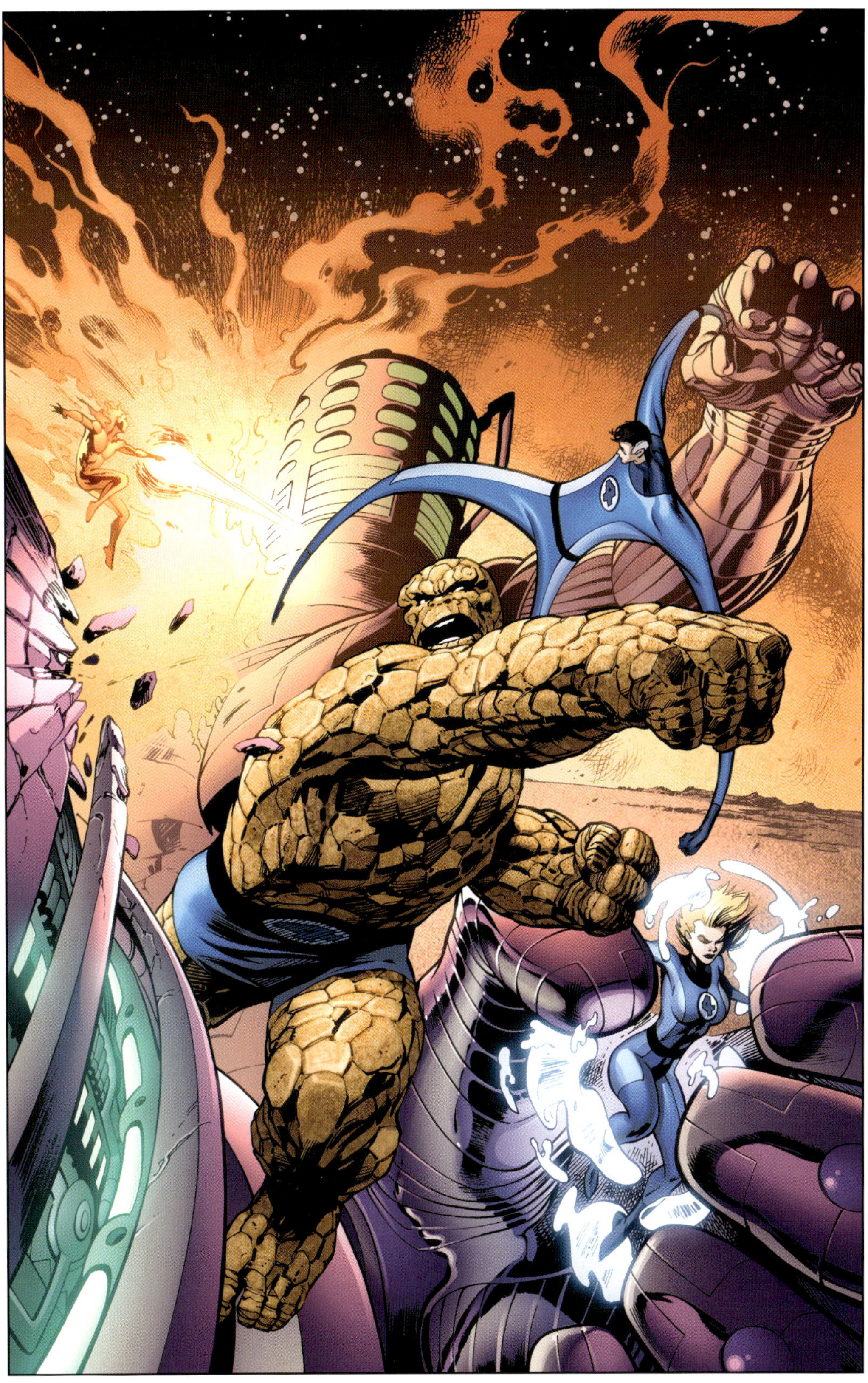

Fantastic Four (1961) 572
Cover von **ALAN DAVIS**

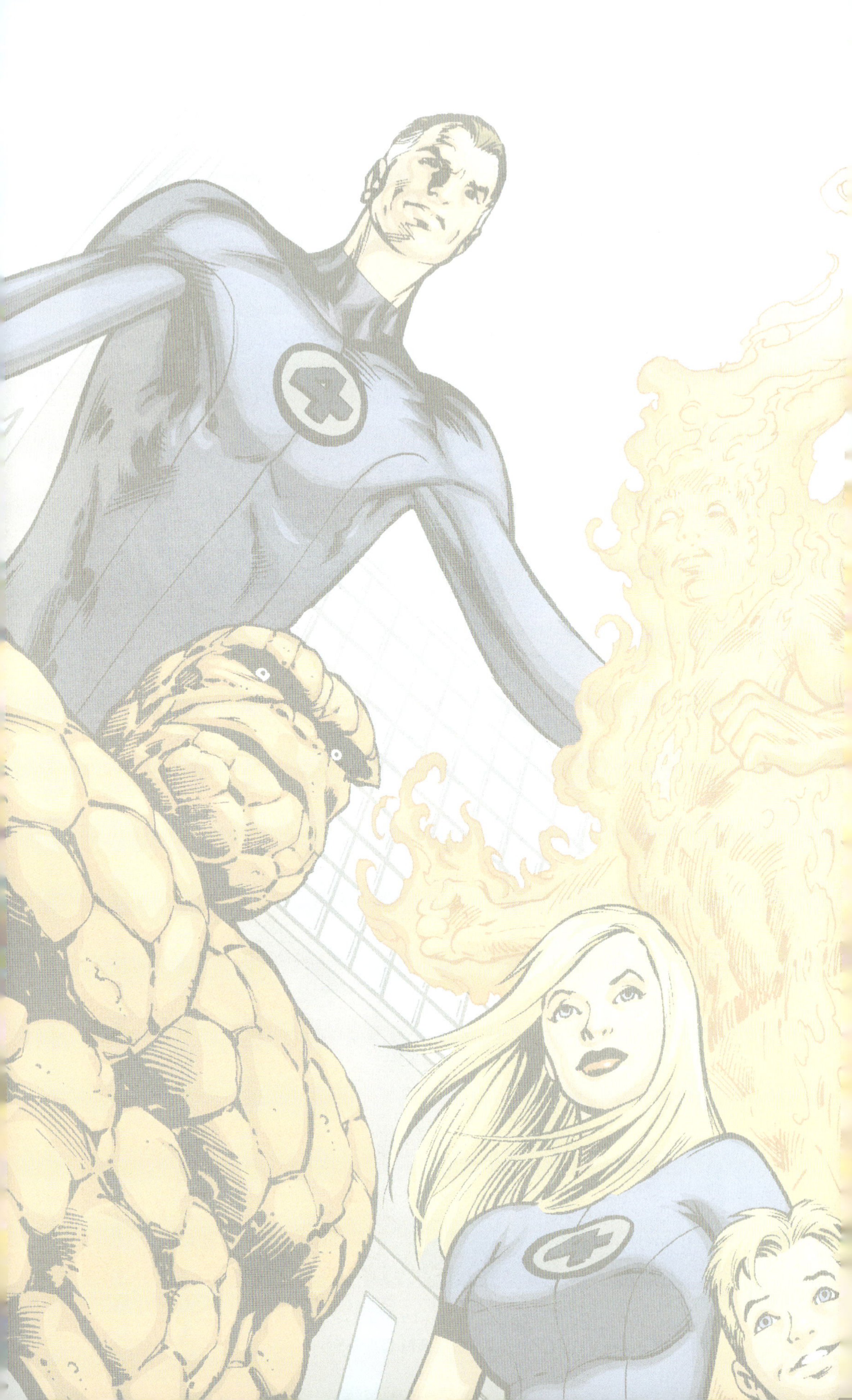

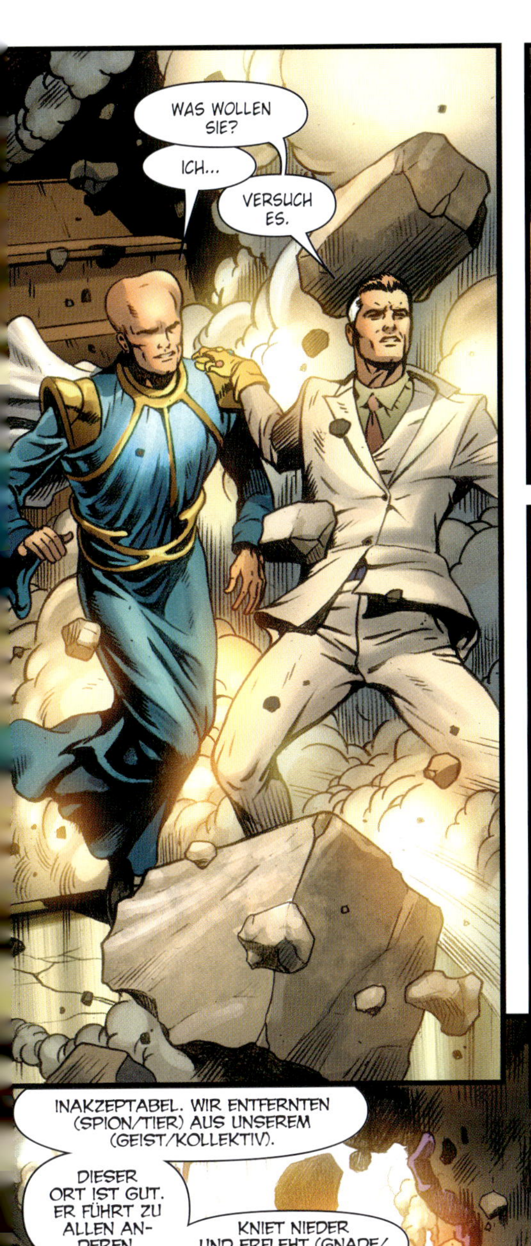
WAS WOLLEN SIE?
ICH...
VERSUCH ES.

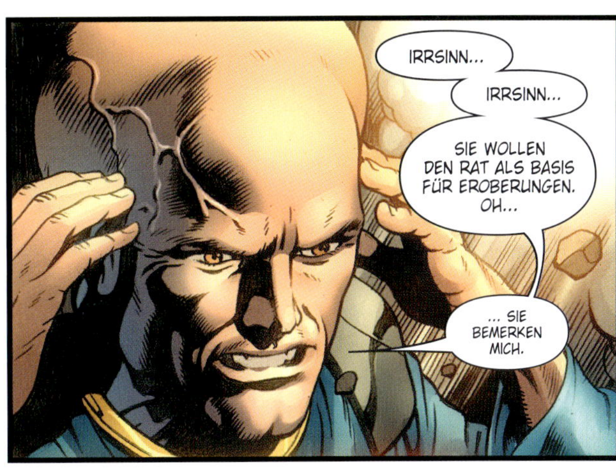
IRRSINN...
IRRSINN...
SIE WOLLEN DEN RAT ALS BASIS FÜR EROBERUNGEN. OH...
... SIE BEMERKEN MICH.

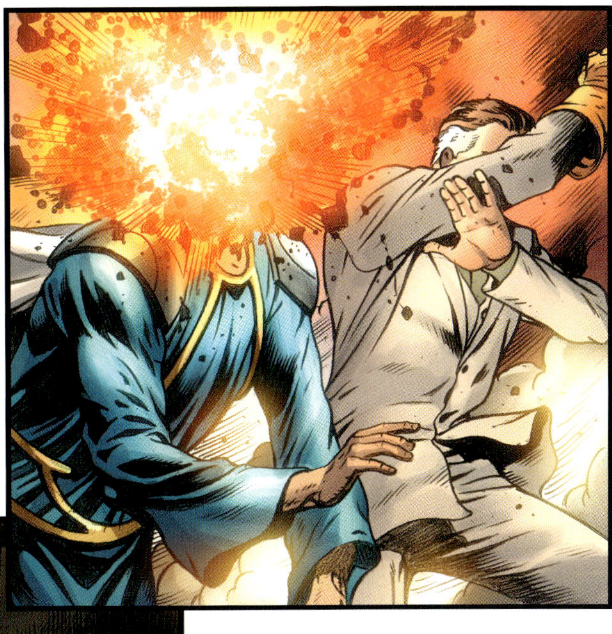

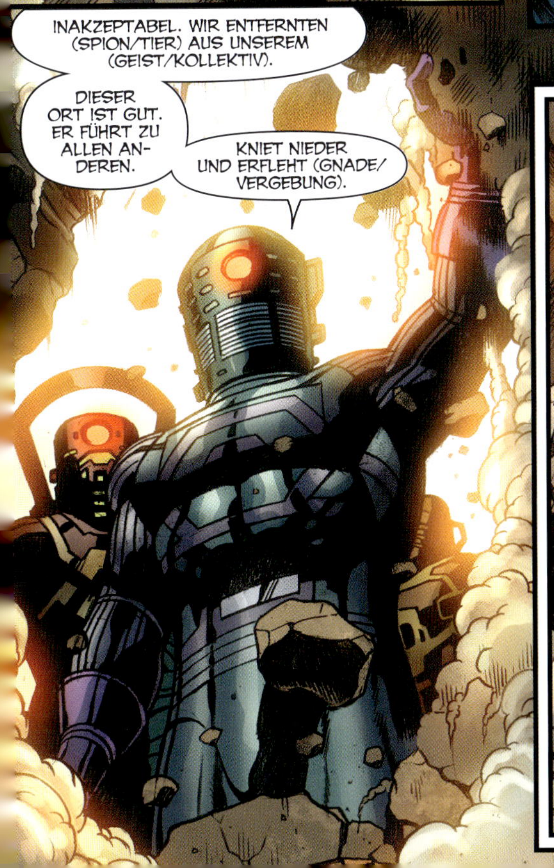
INAKZEPTABEL. WIR ENTFERNTEN (SPION/TIER) AUS UNSEREM (GEIST/KOLLEKTIV).
DIESER ORT IST GUT. ER FÜHRT ZU ALLEN ANDEREN.
KNIET NIEDER UND ERFLEHT (GNADE/ VERGEBUNG).

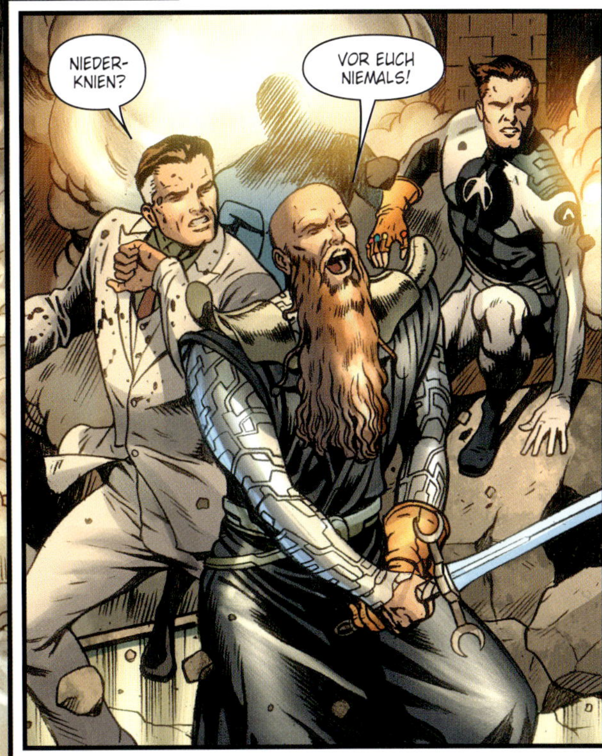
NIEDER-KNIEN?
VOR EUCH NIEMALS!

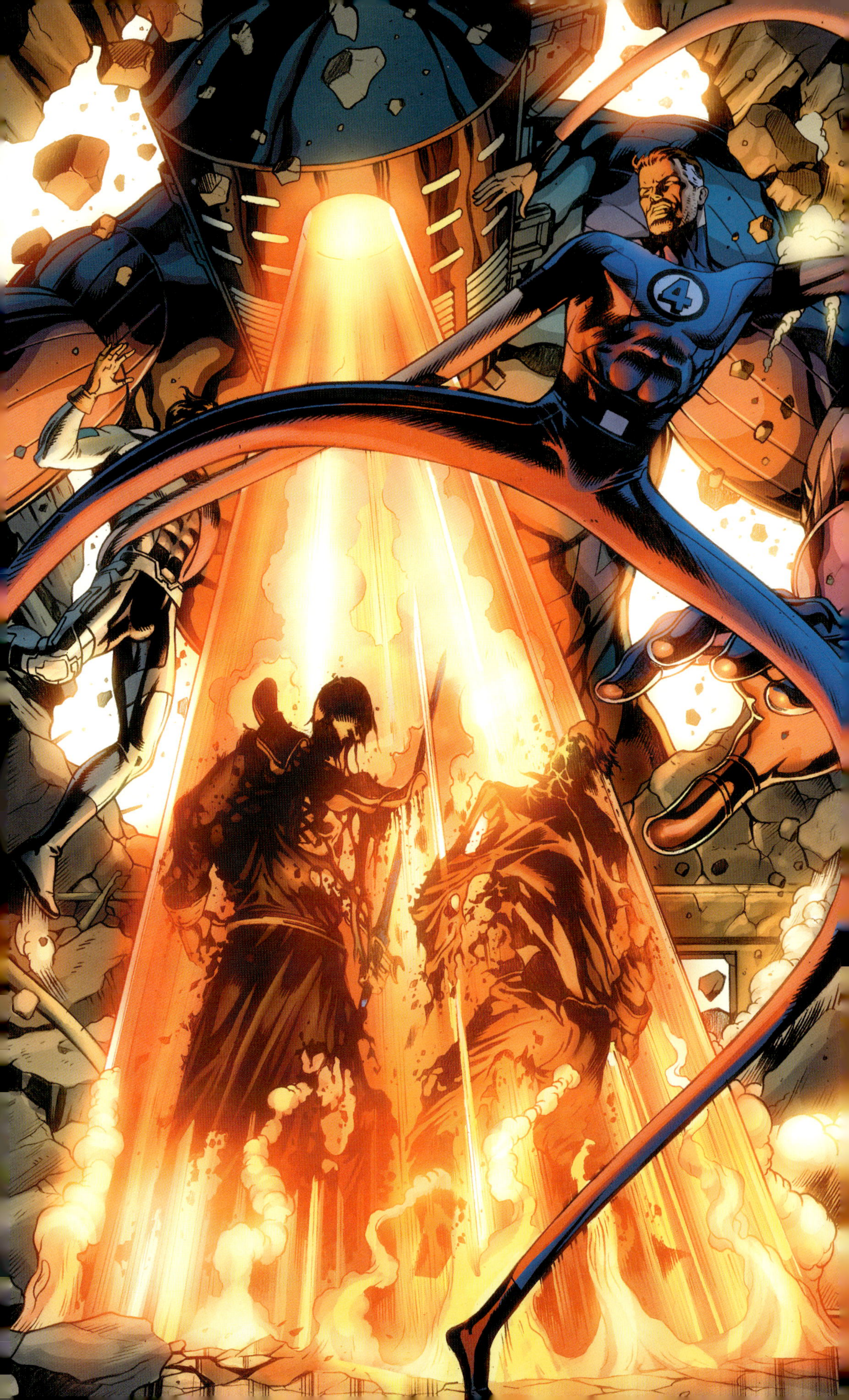

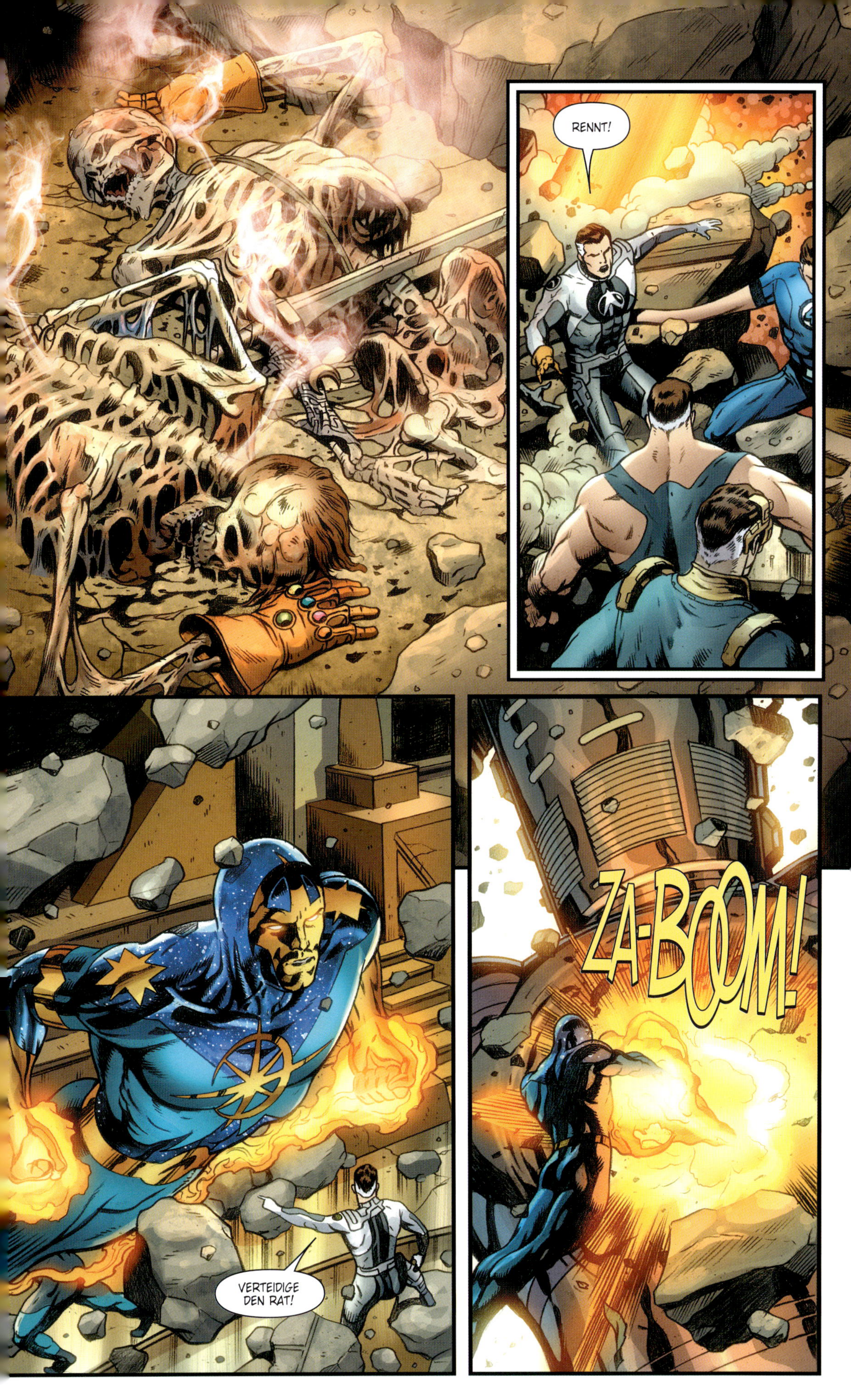
RENNT!
VERTEIDIGE DEN RAT!
ZA-BOOM!

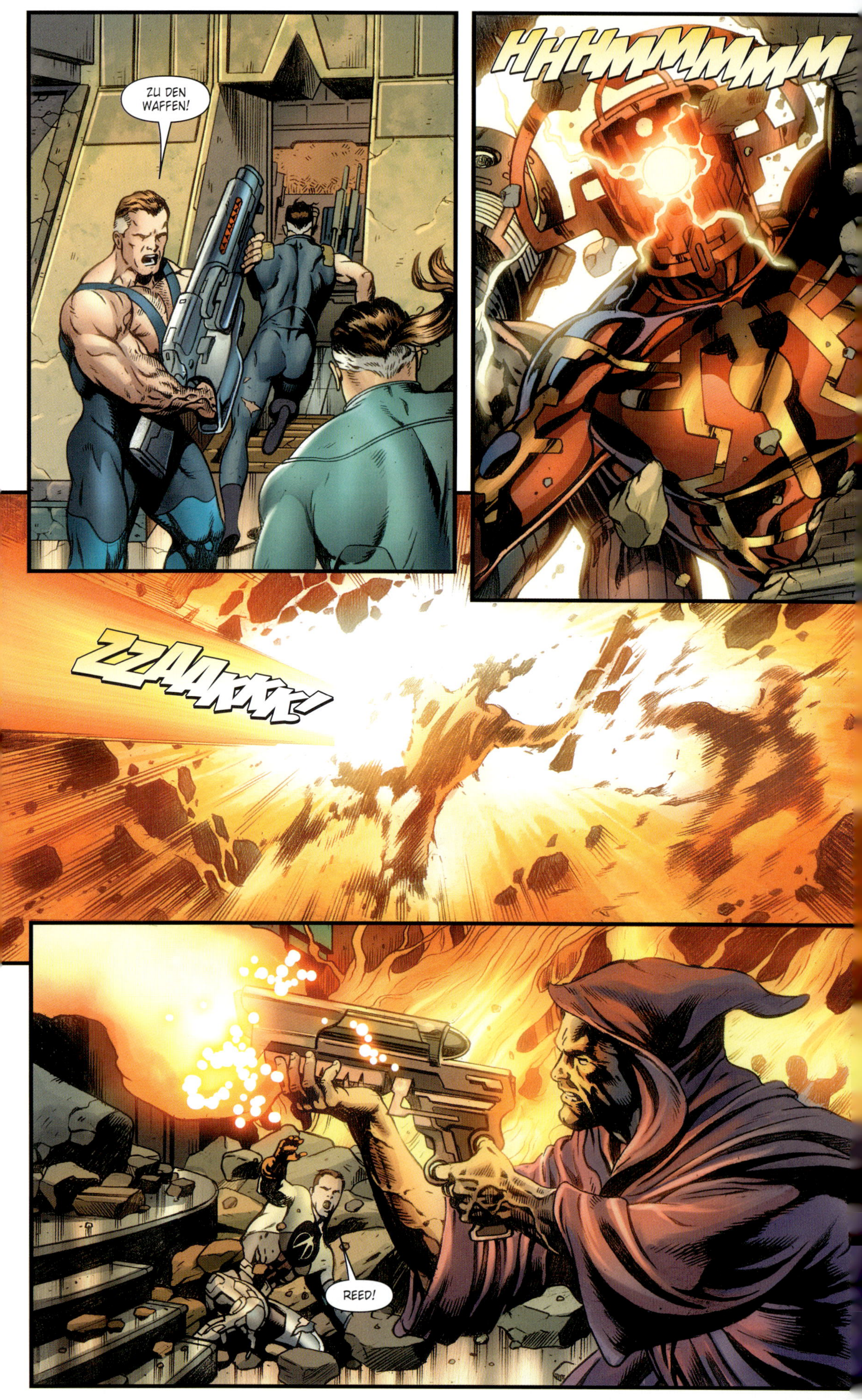
ZU DEN WAFFEN!
HHHMMMMMM
ZZAAKKK!
REED!

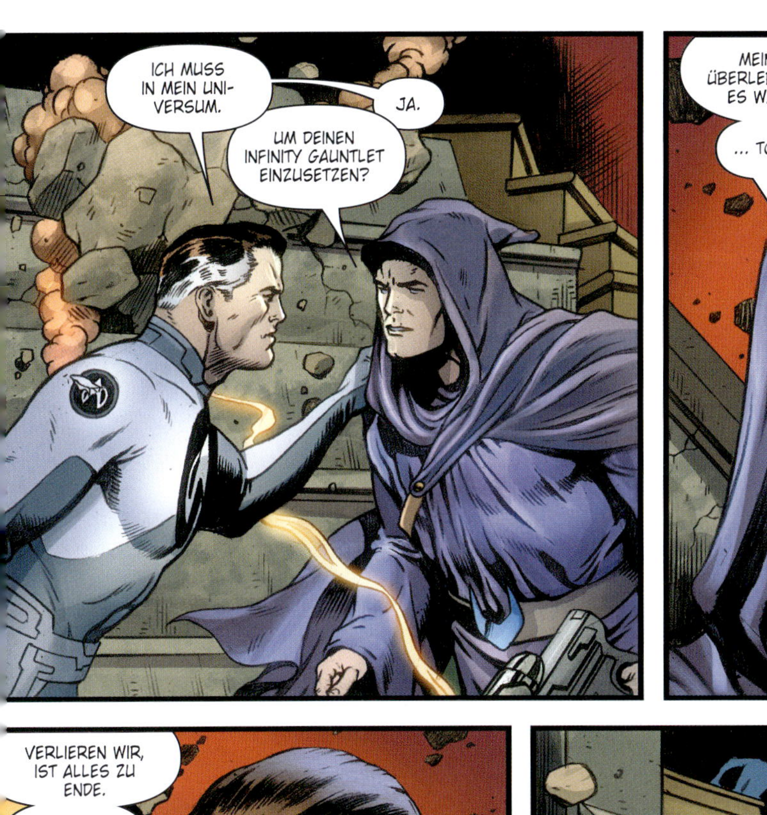
ICH MUSS IN MEIN UNI-VERSUM.
JA.
UM DEINEN INFINITY GAUNTLET EINZUSETZEN?

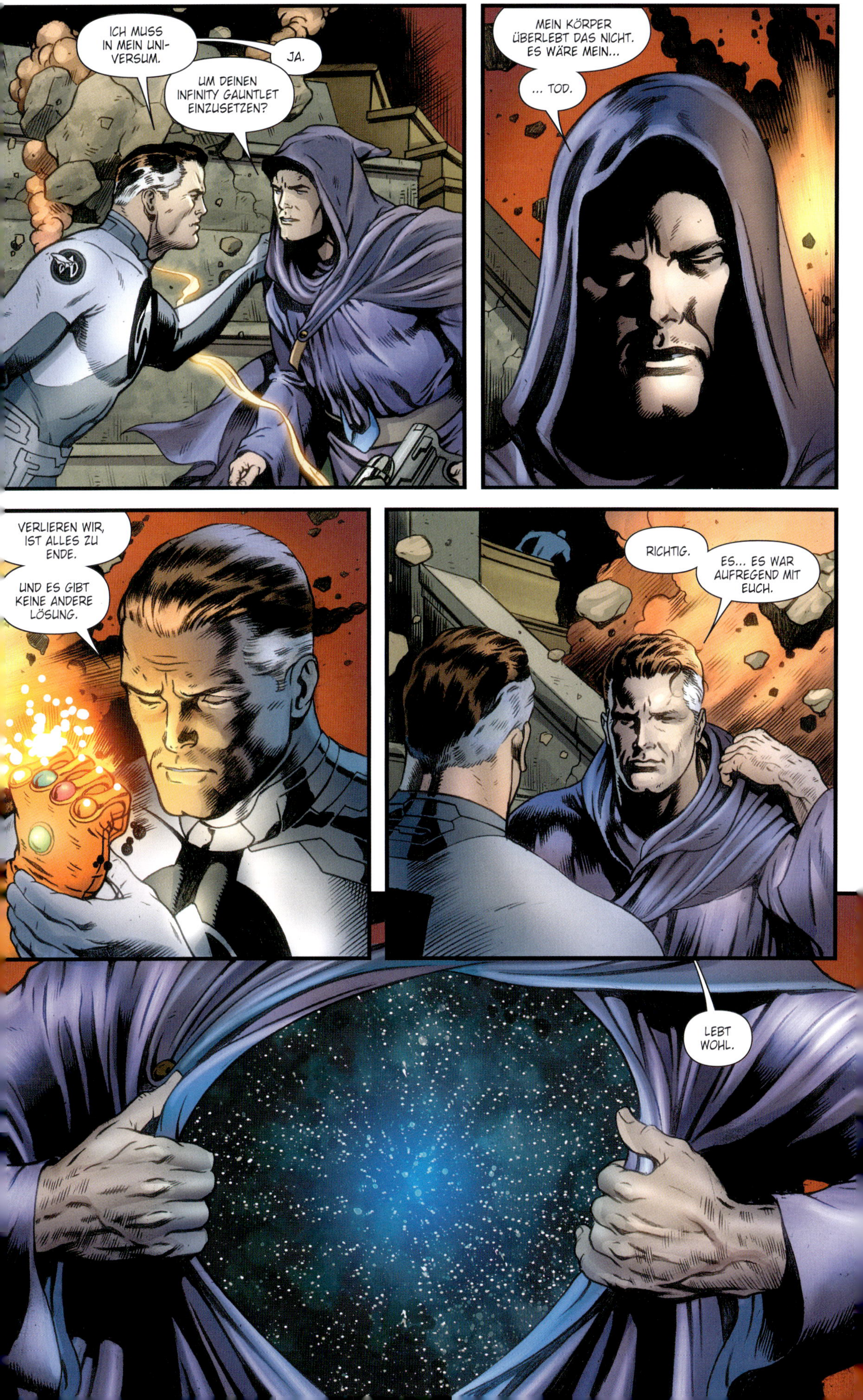

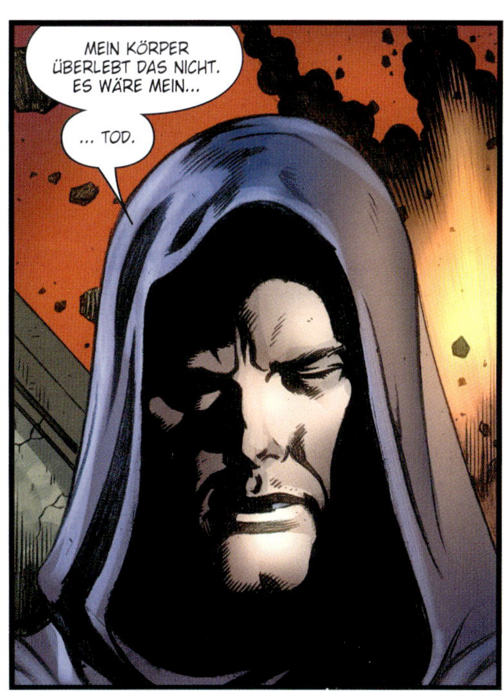
MEIN KÖRPER ÜBERLEBT DAS NICHT. ES WÄRE MEIN...
... TOD.

VERLIEREN WIR, IST ALLES ZU ENDE.
UND ES GIBT KEINE ANDERE LÖSUNG.
RICHTIG.
ES... ES WAR AUFREGEND MIT EUCH.
LEBT WOHL.

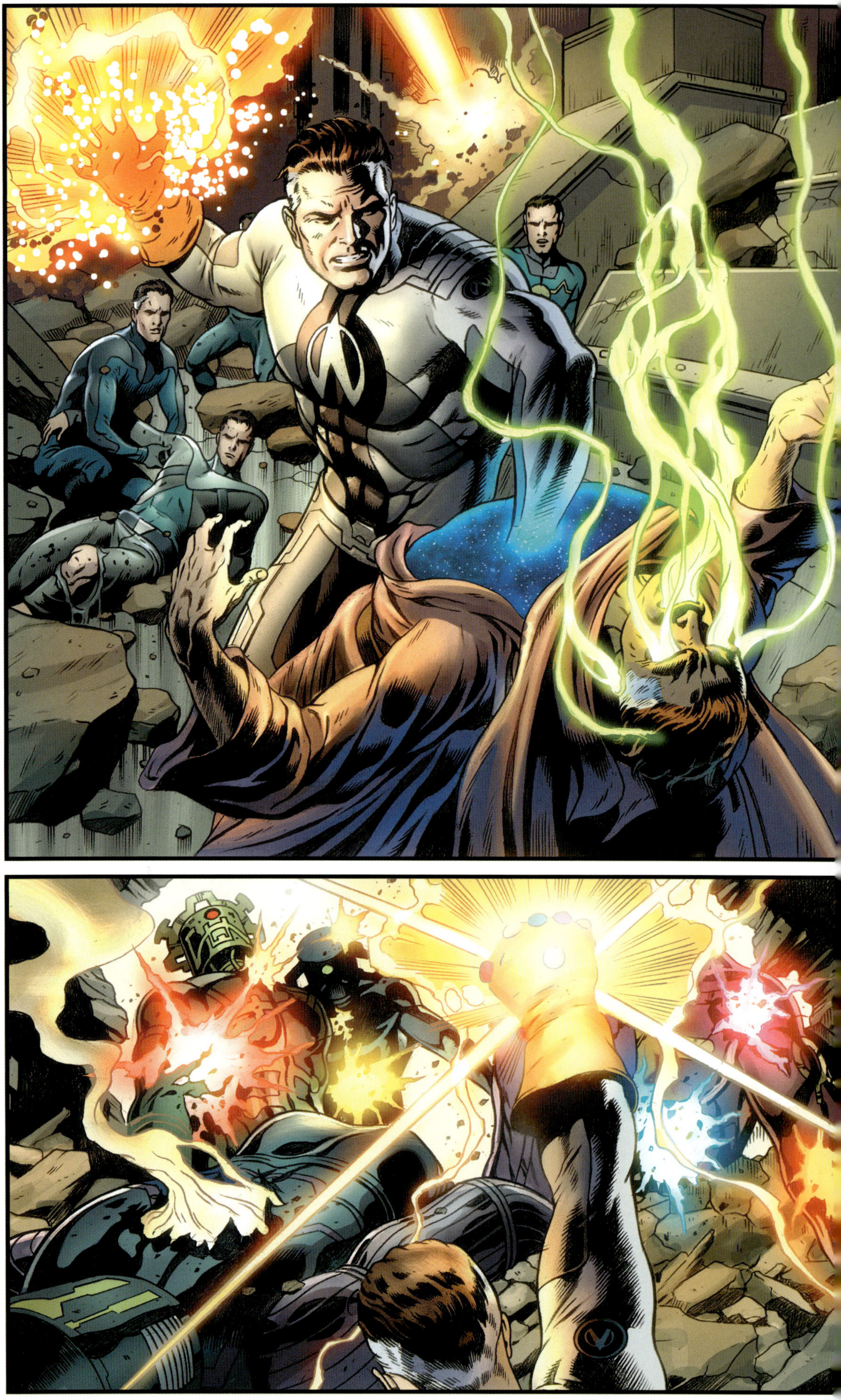

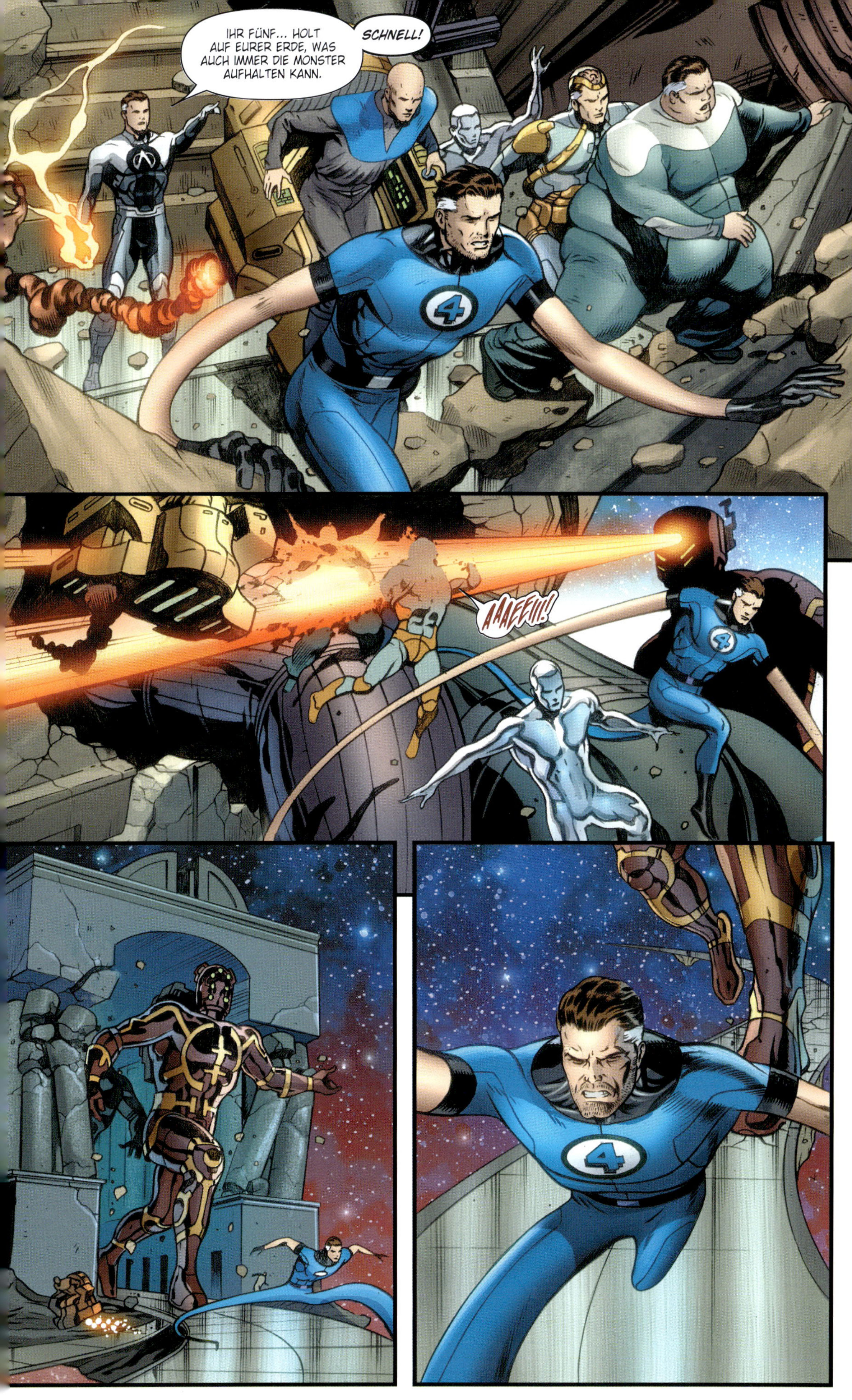
IHR FÜNF... HOLT AUF EURER ERDE, WAS AUCH IMMER DIE MONSTER AUFHALTEN KANN.
SCHNELL!
AAAEEIII!

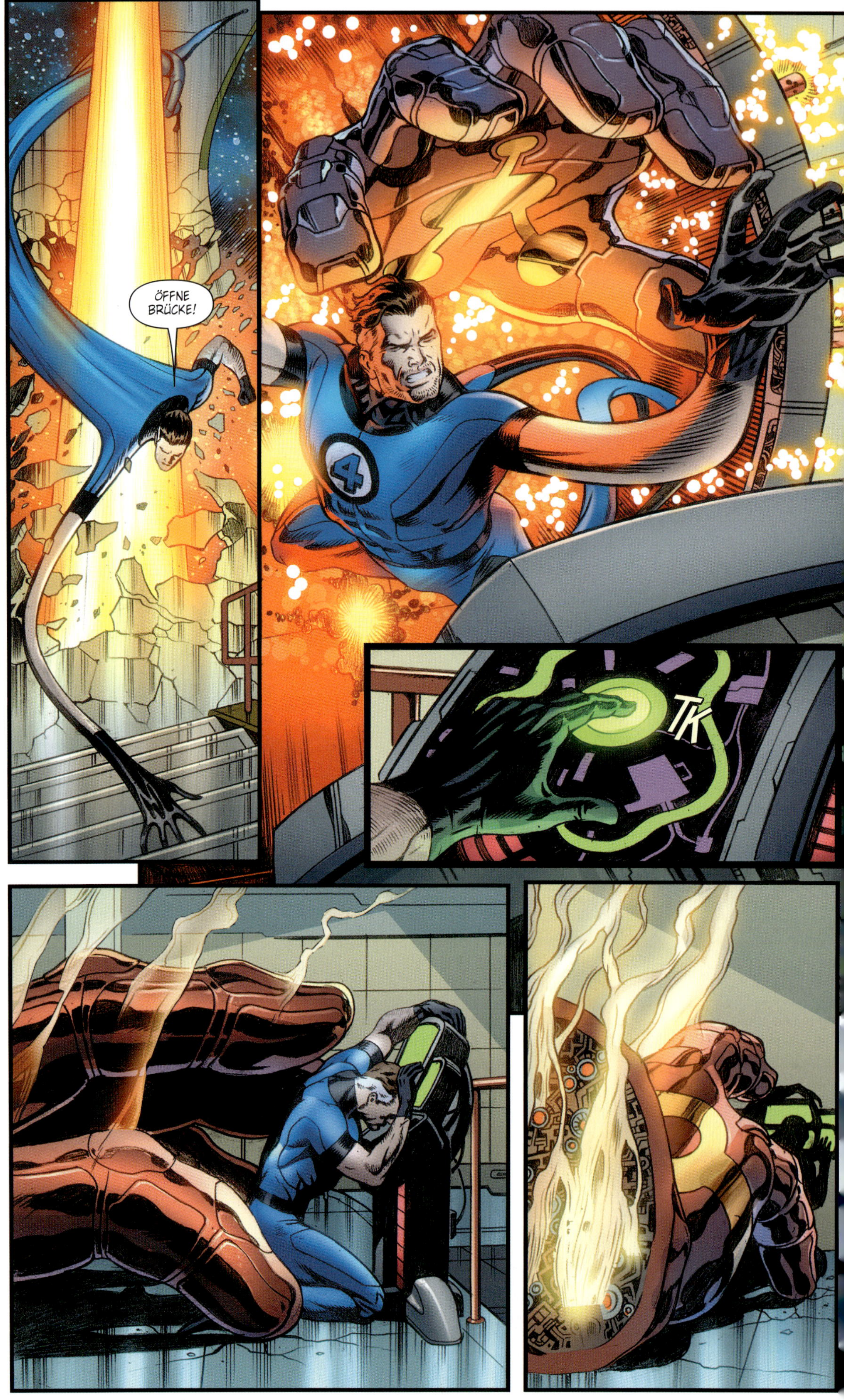
ÖFFNE
BRÜCKE!
TK

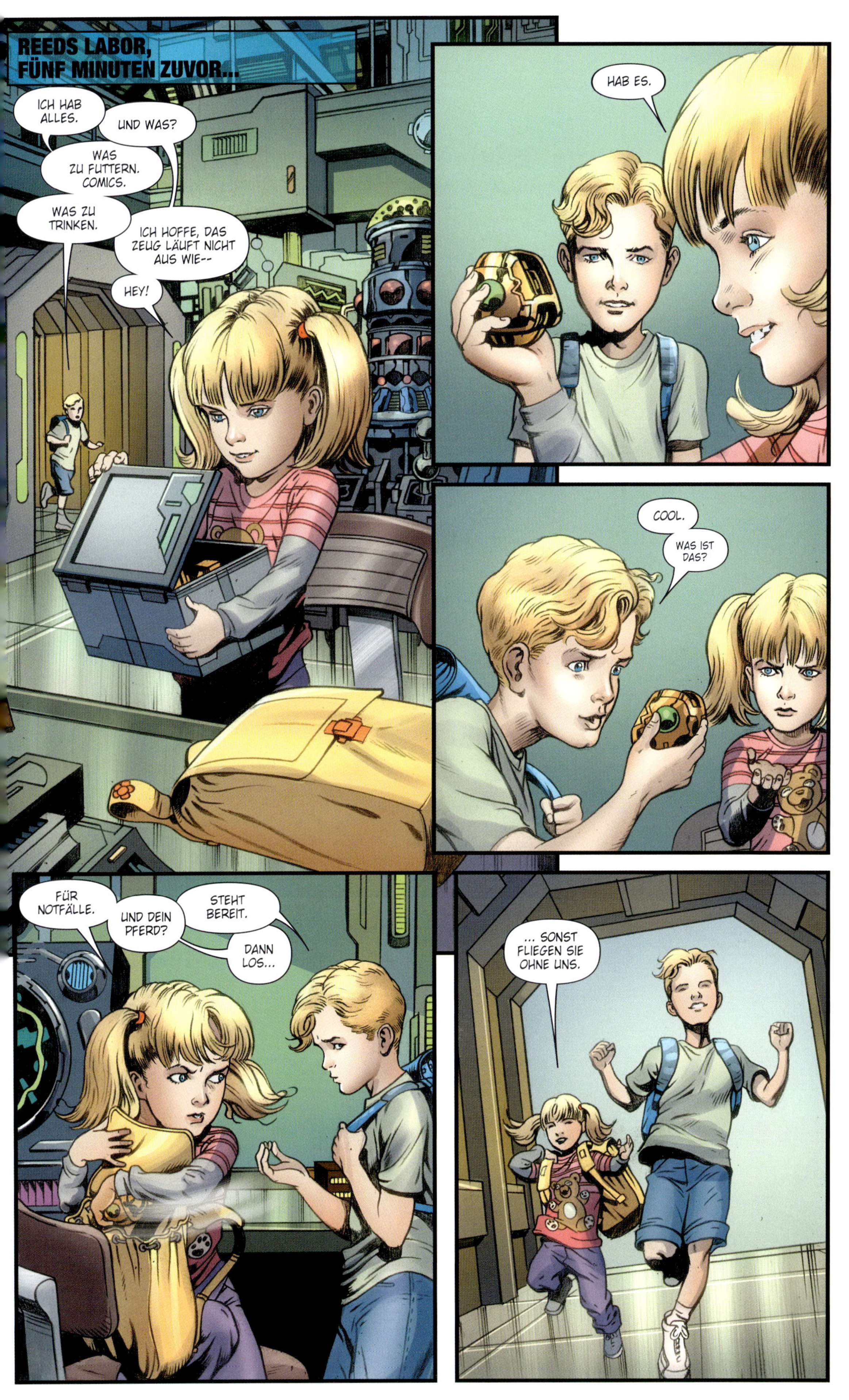
REEDS LABOR, FÜNF MINUTEN ZUVOR...
ICH HAB ALLES.
UND WAS?
WAS ZU FUTTERN. COMICS.
WAS ZU TRINKEN.
ICH HOFFE, DAS ZEUG LÄUFT NICHT AUS WIE--
HEY!
HAB ES.
COOL.
WAS IST DAS?
FÜR NOTFÄLLE.
UND DEIN PFERD?
STEHT BEREIT.
DANN LOS...
... SONST FLIEGEN SIE OHNE UNS.

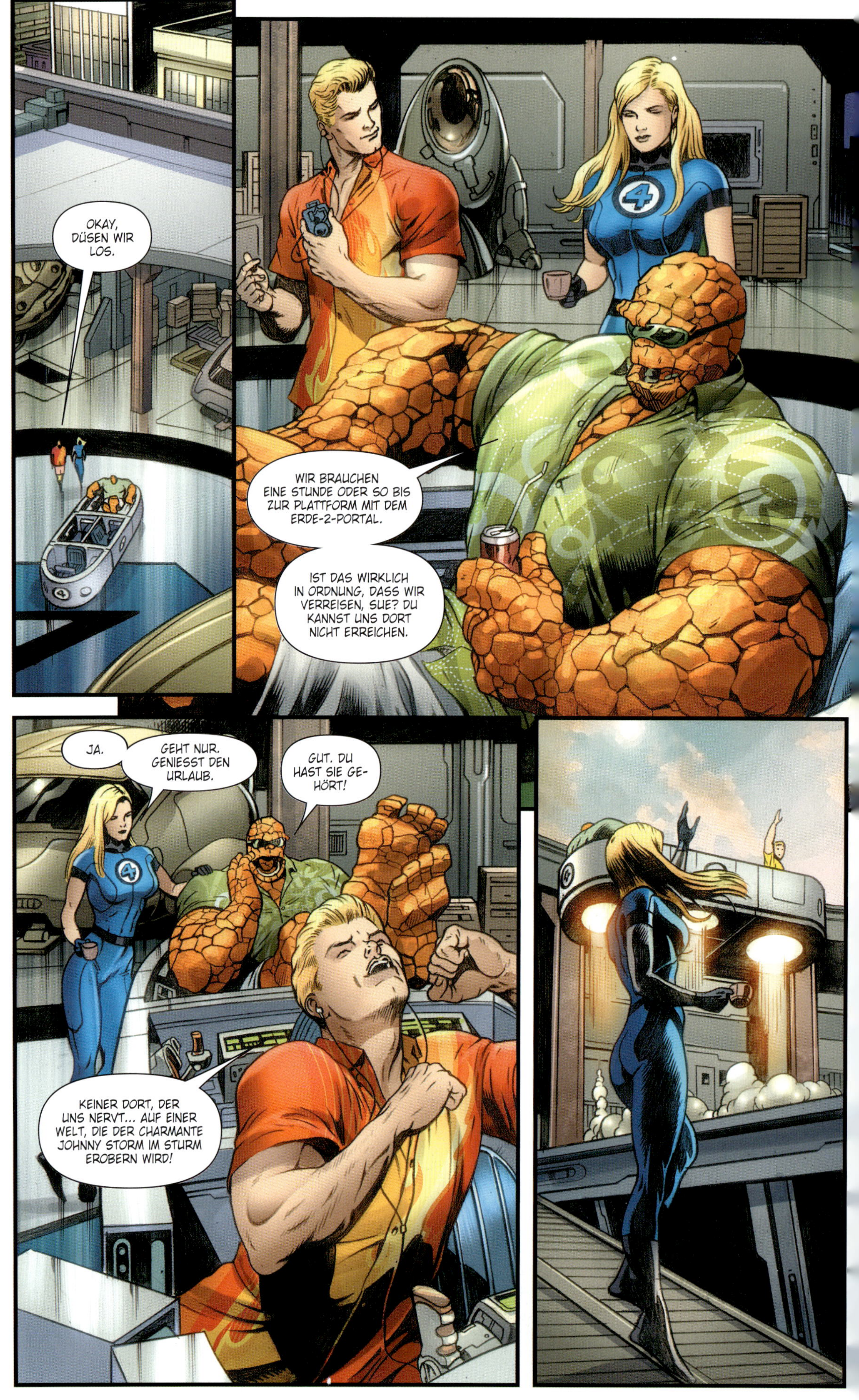
OKAY, DÜSEN WIR LOS.
WIR BRAUCHEN EINE STUNDE ODER SO BIS ZUR PLATTFORM MIT DEM ERDE-2-PORTAL.
IST DAS WIRKLICH IN ORDNUNG, DASS WIR VERREISEN, SUE? DU KANNST UNS DORT NICHT ERREICHEN.
JA.
GEHT NUR. GENIESST DEN URLAUB.
GUT. DU HAST SIE GE-HÖRT!
KEINER DORT, DER UNS NERVT... AUF EINER WELT, DIE DER CHARMANTE JOHNNY STORM IM STURM EROBERN WIRD!

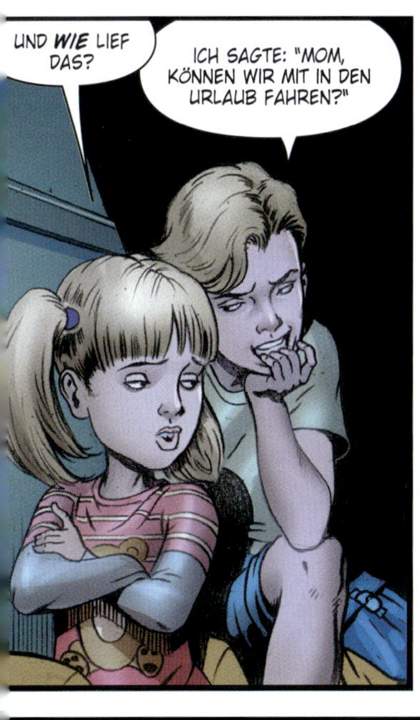
UND WIE LIEF DAS?
ICH SAGTE: "MOM, KÖNNEN WIR MIT IN DEN URLAUB FAHREN?"

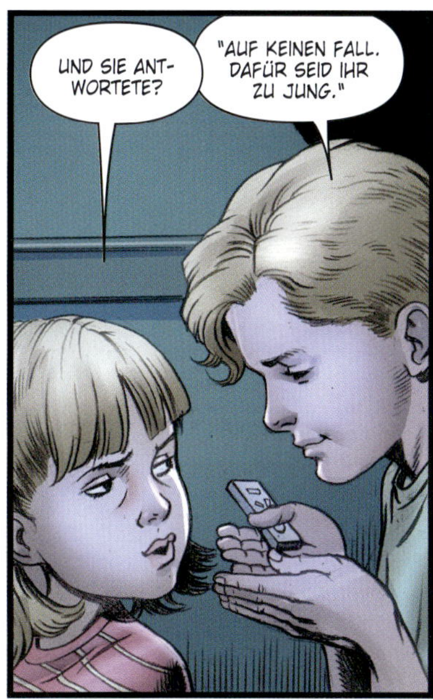
UND SIE ANTWORTETE?
"AUF KEINEN FALL. DAFÜR SEID IHR ZU JUNG."

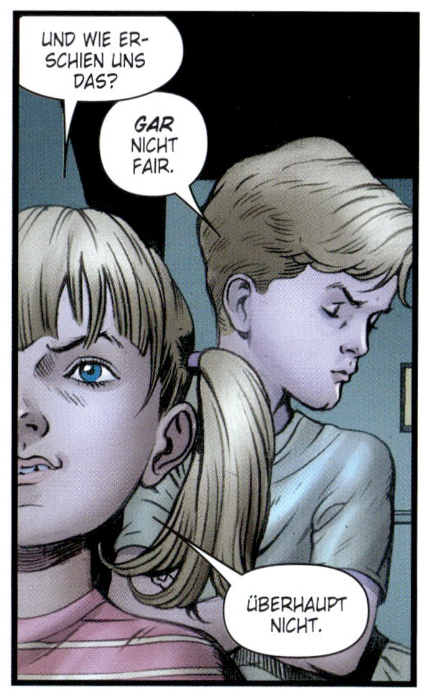
UND WIE ERSCHIEN UNS DAS?
GAR NICHT FAIR.
ÜBERHAUPT NICHT.

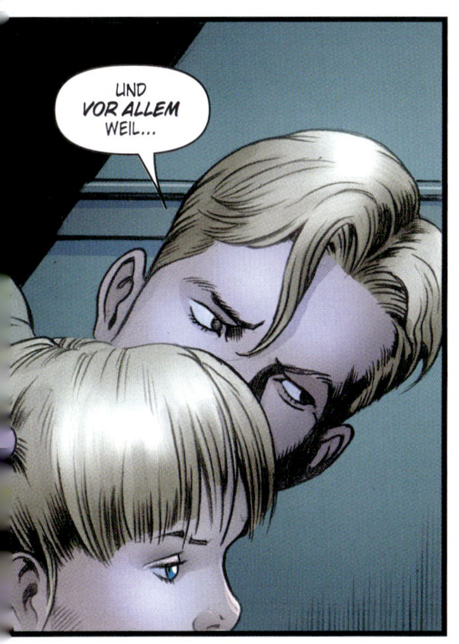
UND VOR ALLEM WEIL...

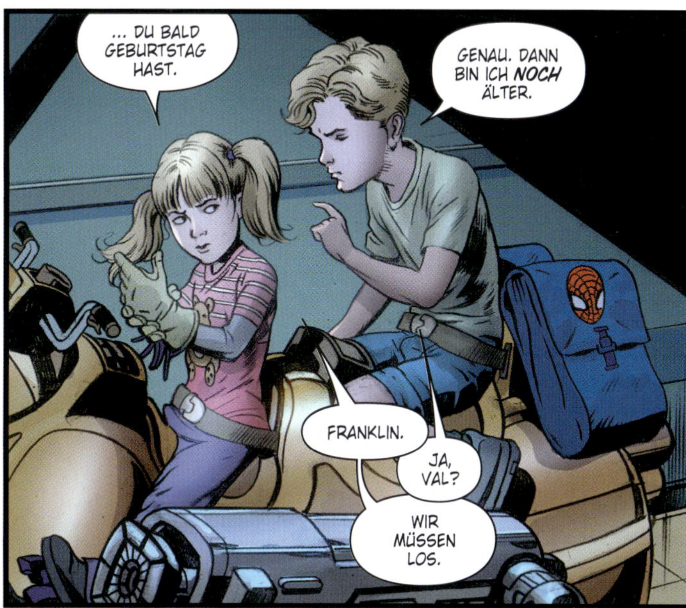
... DU BALD GEBURTSTAG HAST.
GENAU. DANN BIN ICH NOCH ÄLTER.
FRANKLIN.
JA, VAL?
WIR MÜSSEN LOS.

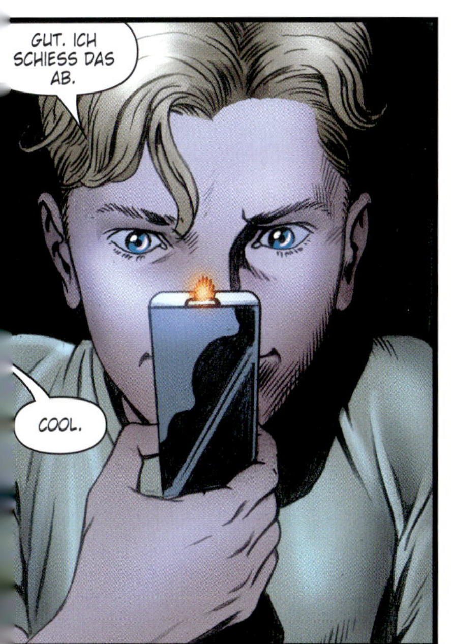
GUT. ICH SCHIESS DAS AB.
COOL.

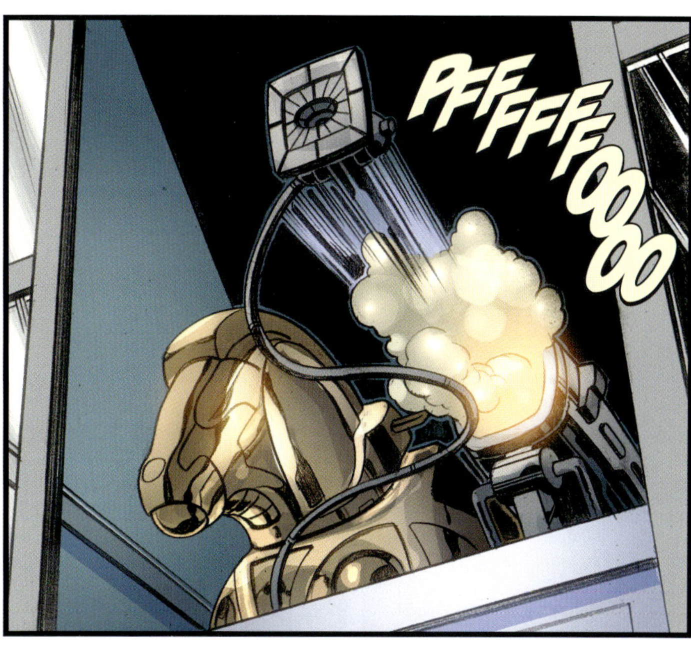
PFFFFFOOOO

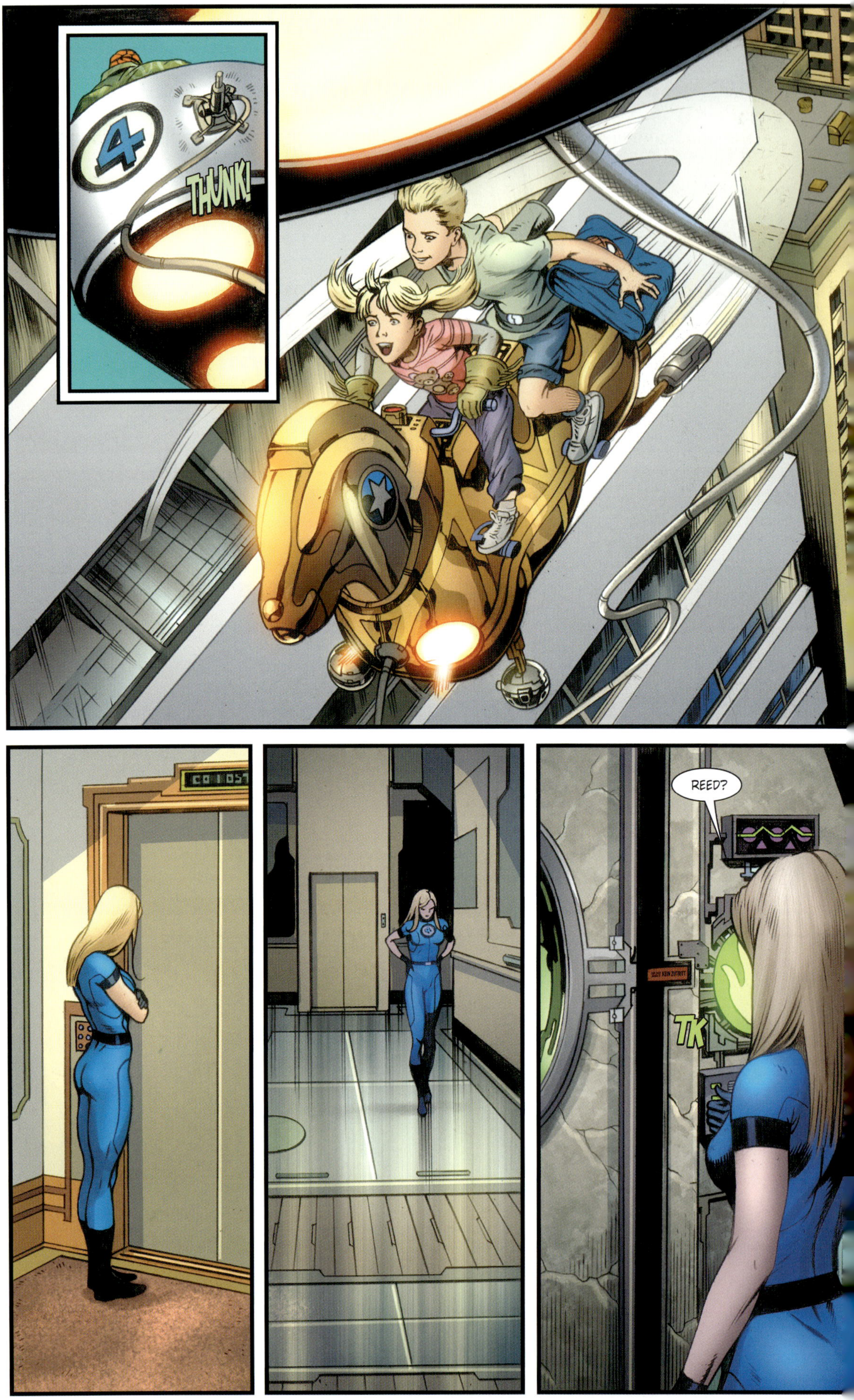

THUNK!

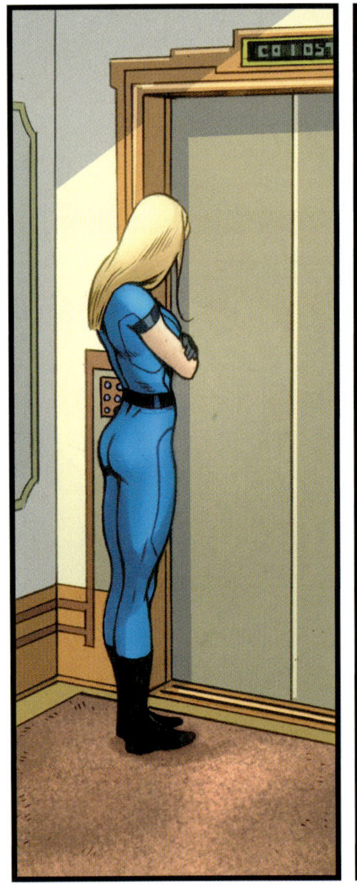

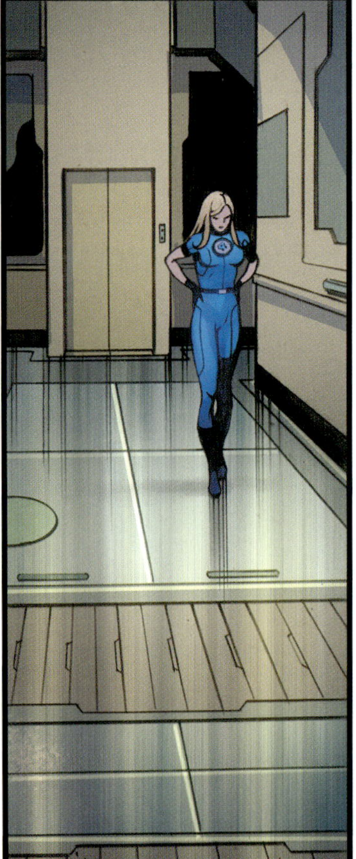

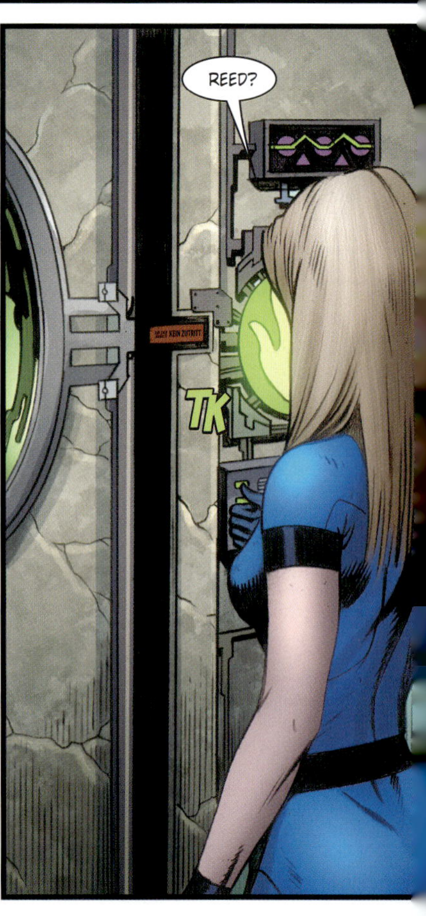
REED?
TK

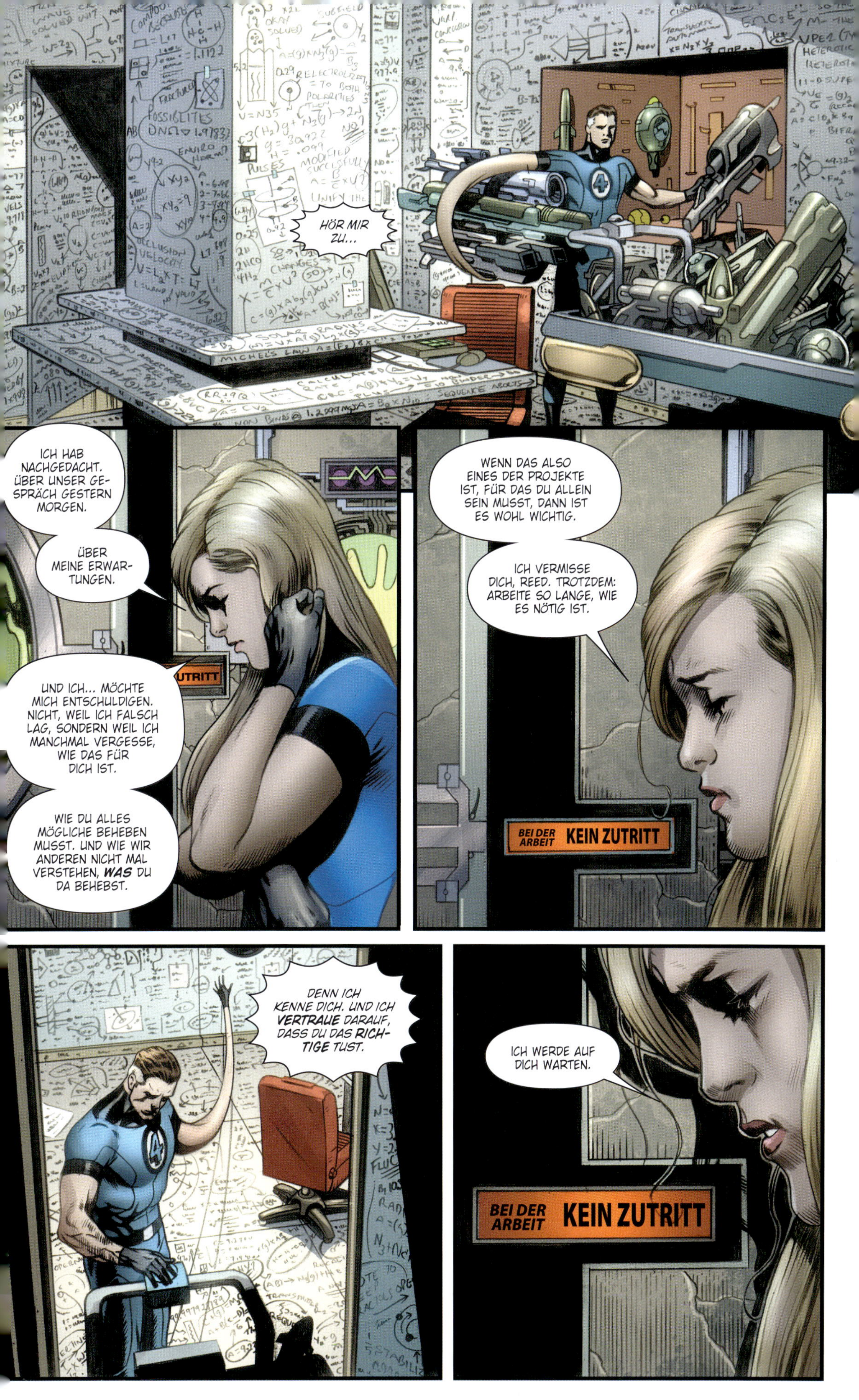

HÖR MIR ZU...

ICH HAB NACHGEDACHT. ÜBER UNSER GESPRÄCH GESTERN MORGEN.

ÜBER MEINE ERWARTUNGEN.

ZUTRITT

UND ICH... MÖCHTE MICH ENTSCHULDIGEN. NICHT, WEIL ICH FALSCH LAG, SONDERN WEIL ICH MANCHMAL VERGESSE, WIE DAS FÜR DICH IST.

WIE DU ALLES MÖGLICHE BEHEBEN MUSST. UND WIE WIR ANDEREN NICHT MAL VERSTEHEN, ***WAS*** DU DA BEHEBST.

WENN DAS ALSO EINES DER PROJEKTE IST, FÜR DAS DU ALLEIN SEIN MUSST, DANN IST ES WOHL WICHTIG.

ICH VERMISSE DICH, REED. TROTZDEM: ARBEITE SO LANGE, WIE ES NÖTIG IST.

BEI DER ARBEIT KEIN ZUTRITT

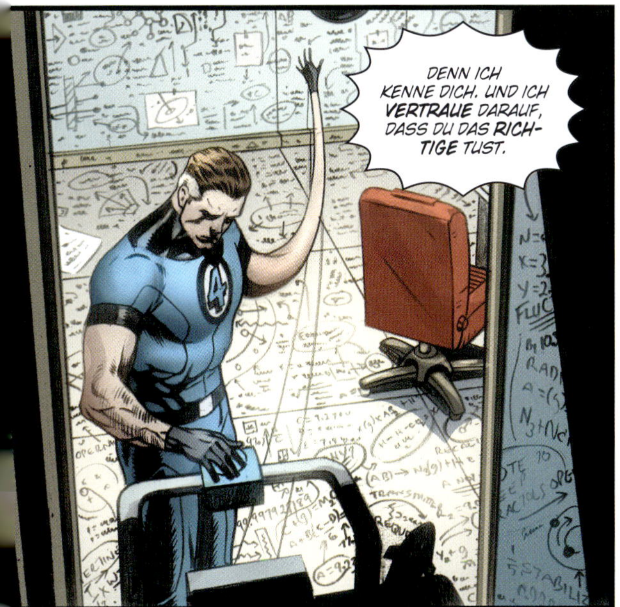

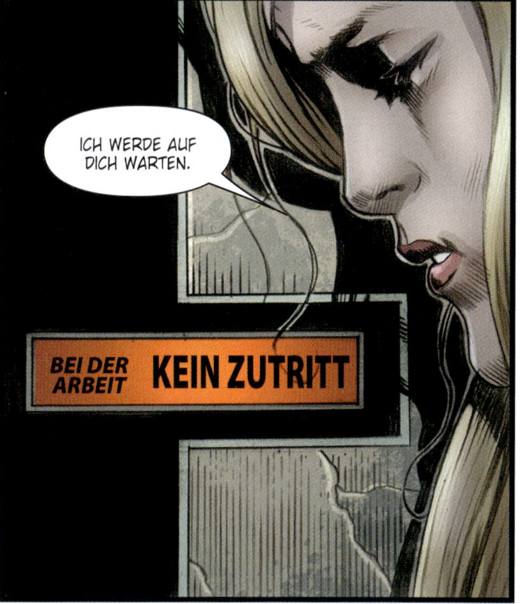

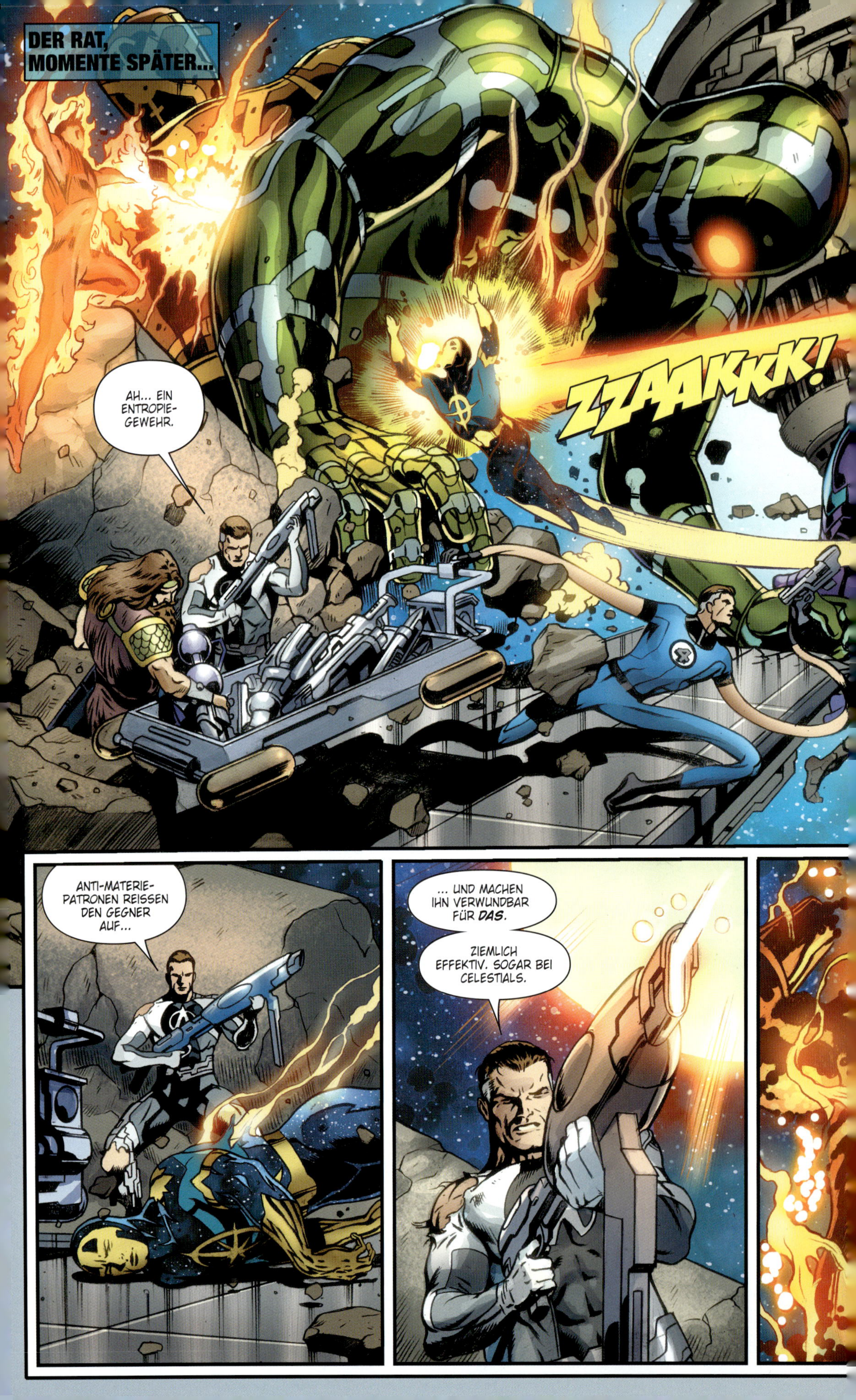

DER RAT, MOMENTE SPÄTER...

AH... EIN ENTROPIE-GEWEHR.

ZZAAKKK!

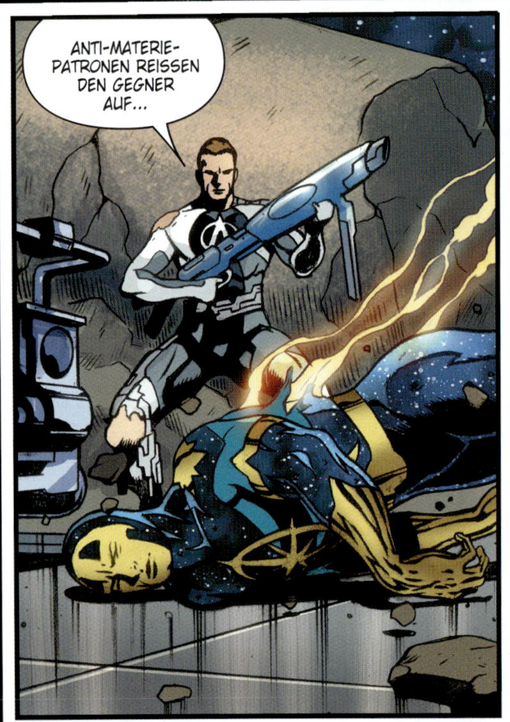

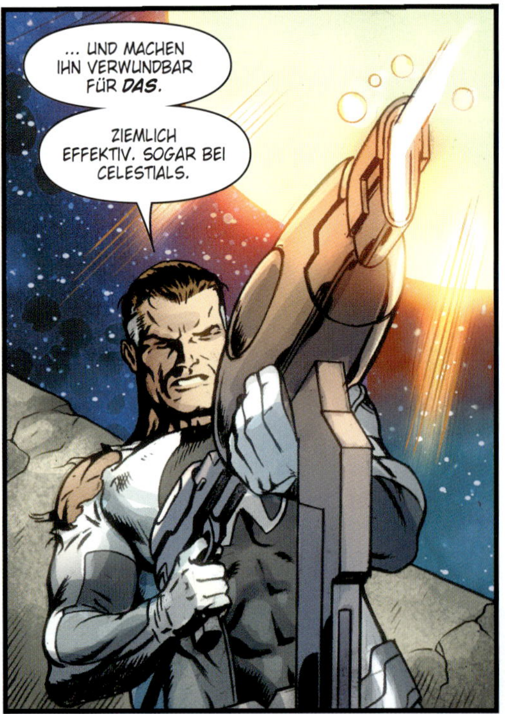

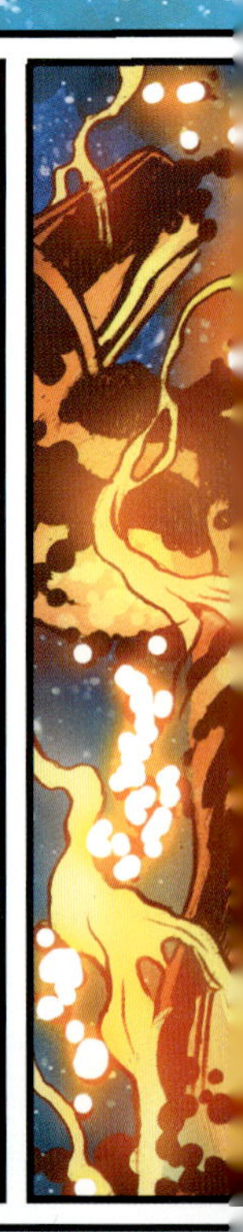

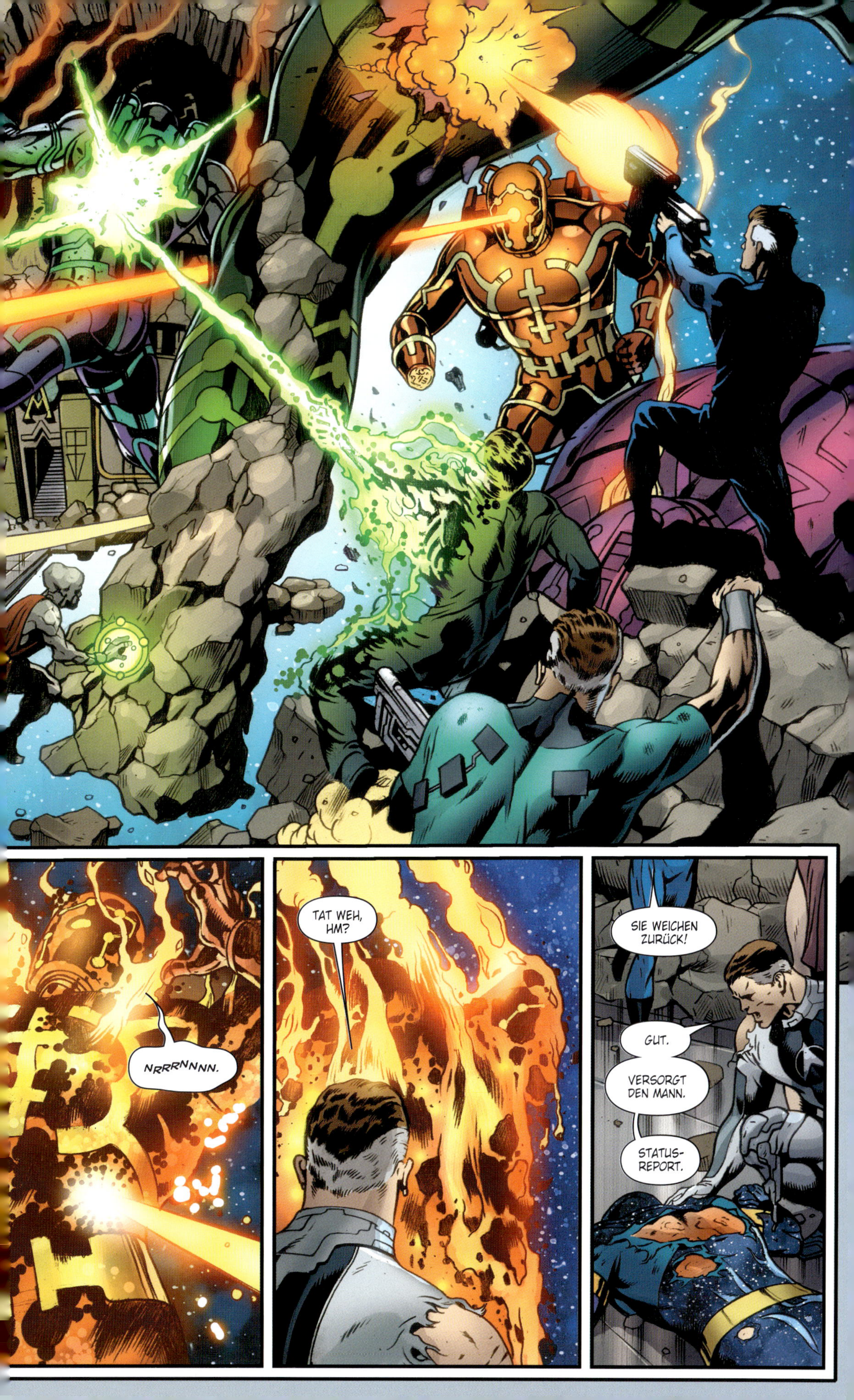

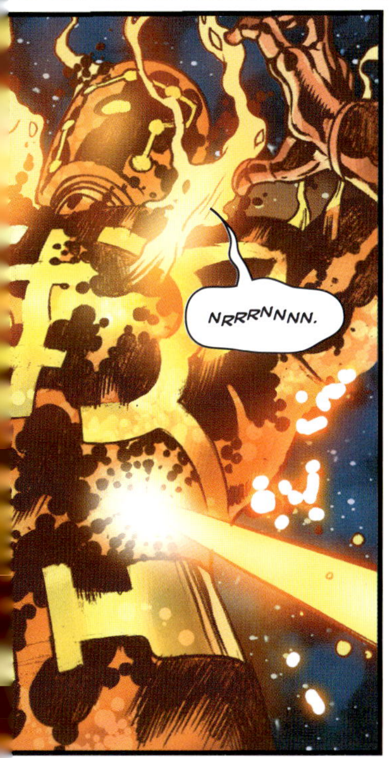
NRRRNNNN.

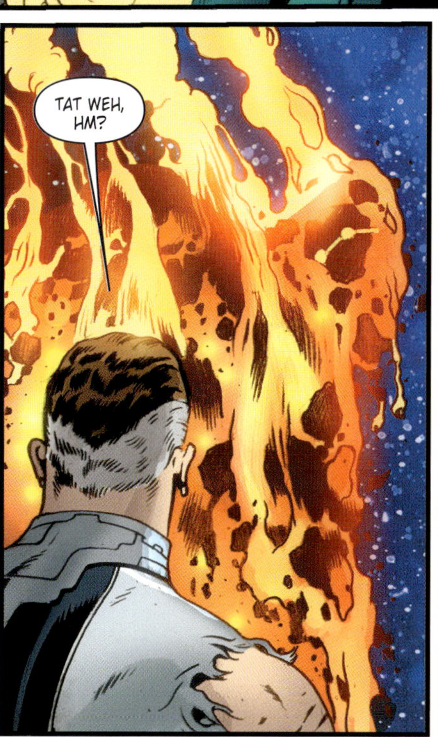
TAT WEH, HM?

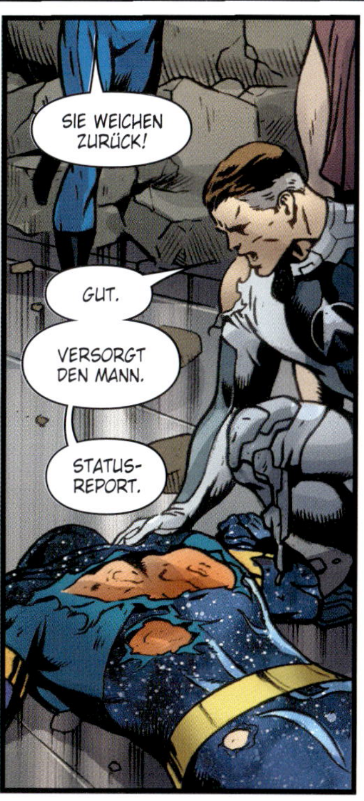
SIE WEICHEN ZURÜCK!
GUT.
VERSORGT DEN MANN.
STATUS-REPORT.

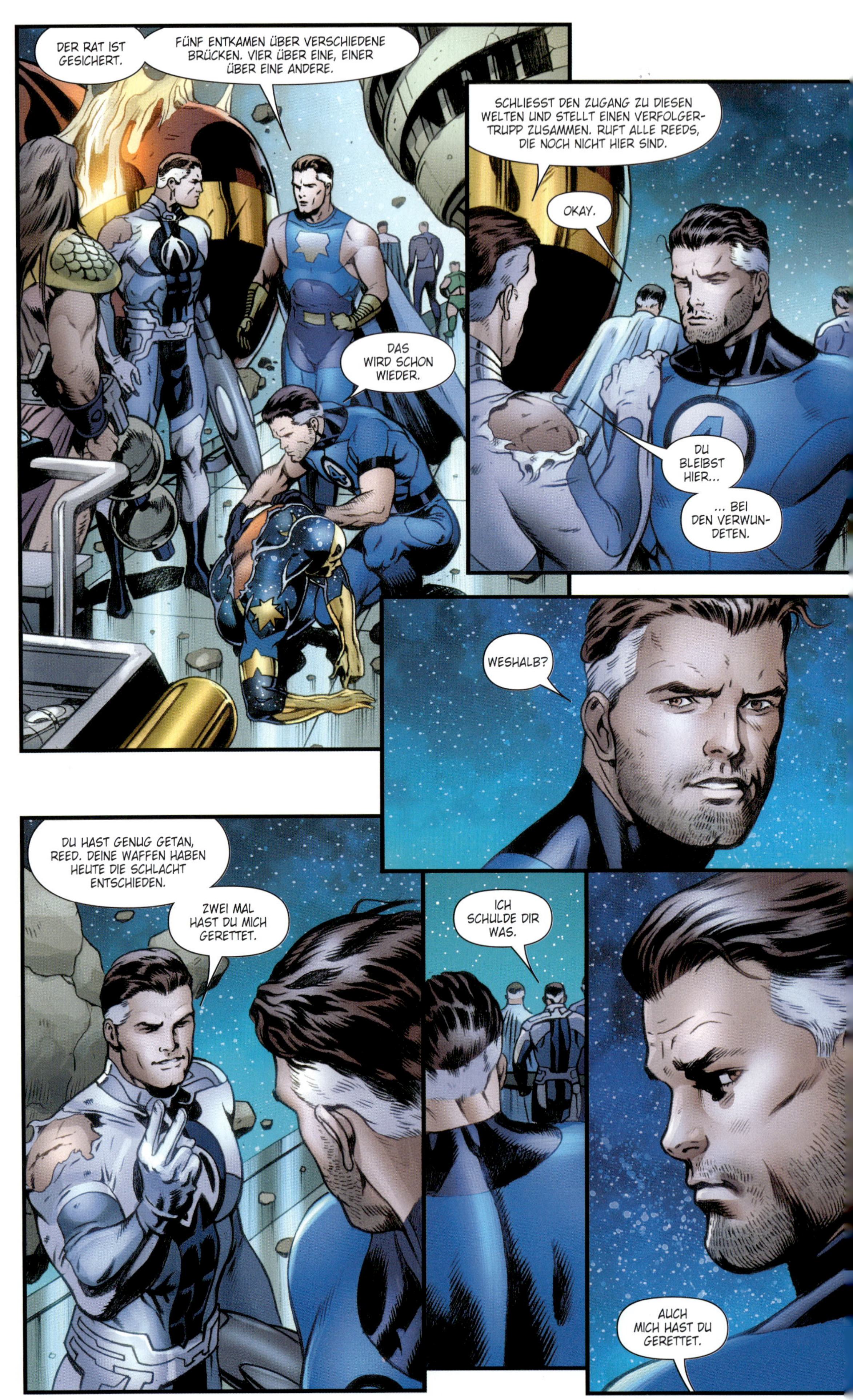
DER RAT IST GESICHERT.
FÜNF ENTKAMEN ÜBER VERSCHIEDENE BRÜCKEN. VIER ÜBER EINE, EINER ÜBER EINE ANDERE.
DAS WIRD SCHON WIEDER.
SCHLIESST DEN ZUGANG ZU DIESEN WELTEN UND STELLT EINEN VERFOLGER-TRUPP ZUSAMMEN. RUFT ALLE REEDS, DIE NOCH NICHT HIER SIND.
OKAY.
DU BLEIBST HIER...
... BEI DEN VERWUN-DETEN.
WESHALB?
DU HAST GENUG GETAN, REED. DEINE WAFFEN HABEN HEUTE DIE SCHLACHT ENTSCHIEDEN.
ZWEI MAL HAST DU MICH GERETTET.
ICH SCHULDE DIR WAS.
AUCH MICH HAST DU GERETTET.

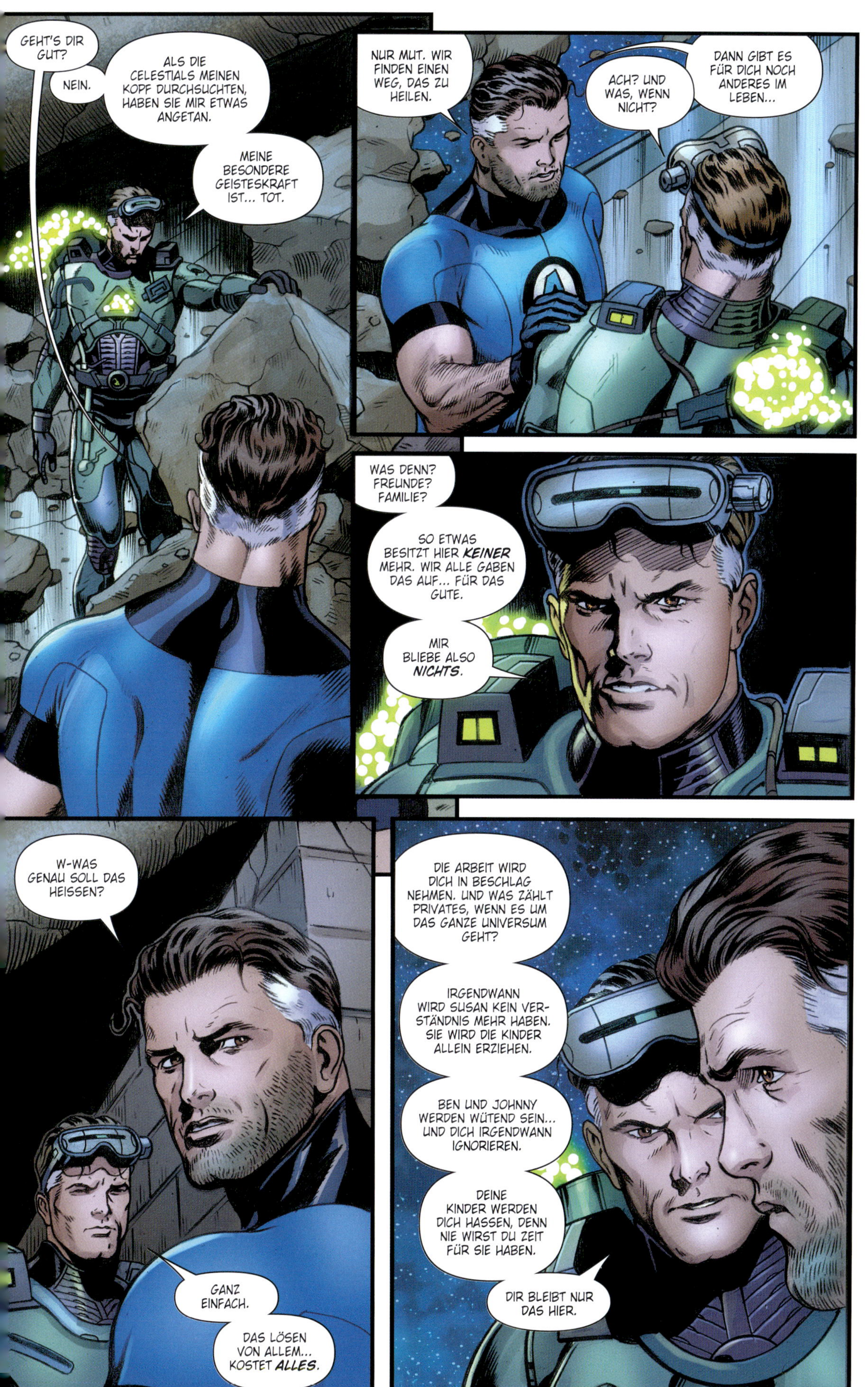
GEHT'S DIR GUT?
NEIN.
ALS DIE CELESTIALS MEINEN KOPF DURCHSUCHTEN, HABEN SIE MIR ETWAS ANGETAN.
MEINE BESONDERE GEISTESKRAFT IST... TOT.
NUR MUT. WIR FINDEN EINEN WEG, DAS ZU HEILEN.
ACH? UND WAS, WENN NICHT?
DANN GIBT ES FÜR DICH NOCH ANDERES IM LEBEN...
WAS DENN? FREUNDE? FAMILIE?
SO ETWAS BESITZT HIER *KEINER* MEHR. WIR ALLE GABEN DAS AUF... FÜR DAS GUTE.
MIR BLIEBE ALSO *NICHTS*.
W-WAS GENAU SOLL DAS HEISSEN?
GANZ EINFACH.
DAS LÖSEN VON ALLEM... KOSTET *ALLES*.
DIE ARBEIT WIRD DICH IN BESCHLAG NEHMEN. UND WAS ZÄHLT PRIVATES, WENN ES UM DAS GANZE UNIVERSUM GEHT?
IRGENDWANN WIRD SUSAN KEIN VERSTÄNDNIS MEHR HABEN. SIE WIRD DIE KINDER ALLEIN ERZIEHEN.
BEN UND JOHNNY WERDEN WÜTEND SEIN... UND DICH IRGENDWANN IGNORIEREN.
DEINE KINDER WERDEN DICH HASSEN, DENN NIE WIRST DU ZEIT FÜR SIE HABEN.
DIR BLEIBT NUR DAS HIER.

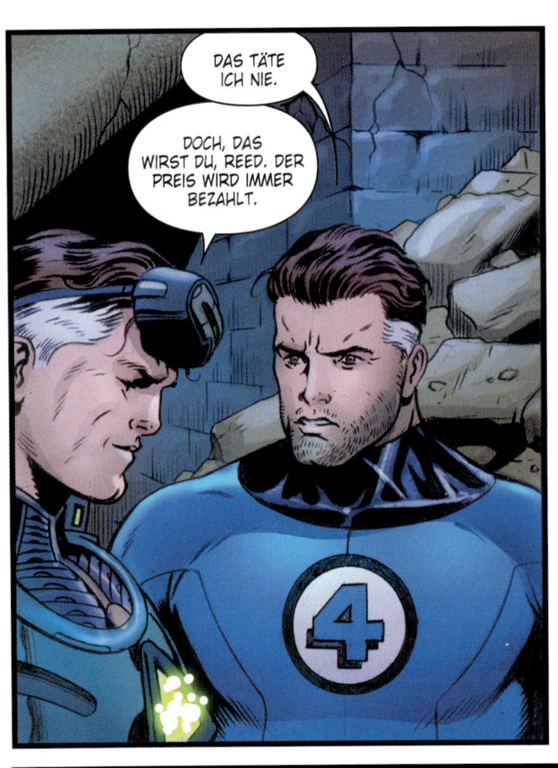

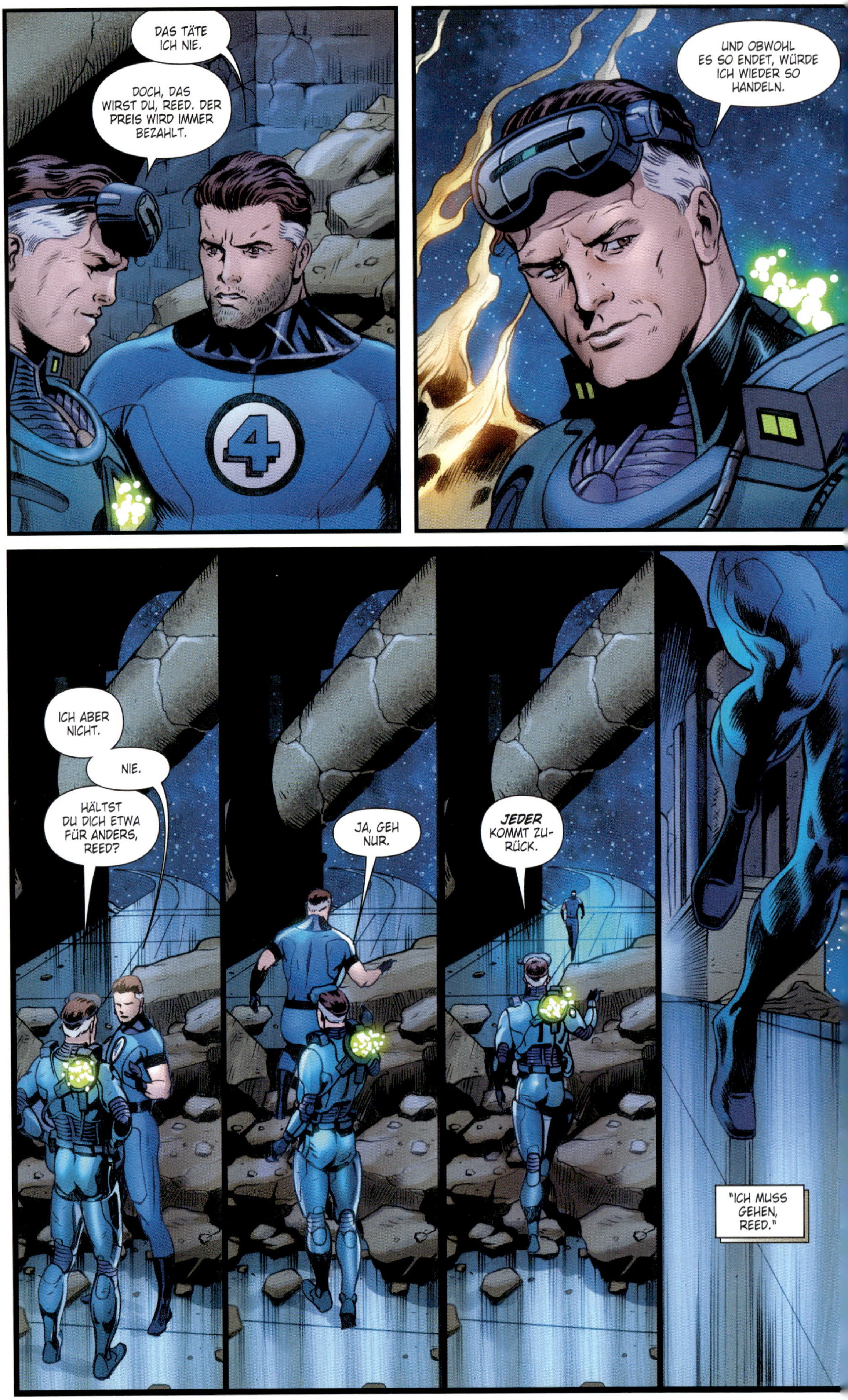

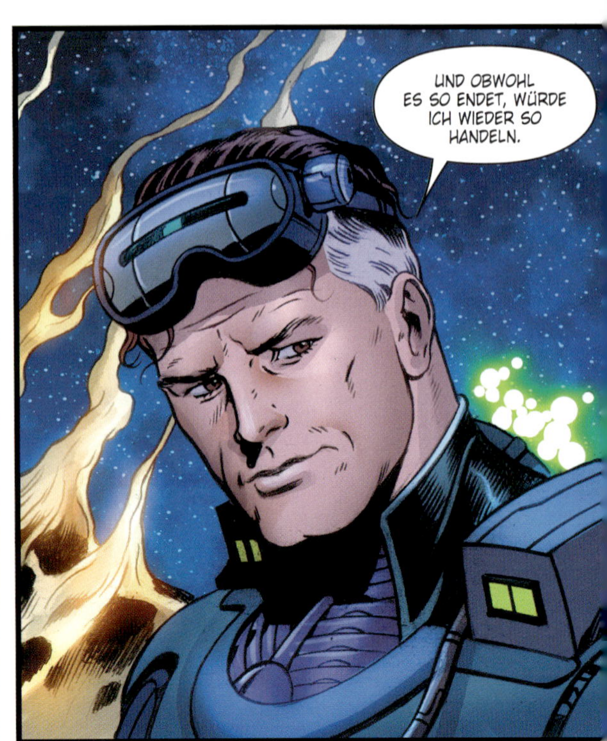

ICH ABER NICHT.
NIE.
HÄLTST DU DICH ETWA FÜR ANDERS, REED?
JA, GEH NUR.
JEDER KOMMT ZURÜCK.
"ICH MUSS GEHEN, REED."

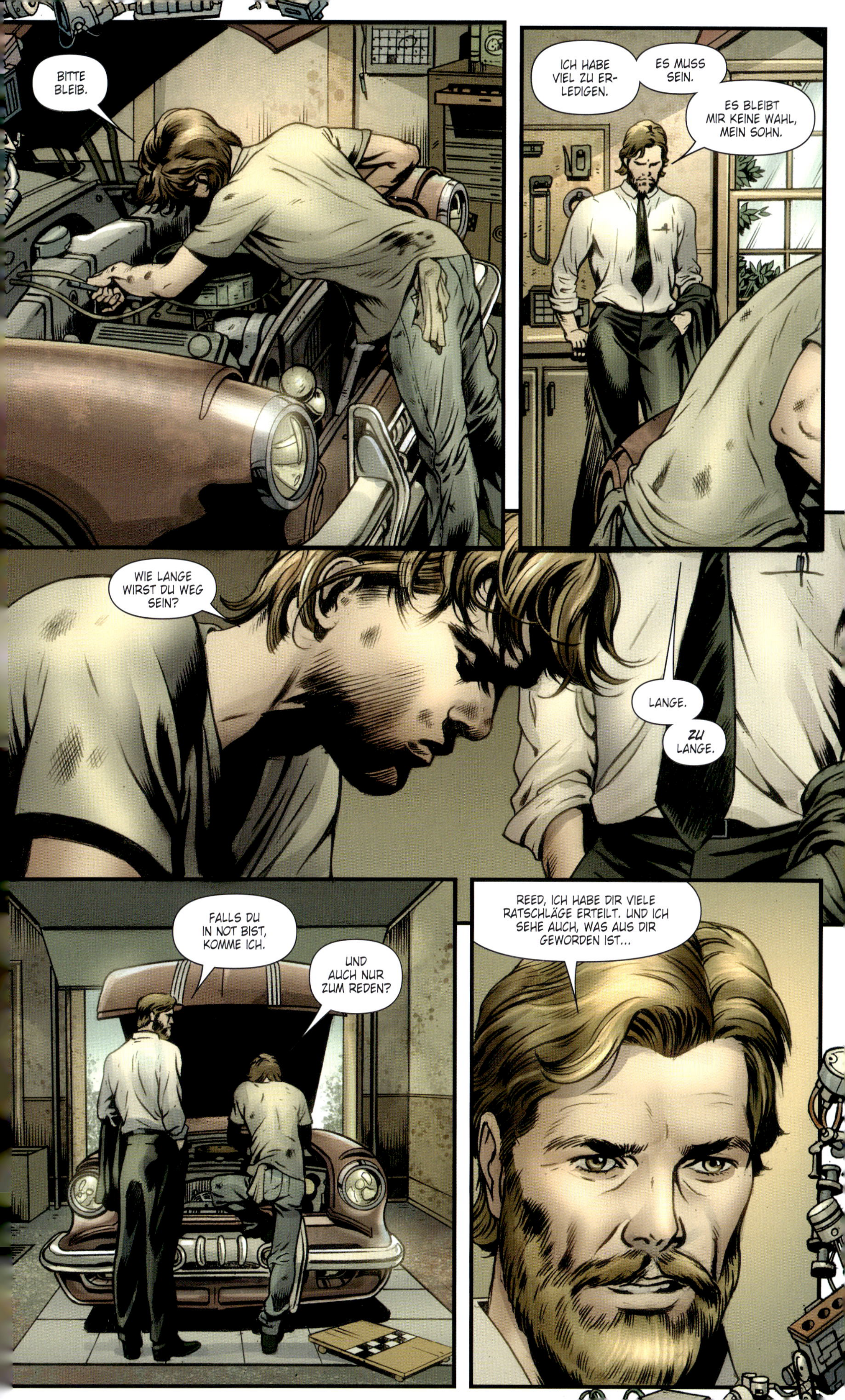
BITTE BLEIB.
ICH HABE VIEL ZU ERLEDIGEN.
ES MUSS SEIN.
ES BLEIBT MIR KEINE WAHL, MEIN SOHN.
WIE LANGE WIRST DU WEG SEIN?
LANGE.
ZU LANGE.
FALLS DU IN NOT BIST, KOMME ICH.
UND AUCH NUR ZUM REDEN?
REED, ICH HABE DIR VIELE RATSCHLÄGE ERTEILT. UND ICH SEHE AUCH, WAS AUS DIR GEWORDEN IST...

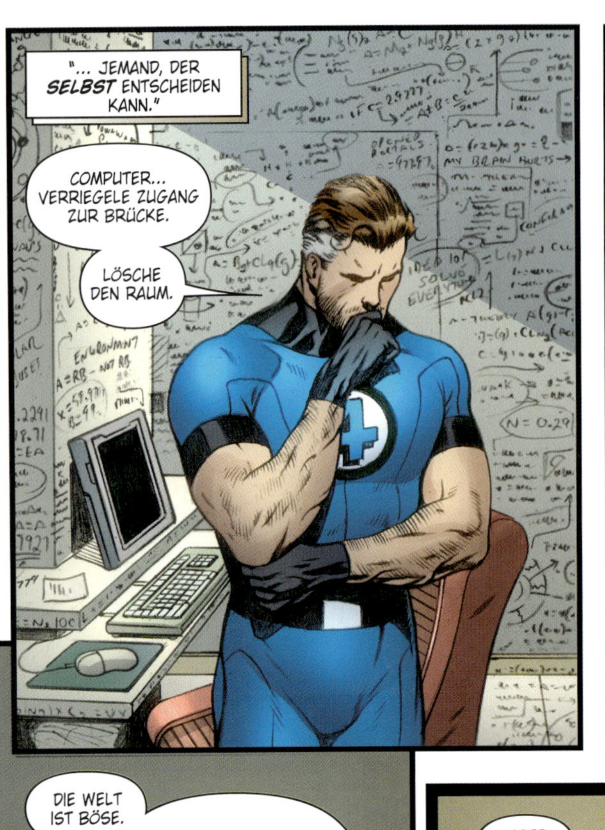
"... JEMAND, DER SELBST ENTSCHEIDEN KANN."
COMPUTER... VERRIEGELE ZUGANG ZUR BRÜCKE.
LÖSCHE DEN RAUM.

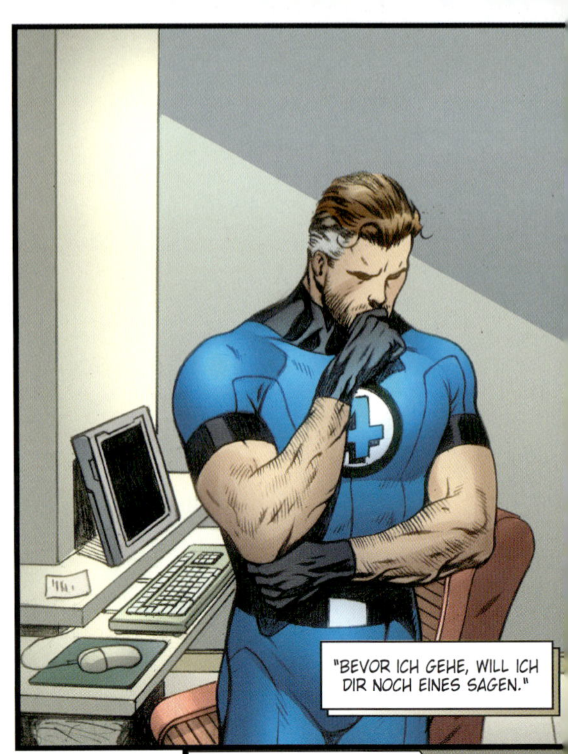
"BEVOR ICH GEHE, WILL ICH DIR NOCH EINES SAGEN."

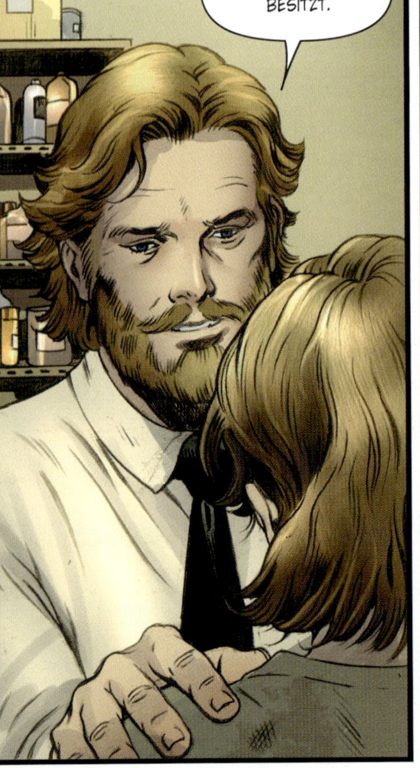
DIE WELT IST BÖSE.
ES SOLLTE NICHT SO SEIN, ABER ES IST SO. SIE ZWINGT DICH, DINGE ZU TUN, DIE DU NICHT TUN SOLLTEST... WEIL DIR KEINE WAHL BLEIBT.
DAS MACHT UNS ZU WENIGER, ALS WIR SEIN KÖNNTEN. UND FÜR DICH IST ES NOCH SCHWIERIGER, DA DU EINE BESONDERE LAST TRÄGST.
WEIL DU EINE BESONDERE GABE BESITZT.

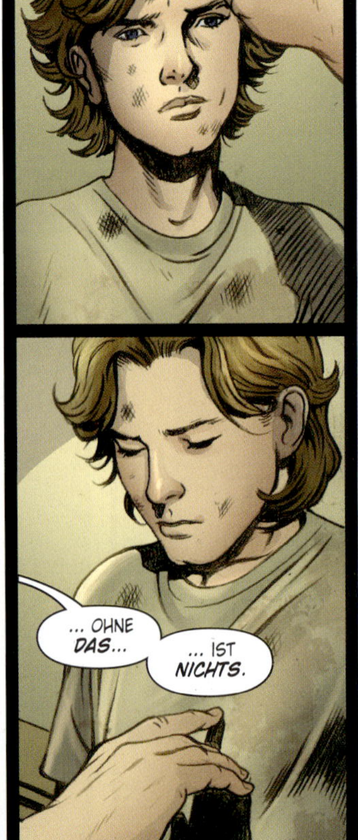
ABER DAS...
... OHNE DAS...
... IST NICHTS.

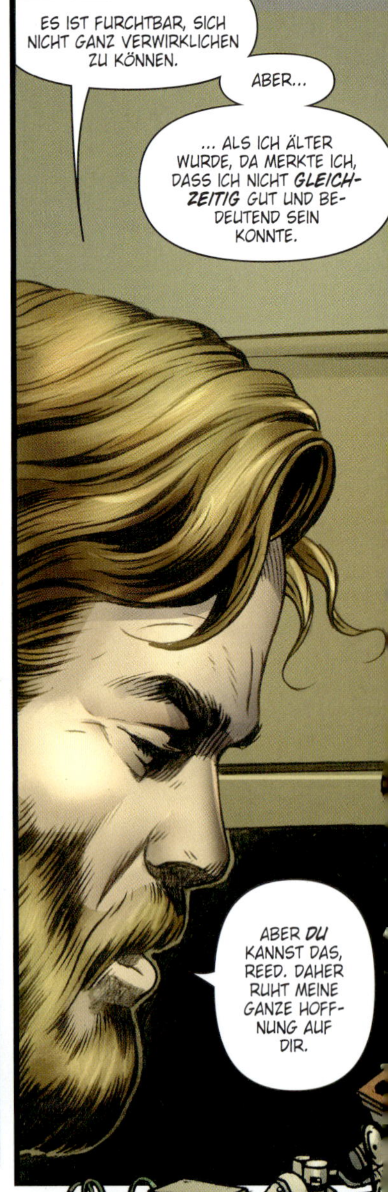
ES IST FURCHTBAR, SICH NICHT GANZ VERWIRKLICHEN ZU KÖNNEN.
ABER...
... ALS ICH ÄLTER WURDE, DA MERKTE ICH, DASS ICH NICHT GLEICH-ZEITIG GUT UND BE-DEUTEND SEIN KONNTE.
ABER DU KANNST DAS, REED. DAHER RUHT MEINE GANZE HOFF-NUNG AUF DIR.

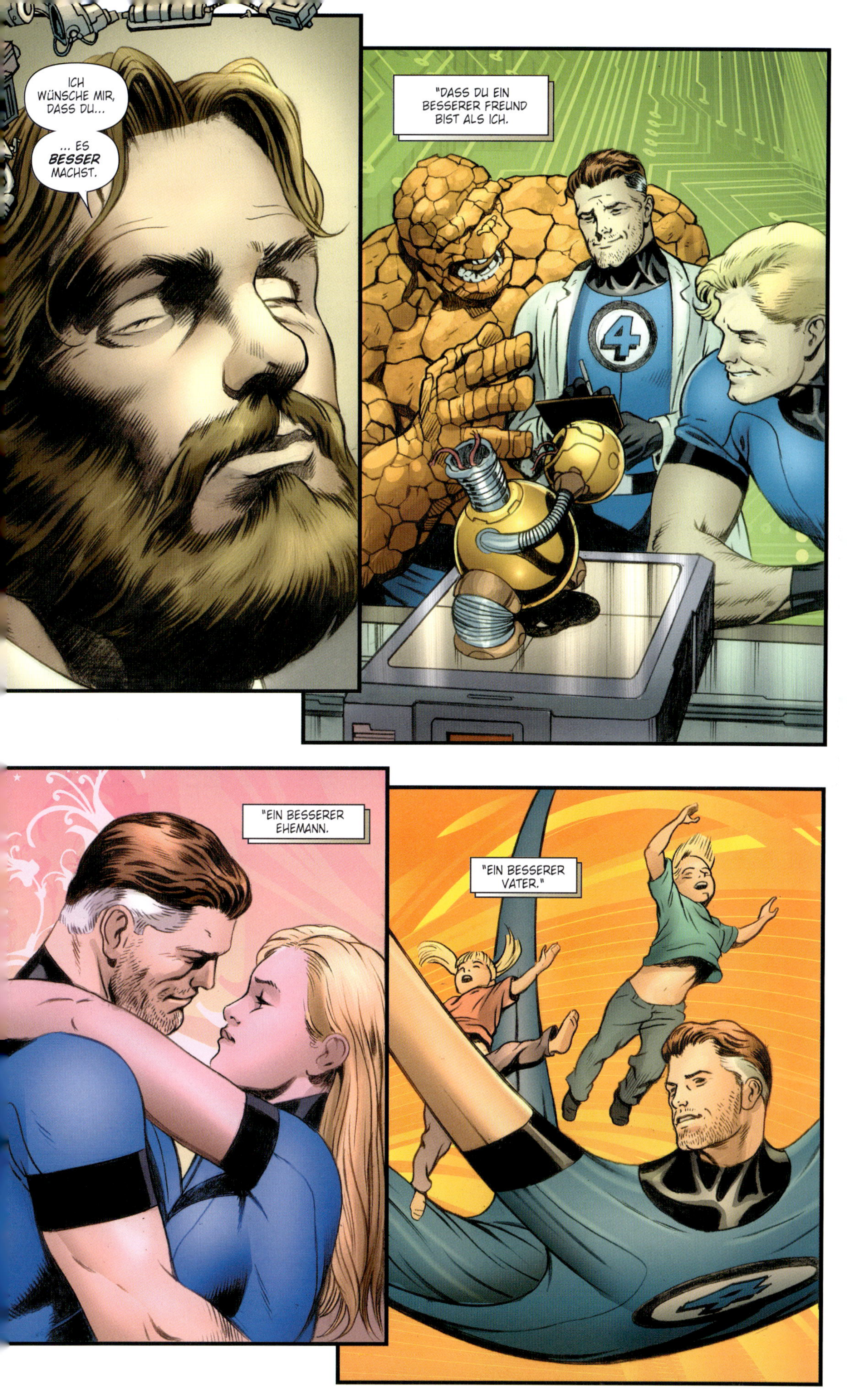

ICH WÜNSCHE MIR, DASS DU...
... ES *BESSER* MACHST.
"DASS DU EIN BESSERER FREUND BIST ALS ICH.
"EIN BESSERER EHEMANN.
"EIN BESSERER VATER."

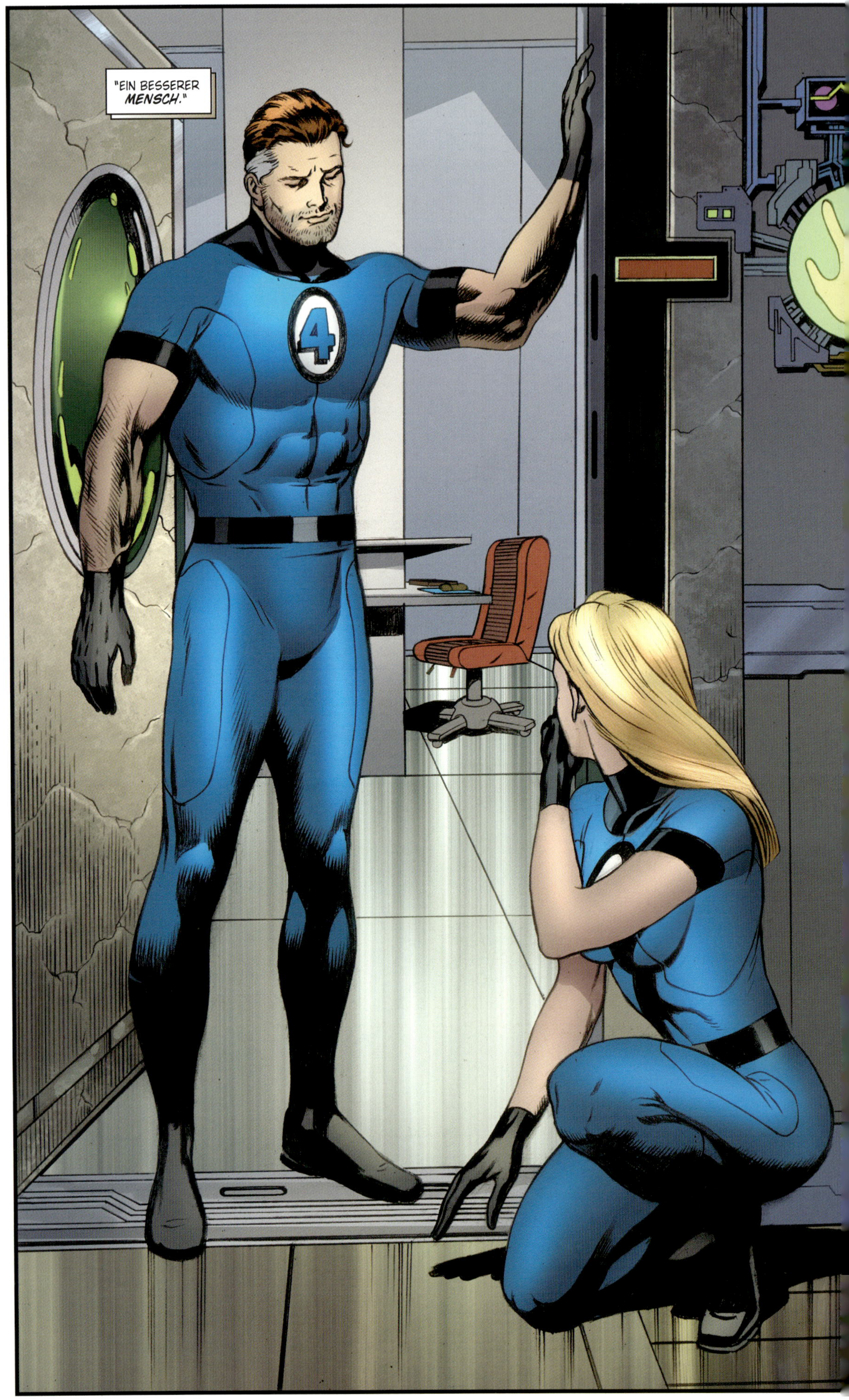
"EIN BESSERER MENSCH."

ABENTEUER AUF ERDE-2

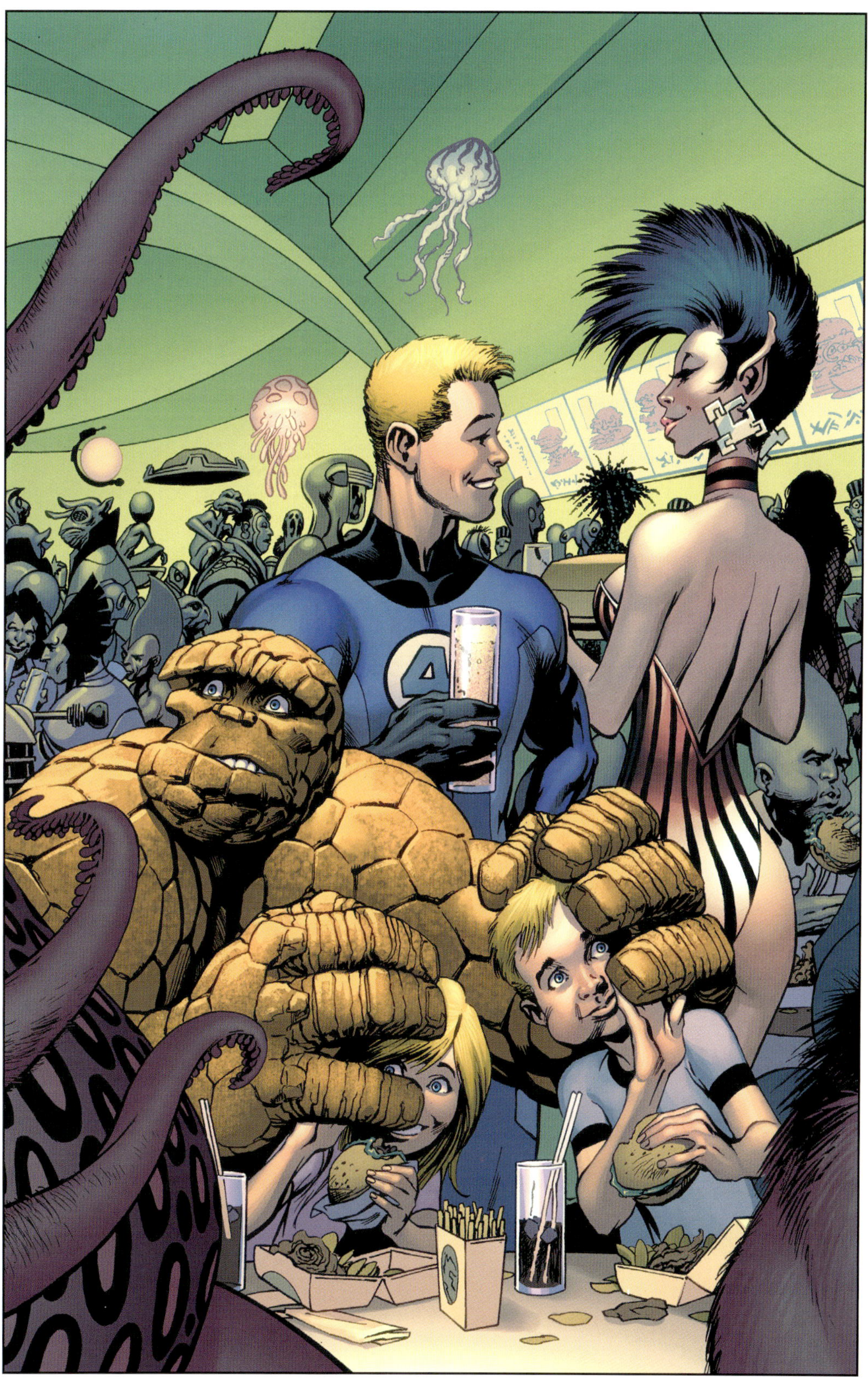

Fantastic Four (1961) 573
Cover von **ALAN DAVIS**

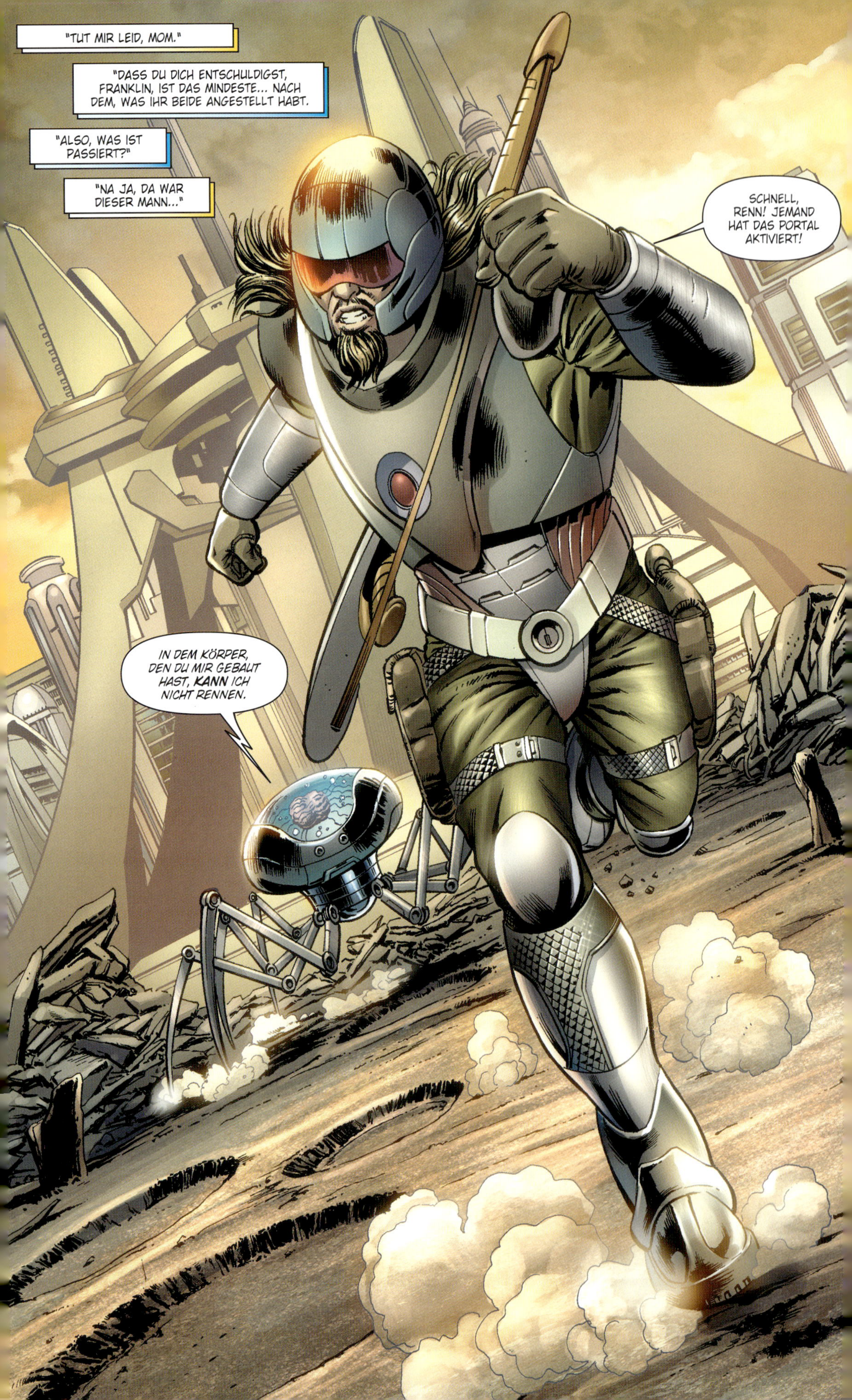
"TUT MIR LEID, MOM."
"DASS DU DICH ENTSCHULDIGST, FRANKLIN, IST DAS MINDESTE... NACH DEM, WAS IHR BEIDE ANGESTELLT HABT.
"ALSO, WAS IST PASSIERT?"
"NA JA, DA WAR DIESER MANN..."
SCHNELL, RENN! JEMAND HAT DAS PORTAL AKTIVIERT!
IN DEM KÖRPER, DEN DU MIR GEBAUT HAST, KANN ICH NICHT RENNEN.

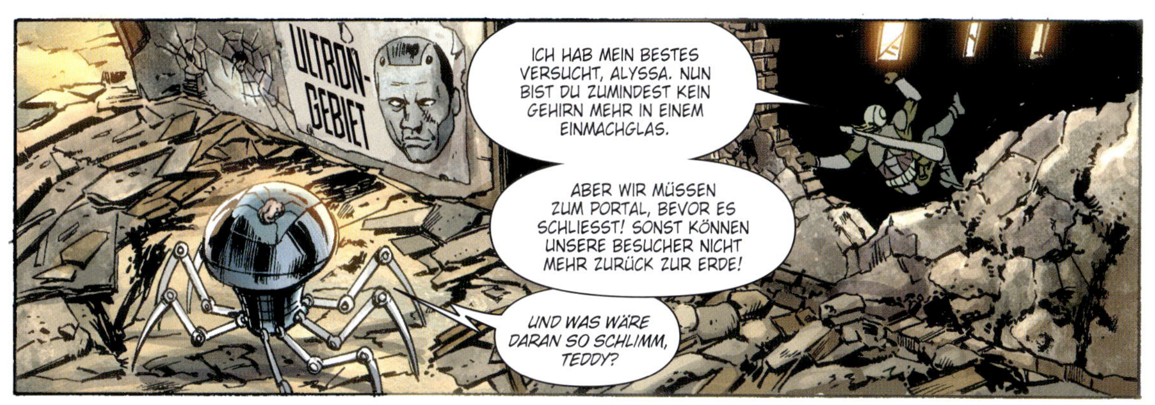
ULTRON-GEBIET
ICH HAB MEIN BESTES VERSUCHT, ALYSSA. NUN BIST DU ZUMINDEST KEIN GEHIRN MEHR IN EINEM EINMACHGLAS.
ABER WIR MÜSSEN ZUM PORTAL, BEVOR ES SCHLIESST! SONST KÖNNEN UNSERE BESUCHER NICHT MEHR ZURÜCK ZUR ERDE!
UND WAS WÄRE DARAN SO SCHLIMM, TEDDY?

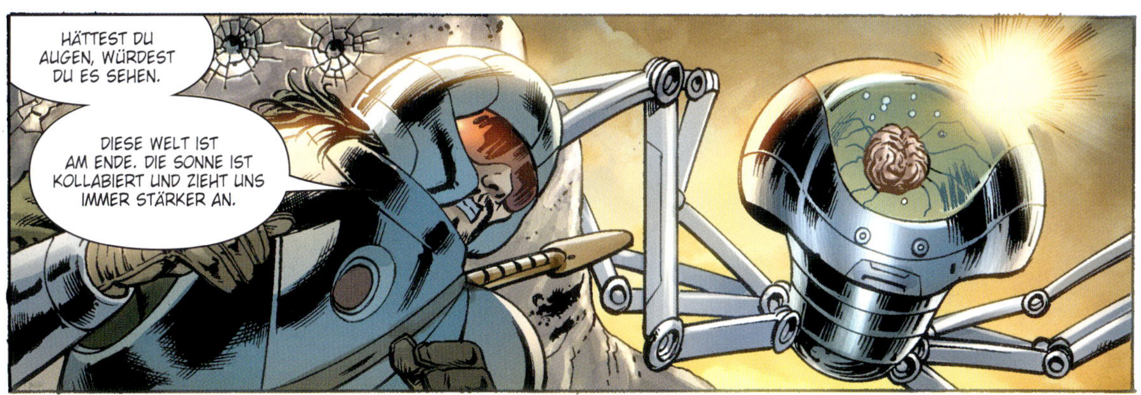
HÄTTEST DU AUGEN, WÜRDEST DU ES SEHEN.
DIESE WELT IST AM ENDE. DIE SONNE IST KOLLABIERT UND ZIEHT UNS IMMER STÄRKER AN.

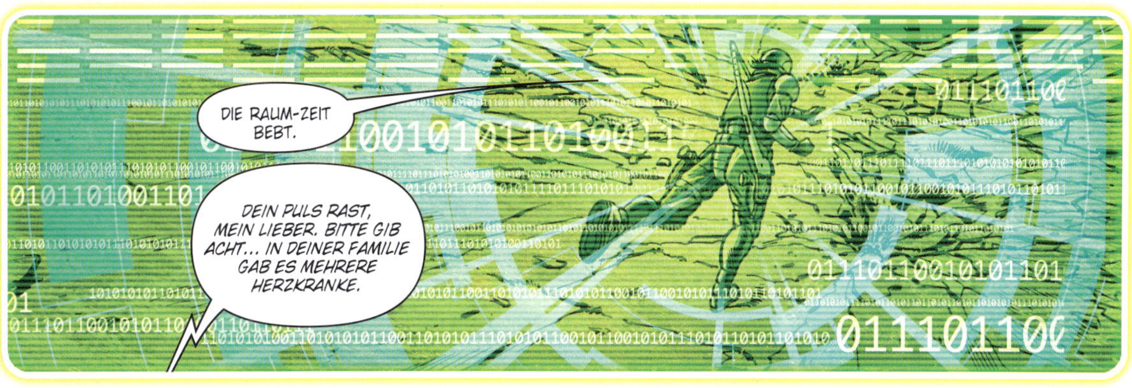
DIE RAUM-ZEIT BEBT.
DEIN PULS RAST, MEIN LIEBER. BITTE GIB ACHT... IN DEINER FAMILIE GAB ES MEHRERE HERZKRANKE.

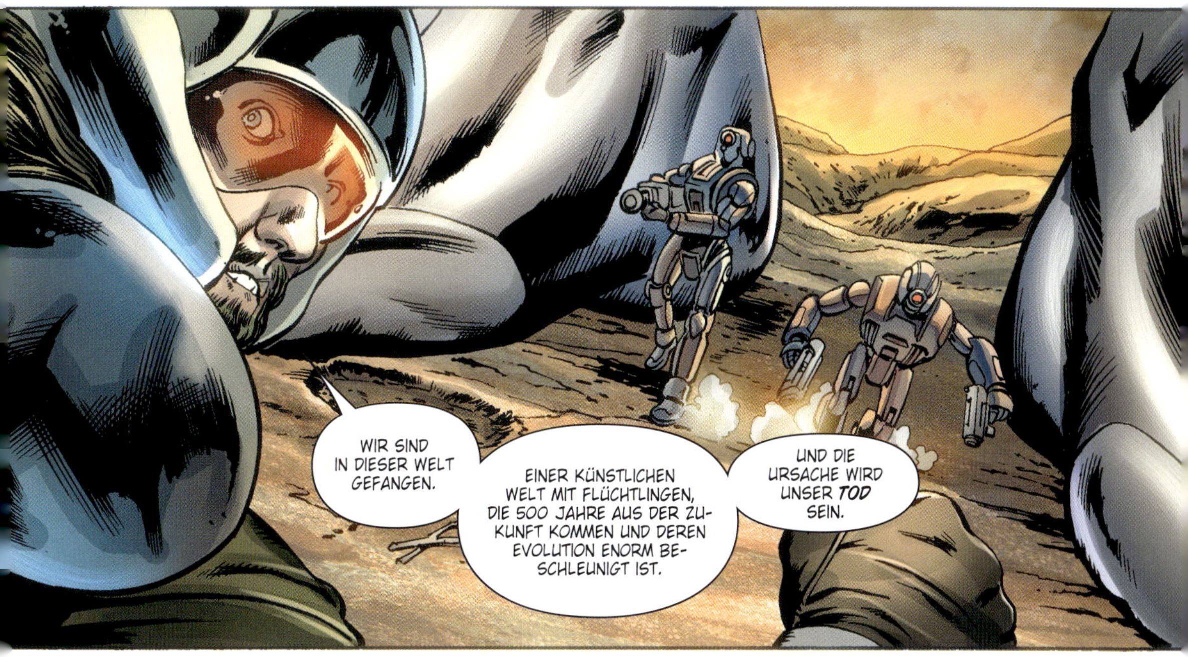
WIR SIND IN DIESER WELT GEFANGEN.
EINER KÜNSTLICHEN WELT MIT FLÜCHTLINGEN, DIE 500 JAHRE AUS DER ZUKUNFT KOMMEN UND DEREN EVOLUTION ENORM BESCHLEUNIGT IST.
UND DIE URSACHE WIRD UNSER *TOD* SEIN.

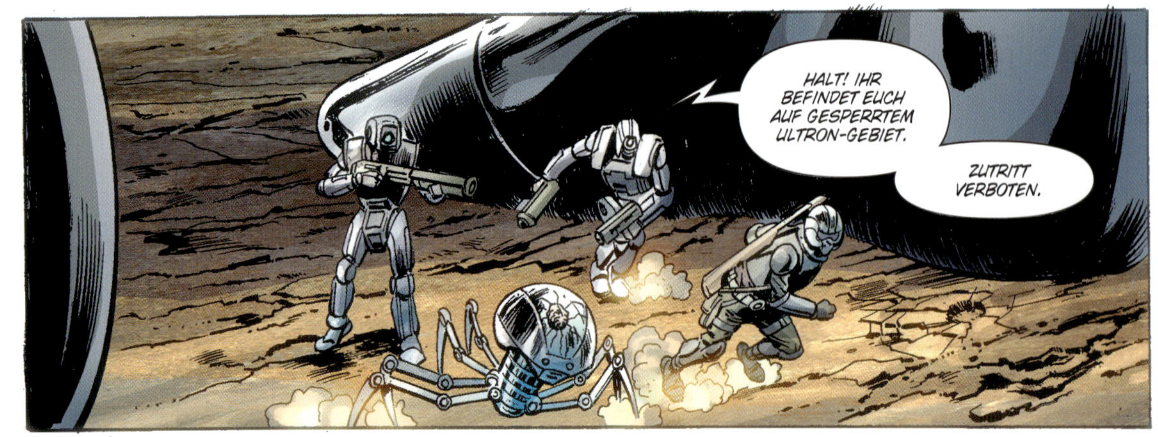
HALT! IHR BEFINDET EUCH AUF GESPERRTEM ULTRON-GEBIET.
ZUTRITT VERBOTEN.

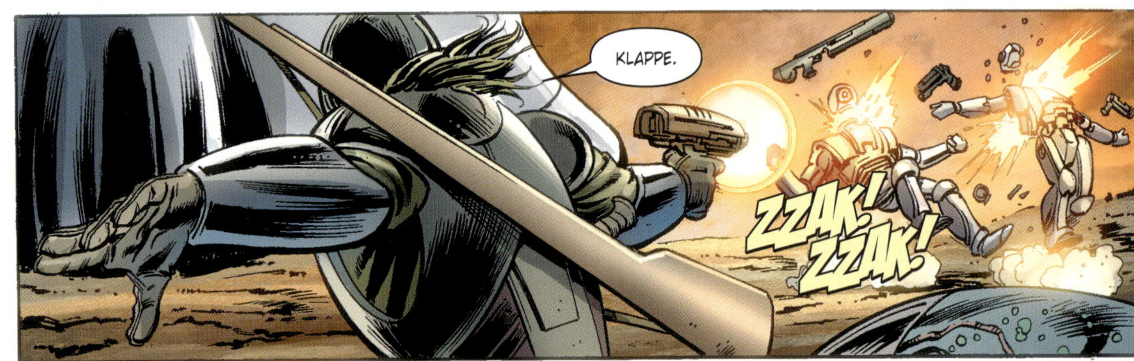
KLAPPE.
ZZAK! ZZAK!

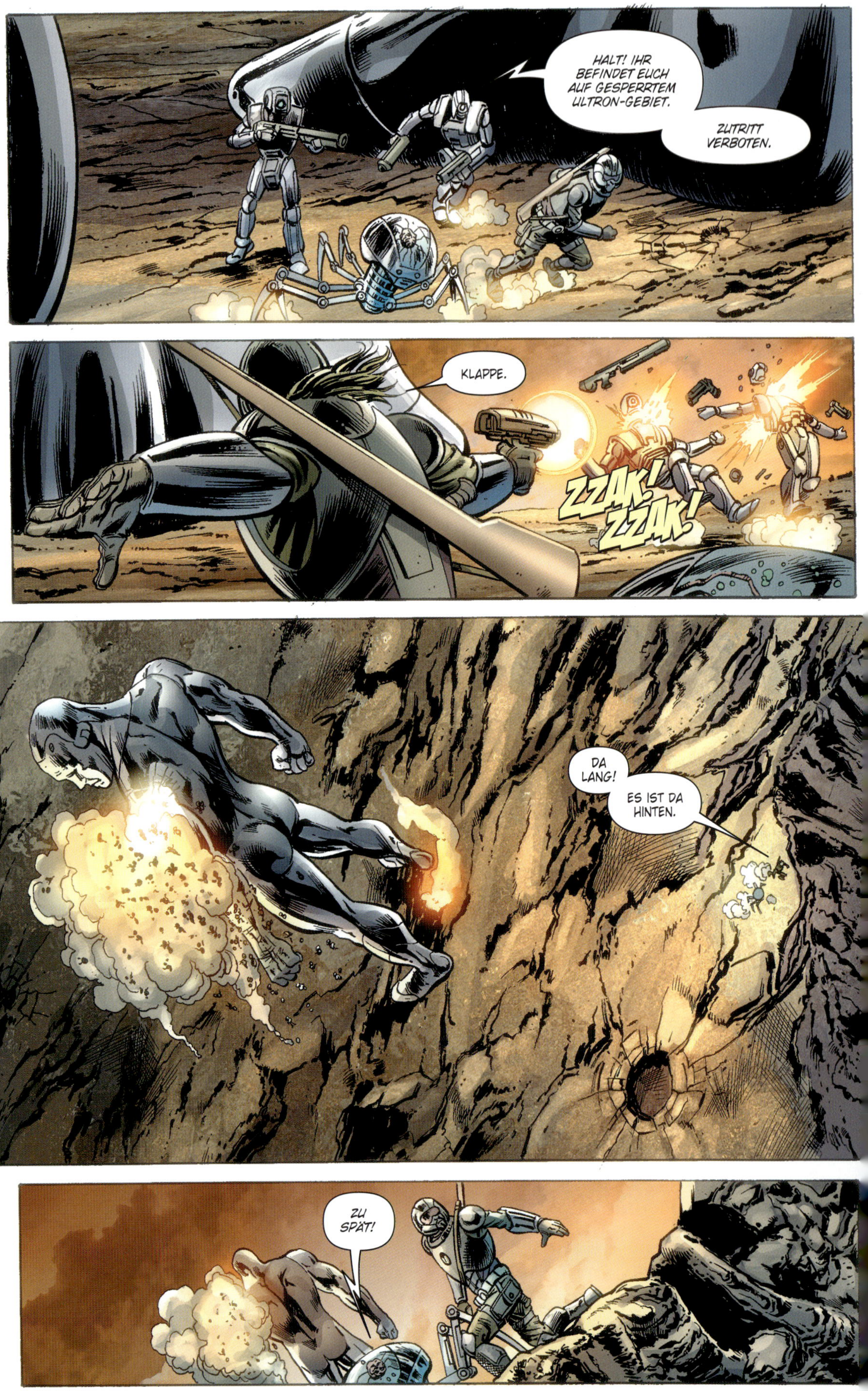

DA LANG!
ES IST DA HINTEN.

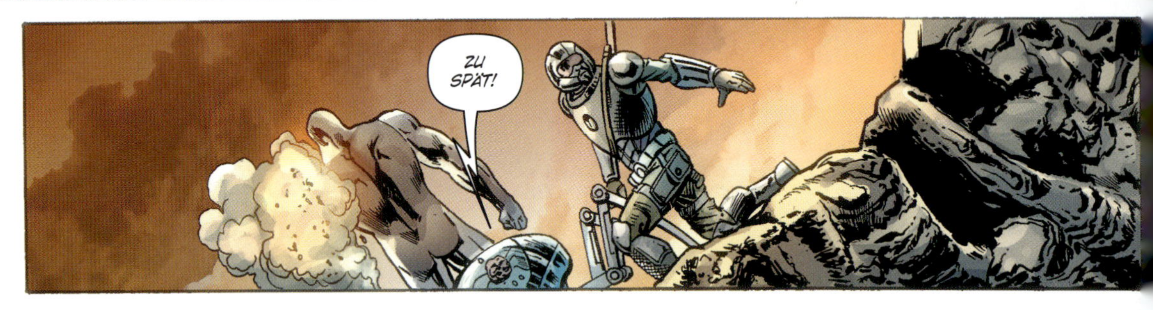
ZU SPÄT!

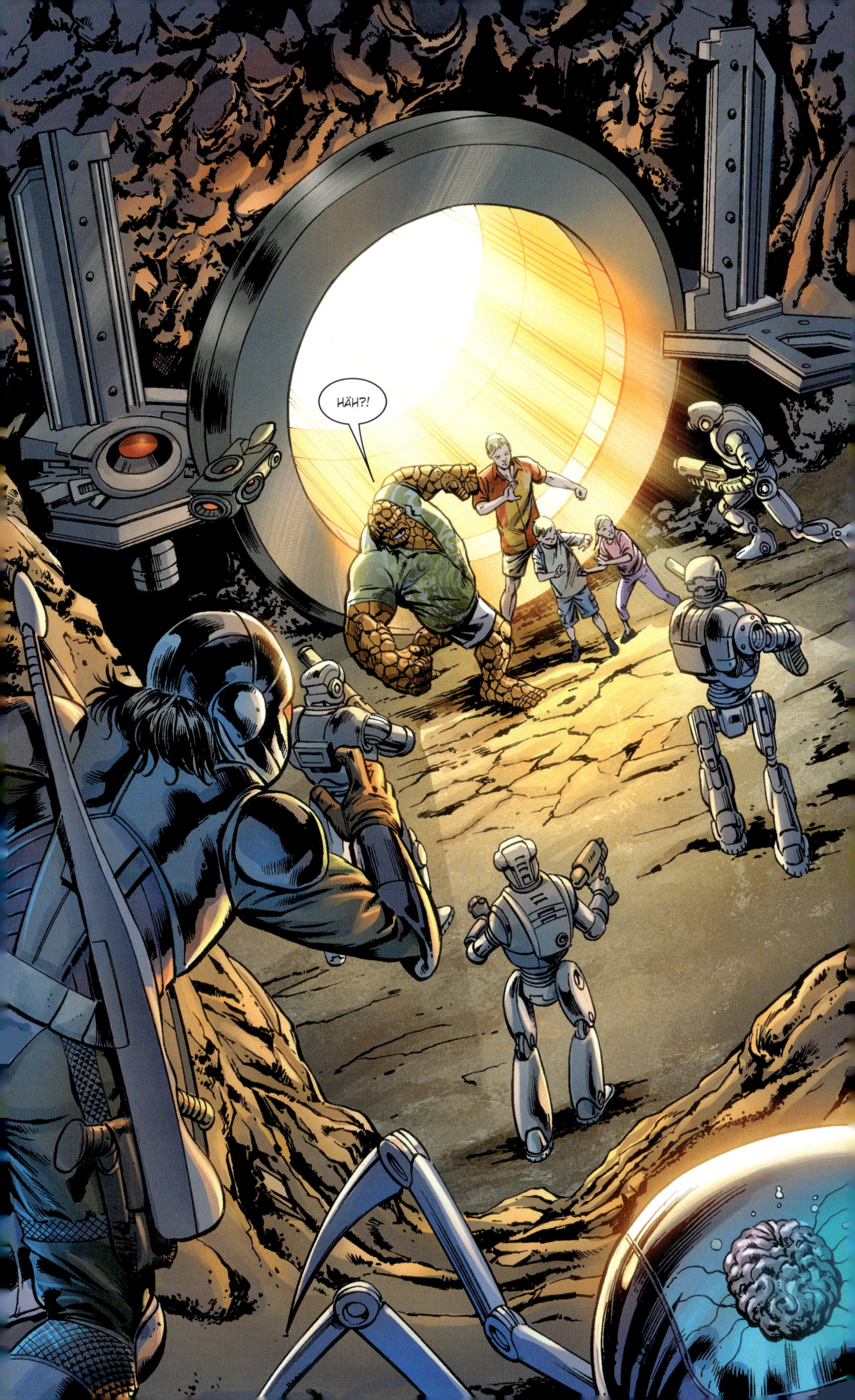
HÄH?!

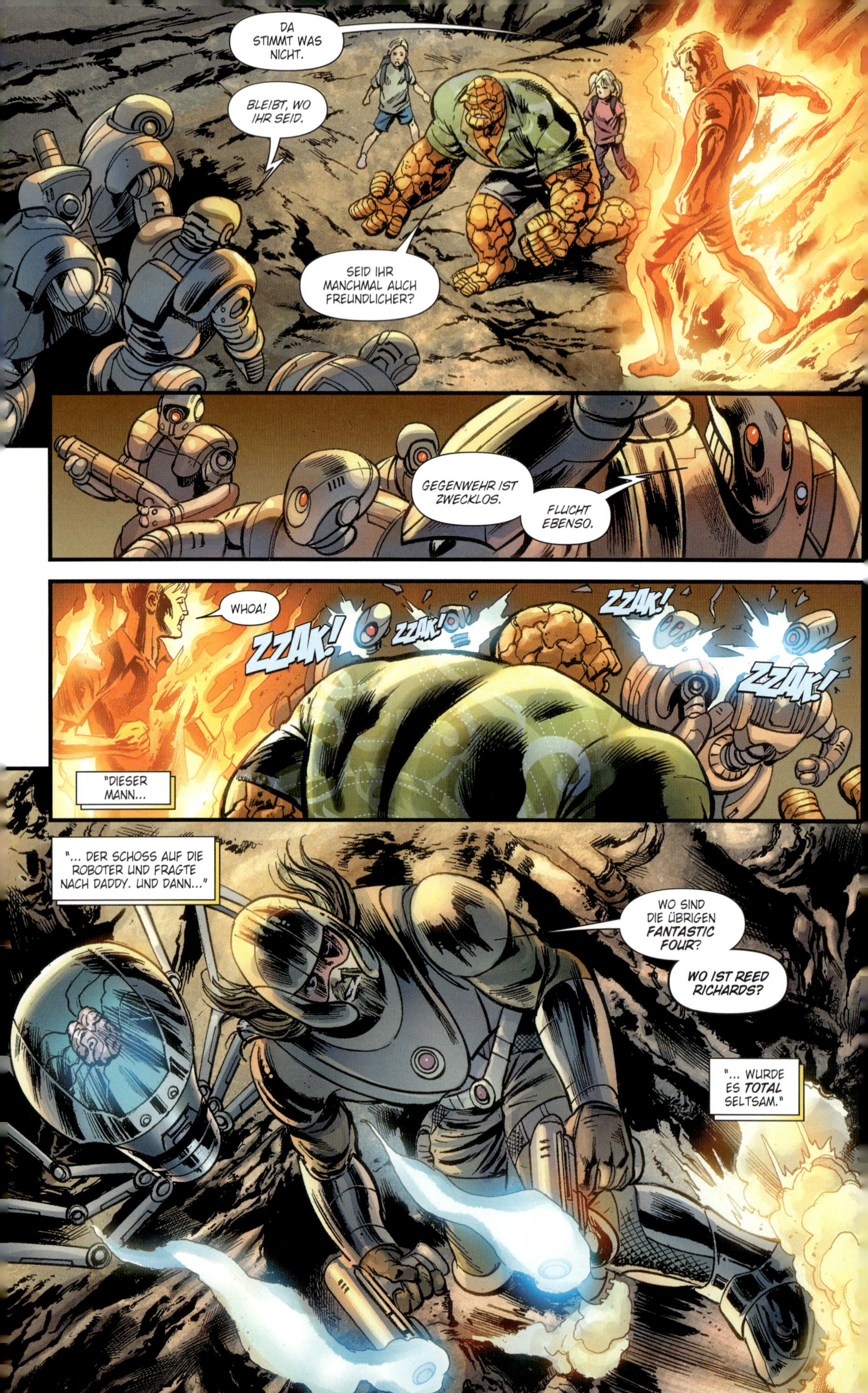
DA STIMMT WAS NICHT.
BLEIBT, WO IHR SEID.
SEID IHR MANCHMAL AUCH FREUNDLICHER?
GEGENWEHR IST ZWECKLOS.
FLUCHT EBENSO.
WHOA!
ZZAK!
ZZAK!
ZZAK!
ZZAK!
"DIESER MANN...
"... DER SCHOSS AUF DIE ROBOTER UND FRAGTE NACH DADDY. UND DANN..."
WO SIND DIE ÜBRIGEN FANTASTIC FOUR?
WO IST REED RICHARDS?
"... WURDE ES TOTAL SELTSAM."

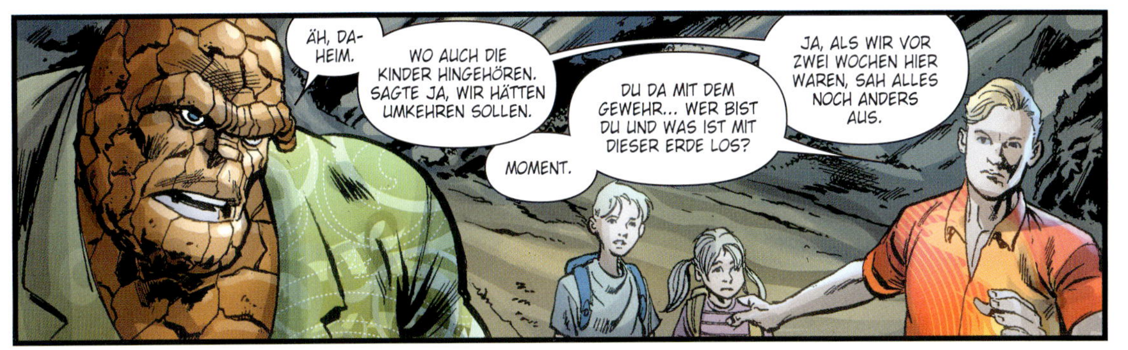

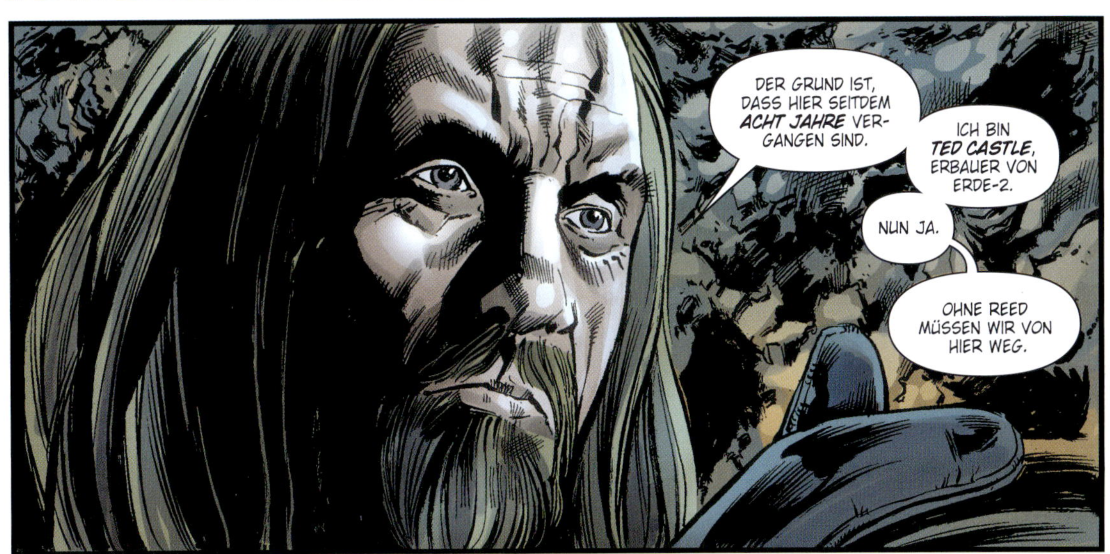

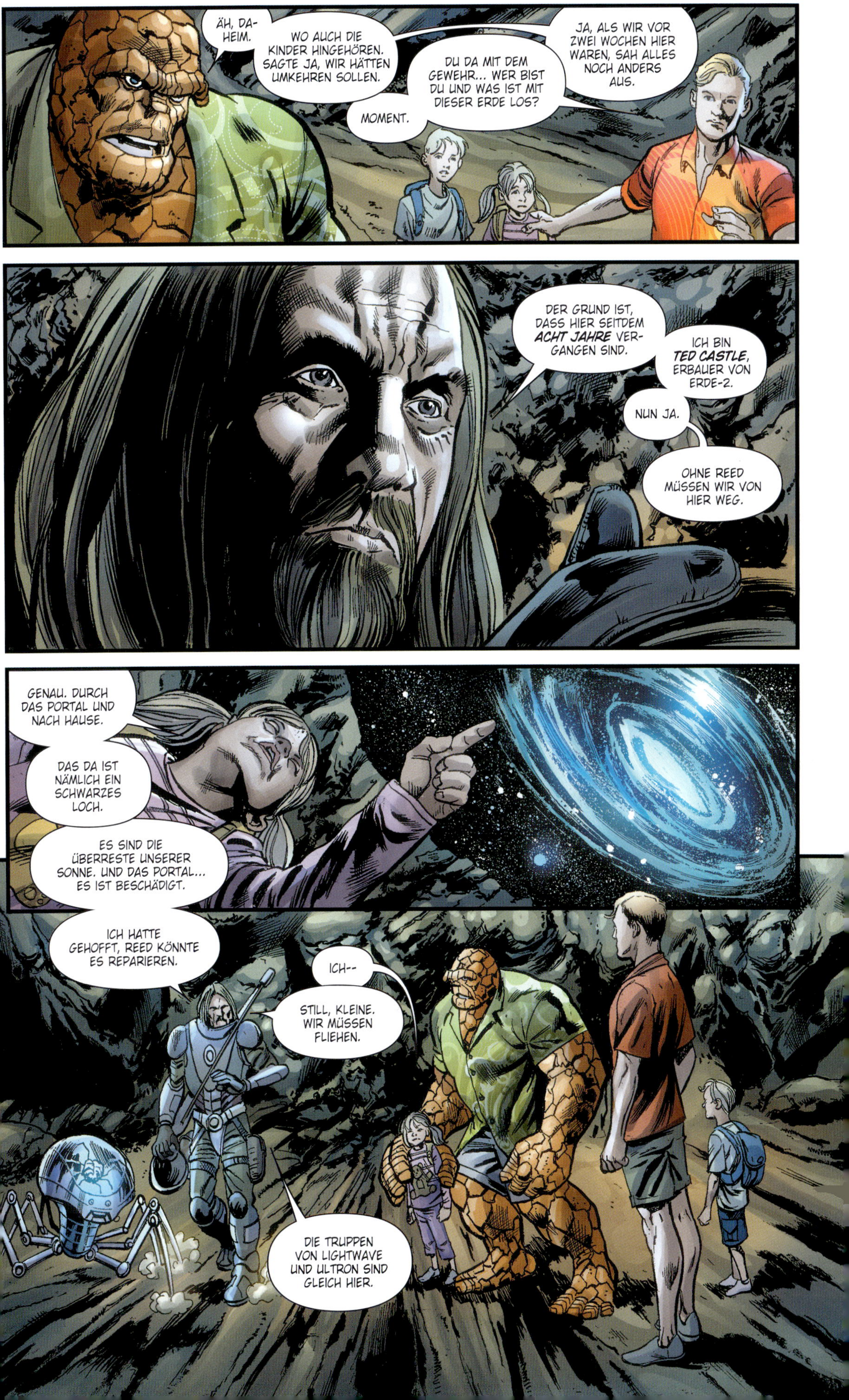

GENAU. DURCH DAS PORTAL UND NACH HAUSE.
DAS DA IST NÄMLICH EIN SCHWARZES LOCH.
ES SIND DIE ÜBERRESTE UNSERER SONNE. UND DAS PORTAL... ES IST BESCHÄDIGT.
ICH HATTE GEHOFFT, REED KÖNNTE ES REPARIEREN.
ICH--
STILL, KLEINE. WIR MÜSSEN FLIEHEN.
DIE TRUPPEN VON LIGHTWAVE UND ULTRON SIND GLEICH HIER.

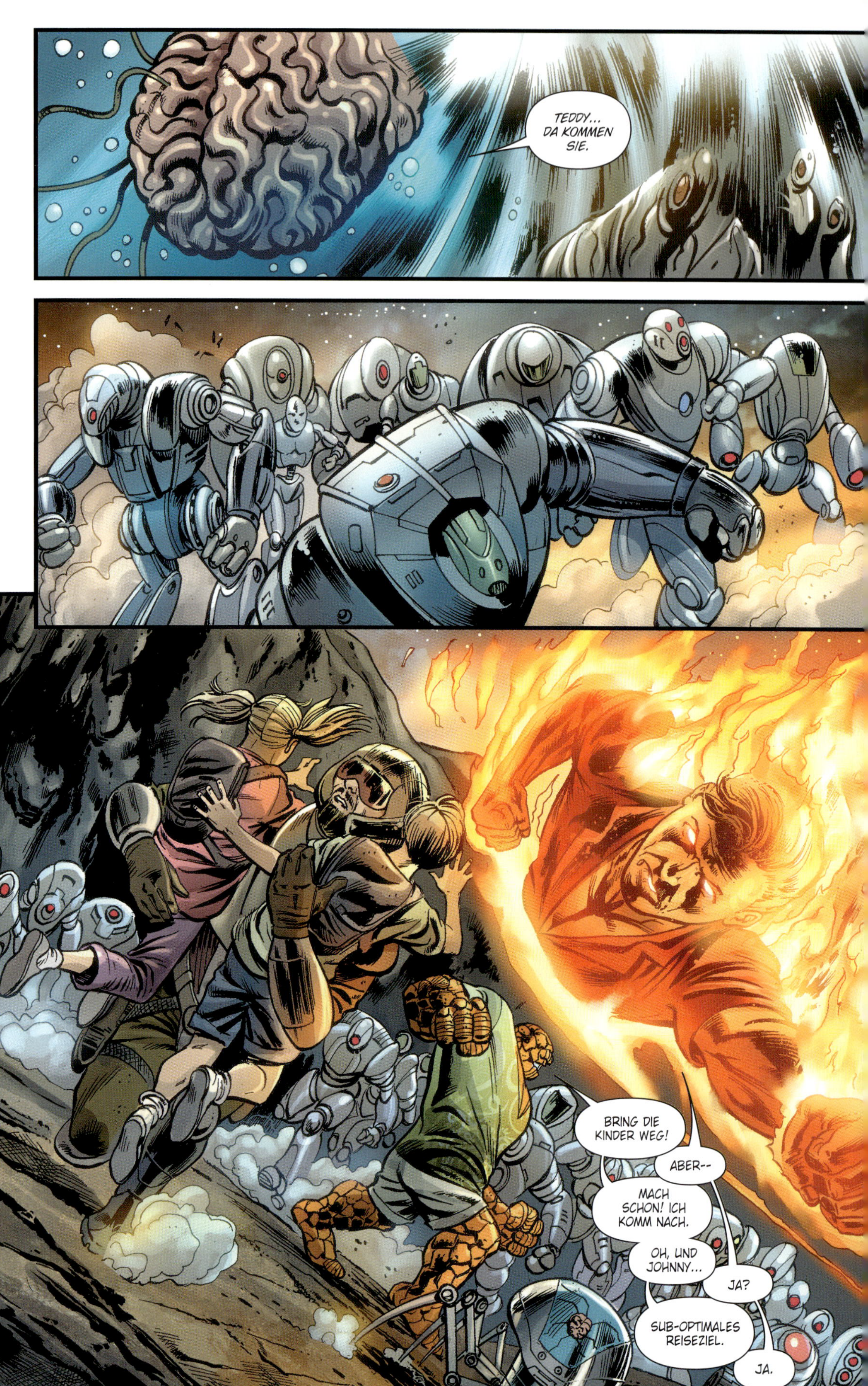
TEDDY... DA KOMMEN SIE.
BRING DIE KINDER WEG!
ABER--
MACH SCHON! ICH KOMM NACH.
OH, UND JOHNNY...
JA?
SUB-OPTIMALES REISEZIEL.
JA.

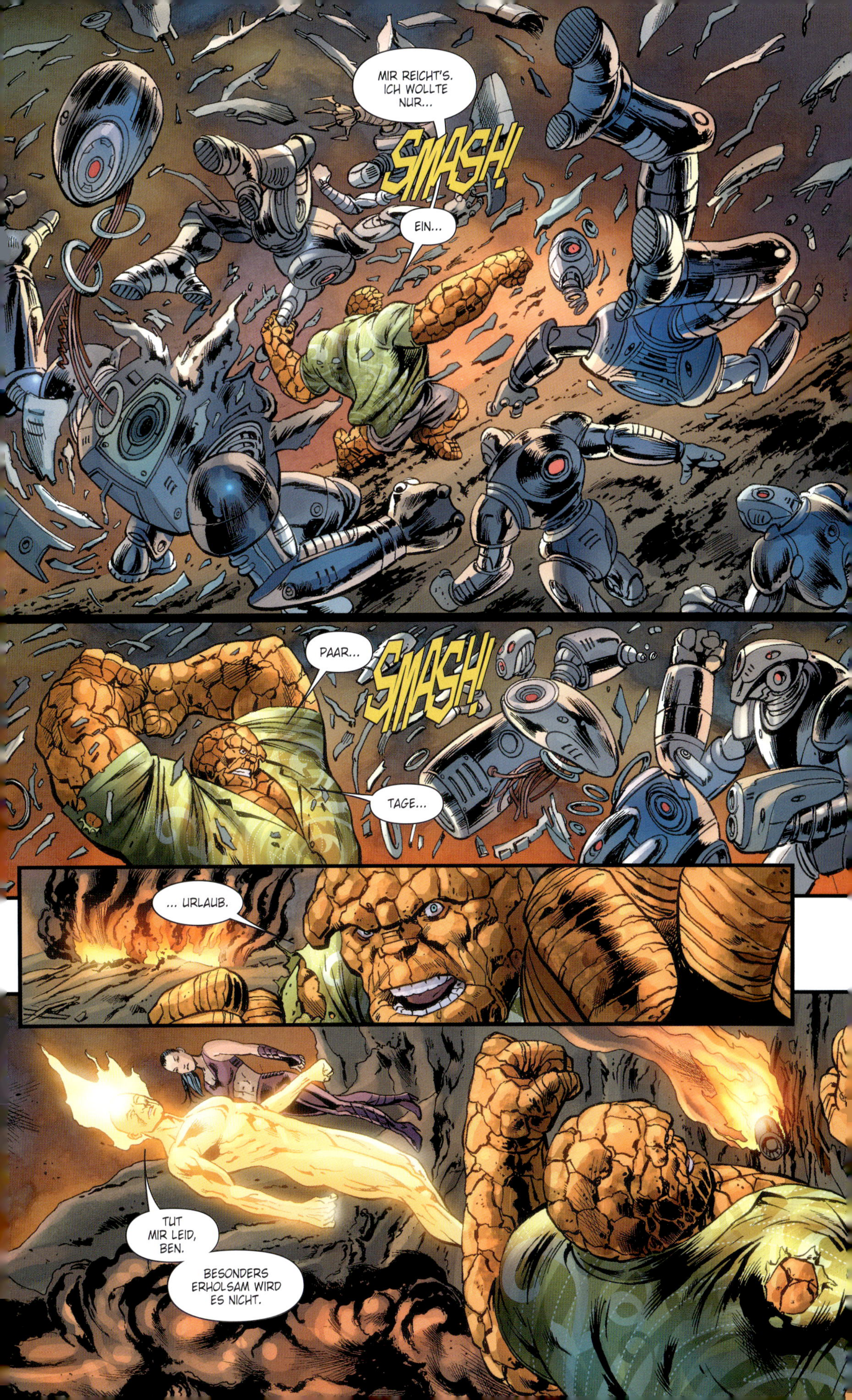
MIR REICHT'S. ICH WOLLTE NUR...
SMASH!
EIN...
PAAR...
SMASH!
TAGE...
... URLAUB.
TUT MIR LEID, BEN.
BESONDERS ERHOLSAM WIRD ES NICHT.

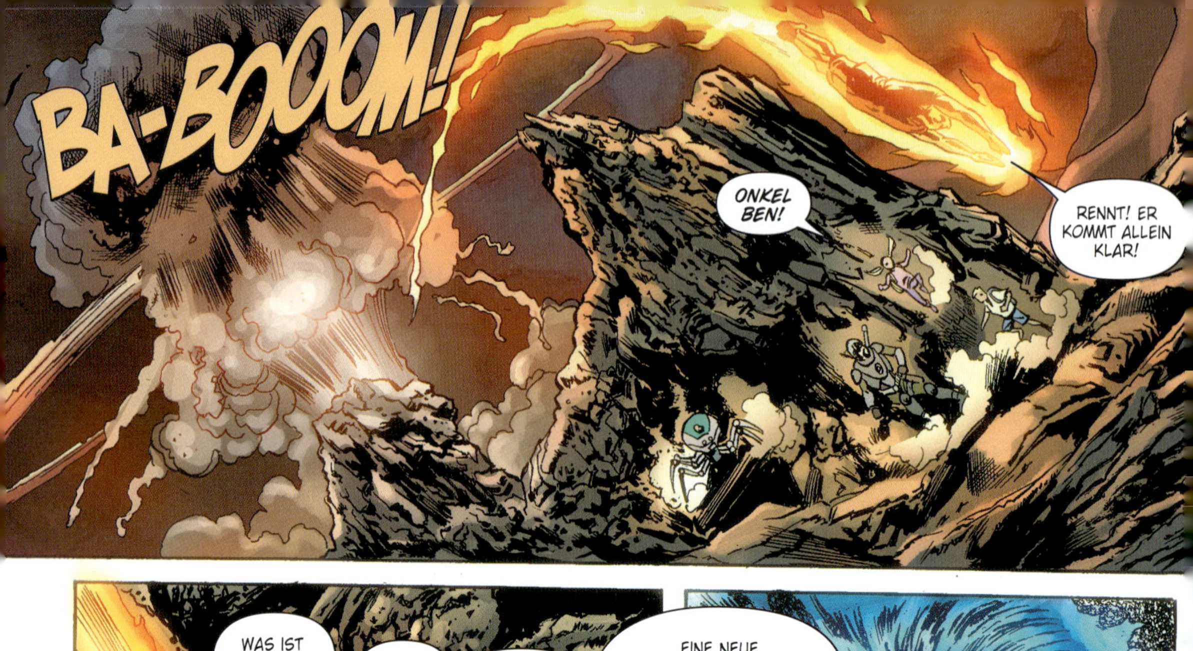
BA-BOOOM!!
ONKEL BEN!
RENNT! ER KOMMT ALLEIN KLAR!

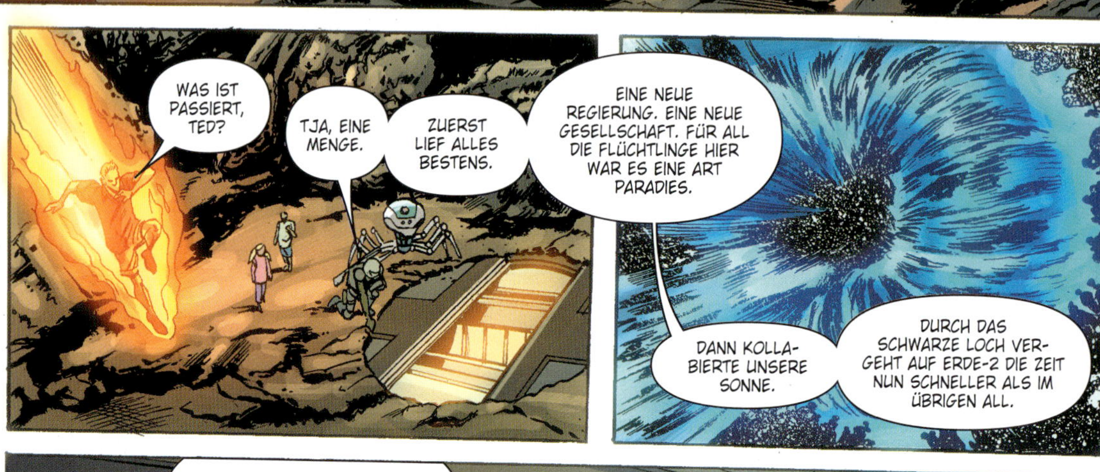
WAS IST PASSIERT, TED?
TJA, EINE MENGE.
ZUERST LIEF ALLES BESTENS.
EINE NEUE REGIERUNG. EINE NEUE GESELLSCHAFT. FÜR ALL DIE FLÜCHTLINGE HIER WAR ES EINE ART PARADIES.
DANN KOLLABIERTE UNSERE SONNE.
DURCH DAS SCHWARZE LOCH VERGEHT AUF ERDE-2 DIE ZEIT NUN SCHNELLER ALS IM ÜBRIGEN ALL.

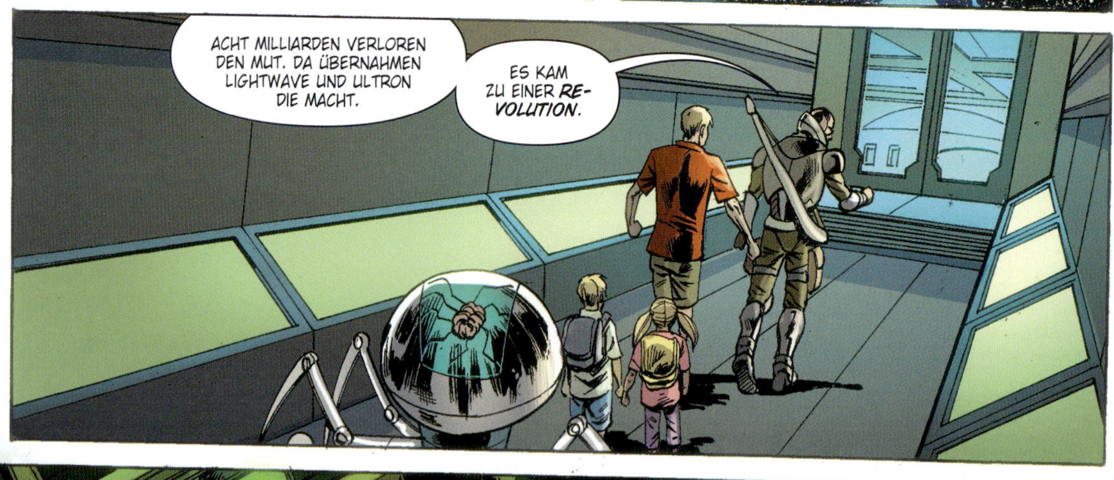
ACHT MILLIARDEN VERLOREN DEN MUT. DA ÜBERNAHMEN LIGHTWAVE UND ULTRON DIE MACHT.
ES KAM ZU EINER ***REVOLUTION***.

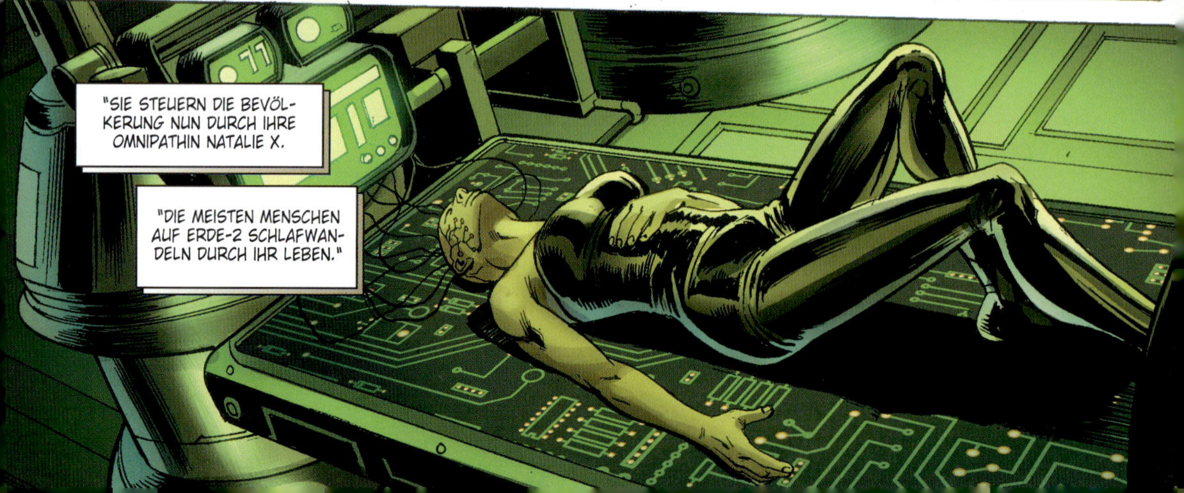
"SIE STEUERN DIE BEVÖLKERUNG NUN DURCH IHRE OMNIPATHIN NATALIE X.
"DIE MEISTEN MENSCHEN AUF ERDE-2 SCHLAFWANDELN DURCH IHR LEBEN."

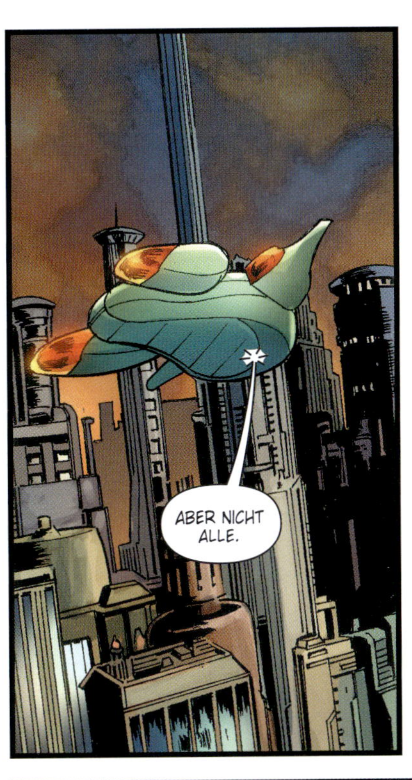
ABER NICHT ALLE.

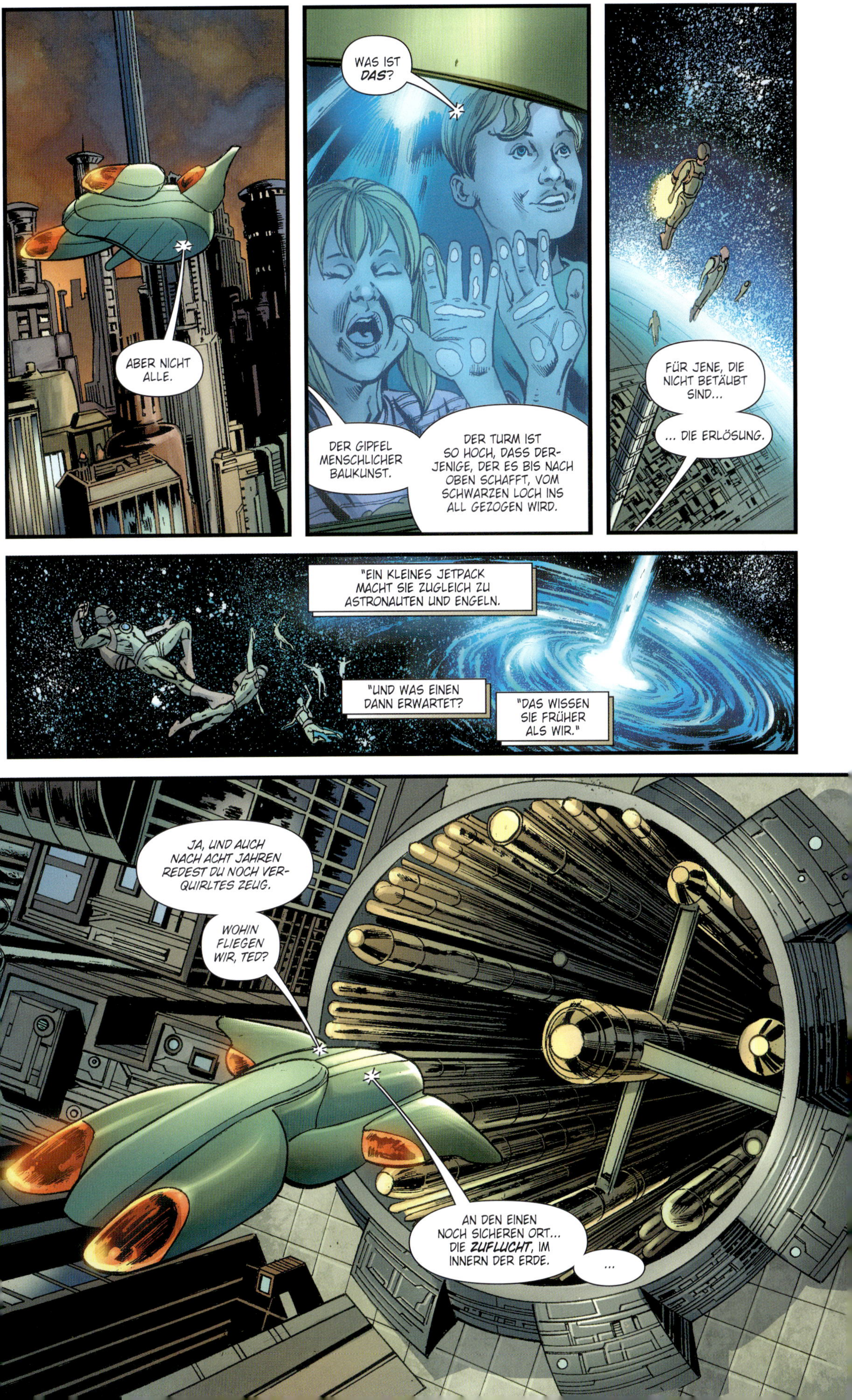

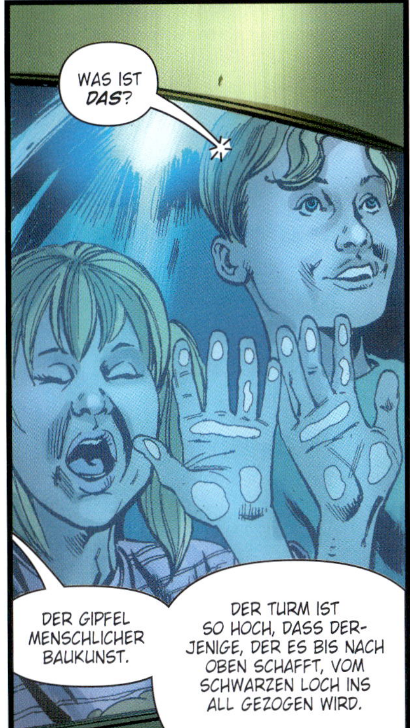
WAS IST *DAS*?
DER GIPFEL MENSCHLICHER BAUKUNST.
DER TURM IST SO HOCH, DASS DER-JENIGE, DER ES BIS NACH OBEN SCHAFFT, VOM SCHWARZEN LOCH INS ALL GEZOGEN WIRD.

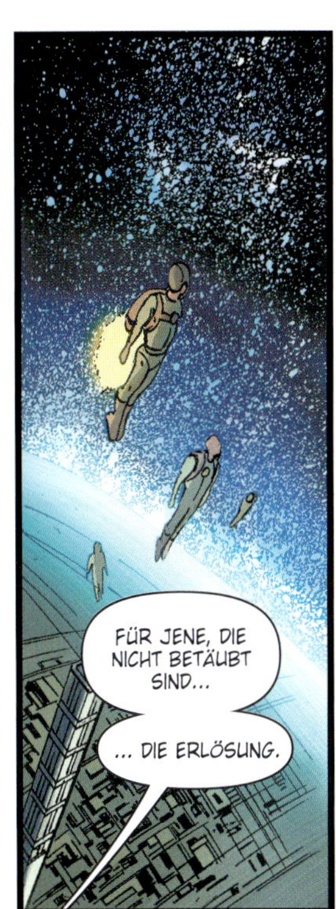
FÜR JENE, DIE NICHT BETÄUBT SIND...
... DIE ERLÖSUNG.

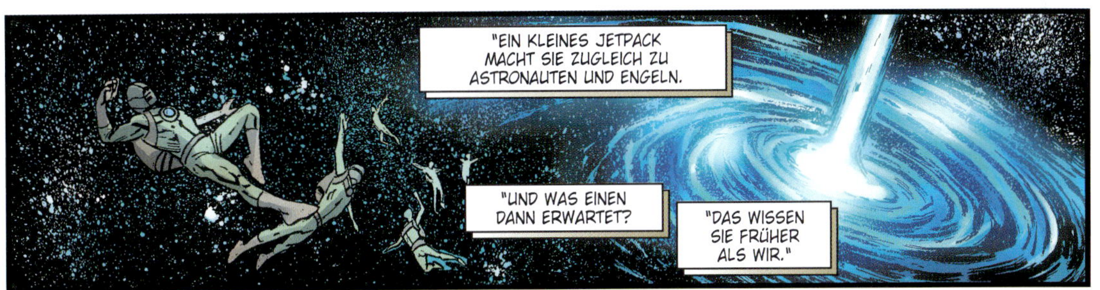
"EIN KLEINES JETPACK MACHT SIE ZUGLEICH ZU ASTRONAUTEN UND ENGELN.
"UND WAS EINEN DANN ERWARTET?
"DAS WISSEN SIE FRÜHER ALS WIR."

JA, UND AUCH NACH ACHT JAHREN REDEST DU NOCH VER-QUIRLTES ZEUG.
WOHIN FLIEGEN WIR, TED?
AN DEN EINEN NOCH SICHEREN ORT... DIE *ZUFLUCHT*, IM INNERN DER ERDE.
...

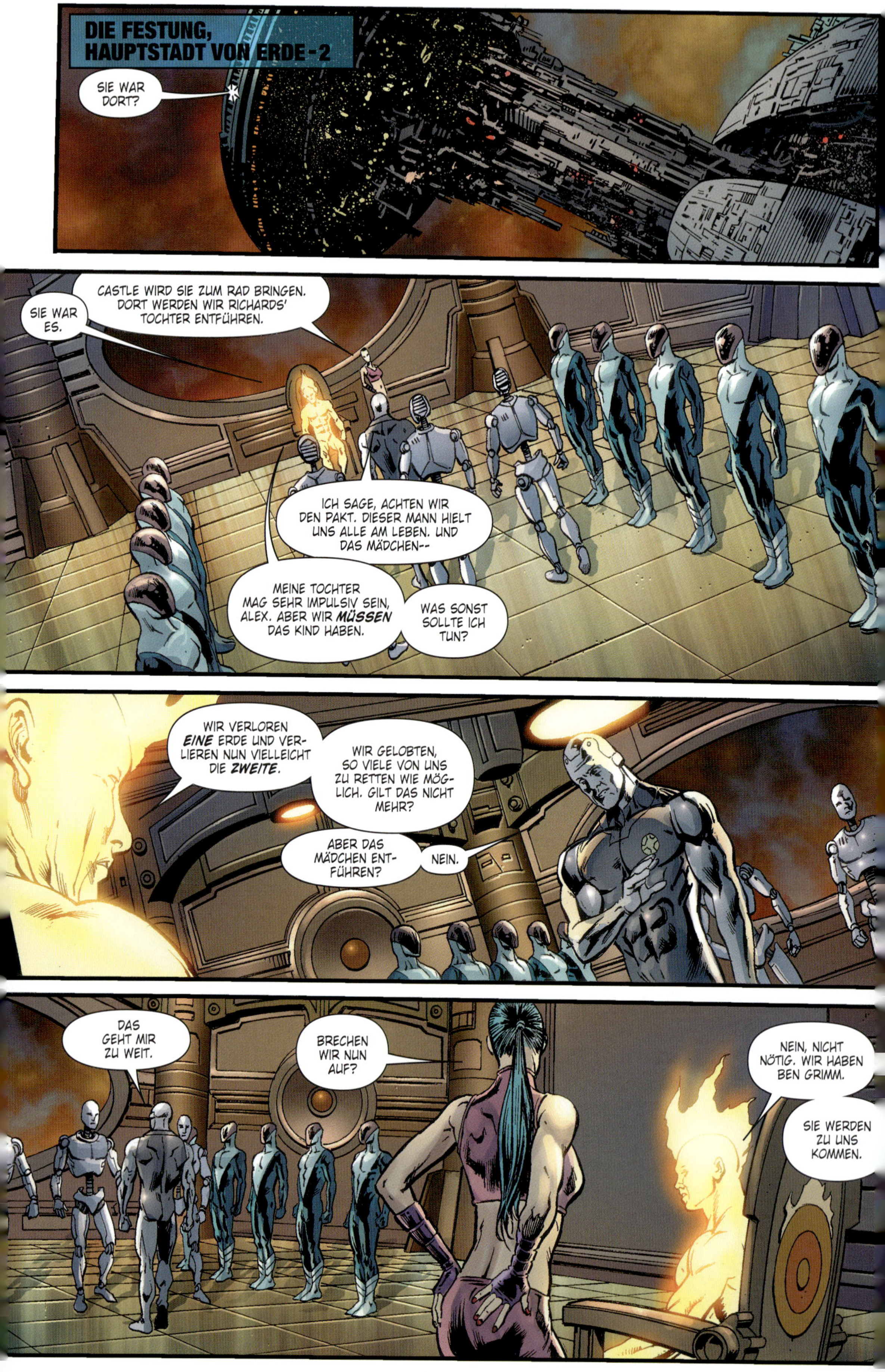

DIE FESTUNG,
HAUPTSTADT VON ERDE-2

SIE WAR DORT?

SIE WAR ES.

CASTLE WIRD SIE ZUM RAD BRINGEN. DORT WERDEN WIR RICHARDS' TOCHTER ENTFÜHREN.

ICH SAGE, ACHTEN WIR DEN PAKT. DIESER MANN HIELT UNS ALLE AM LEBEN. UND DAS MÄDCHEN--

MEINE TOCHTER MAG SEHR IMPULSIV SEIN, ALEX. ABER WIR ***MÜSSEN*** DAS KIND HABEN.

WAS SONST SOLLTE ICH TUN?

WIR VERLOREN ***EINE*** ERDE UND VERLIEREN NUN VIELLEICHT DIE ***ZWEITE***.

WIR GELOBTEN, SO VIELE VON UNS ZU RETTEN WIE MÖGLICH. GILT DAS NICHT MEHR?

ABER DAS MÄDCHEN ENTFÜHREN?

NEIN.

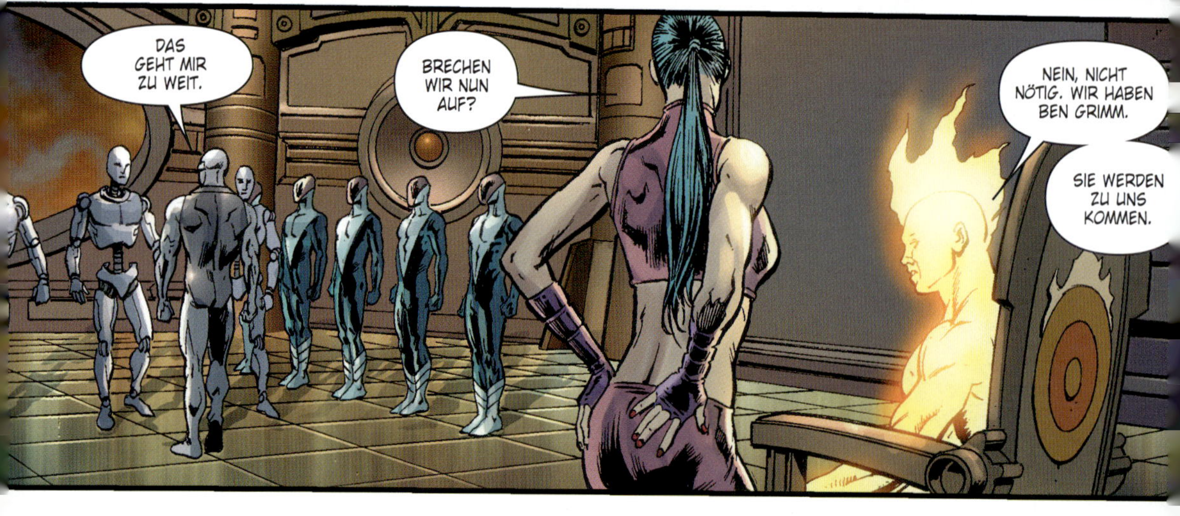

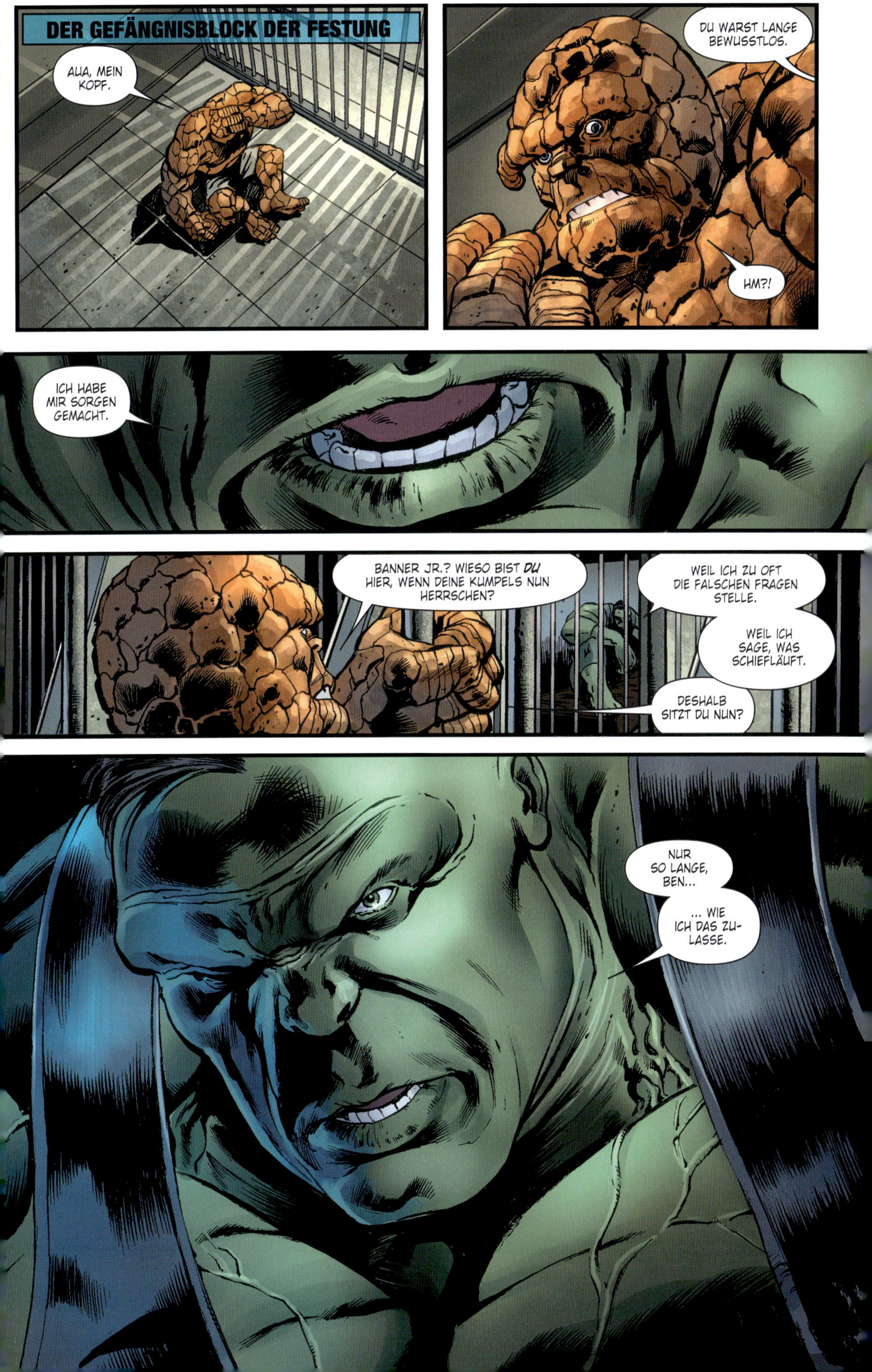

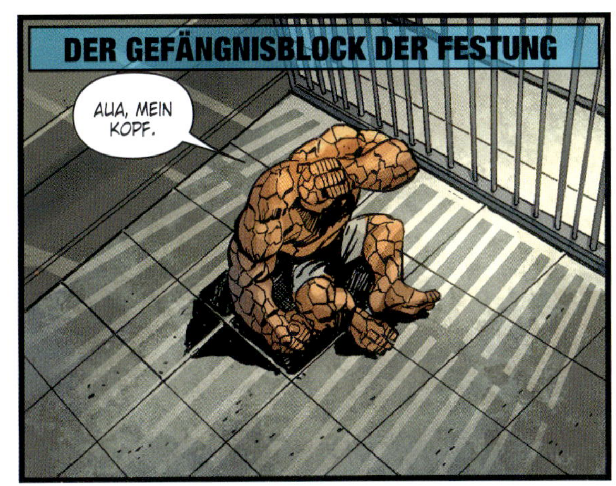
DER GEFÄNGNISBLOCK DER FESTUNG
AUA, MEIN KOPF.

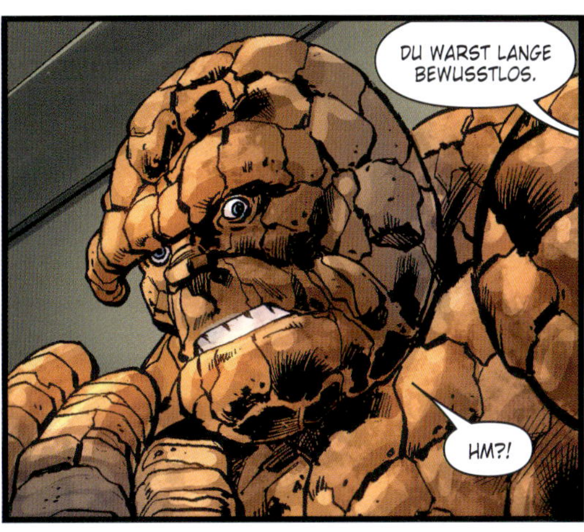
DU WARST LANGE BEWUSSTLOS.
HM?!

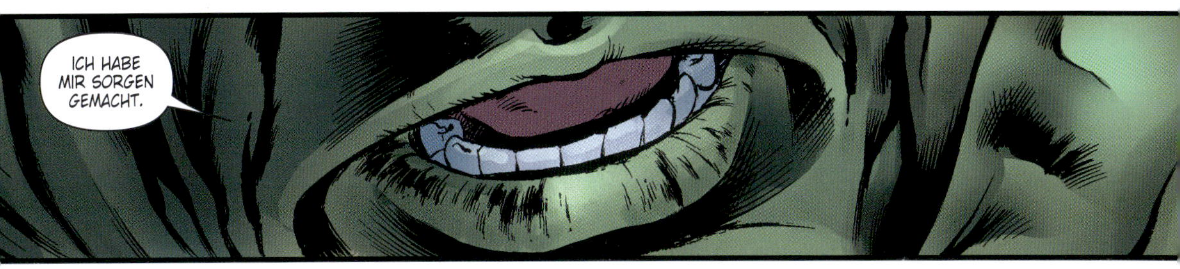
ICH HABE MIR SORGEN GEMACHT.

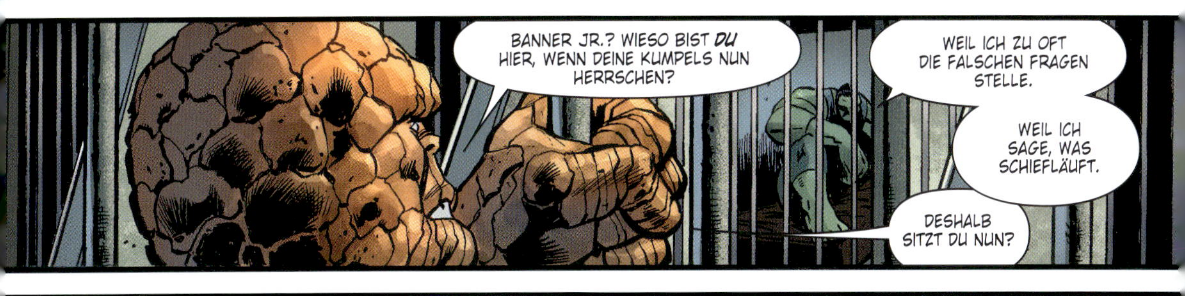
BANNER JR.? WIESO BIST *DU* HIER, WENN DEINE KUMPELS NUN HERRSCHEN?
WEIL ICH ZU OFT DIE FALSCHEN FRAGEN STELLE.
WEIL ICH SAGE, WAS SCHIEFLÄUFT.
DESHALB SITZT DU NUN?

NUR SO LANGE, BEN...
... WIE ICH DAS ZU-LASSE.

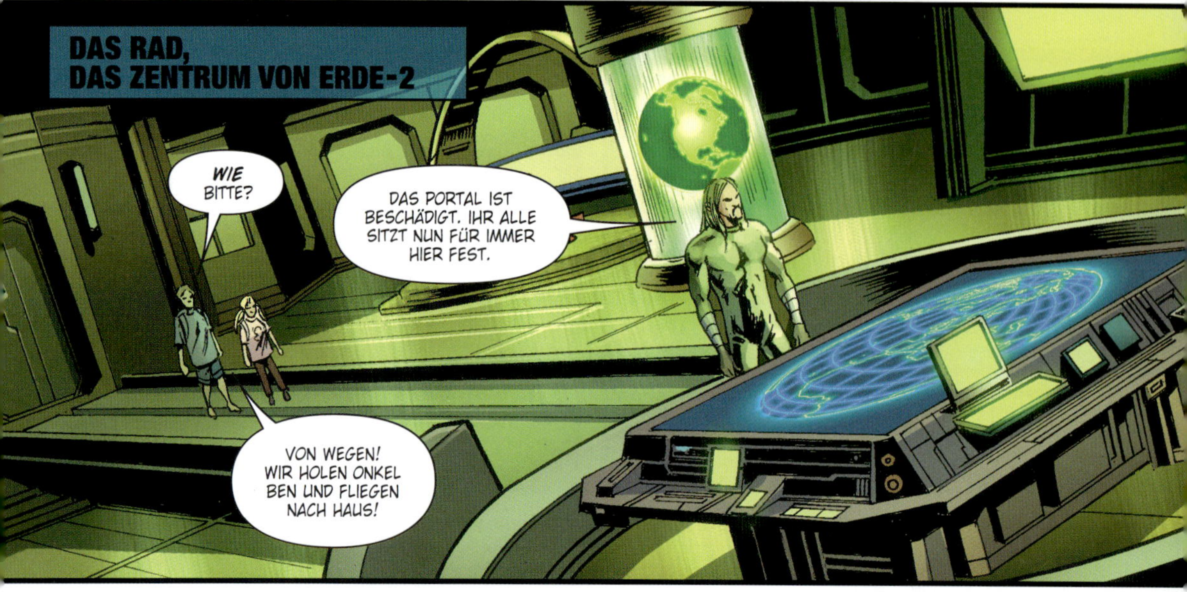
DAS RAD,
DAS ZENTRUM VON ERDE-2
DAS PORTAL IST BESCHÄDIGT. IHR ALLE SITZT NUN FÜR IMMER HIER FEST.
WIE BITTE?
VON WEGEN! WIR HOLEN ONKEL BEN UND FLIEGEN NACH HAUS!

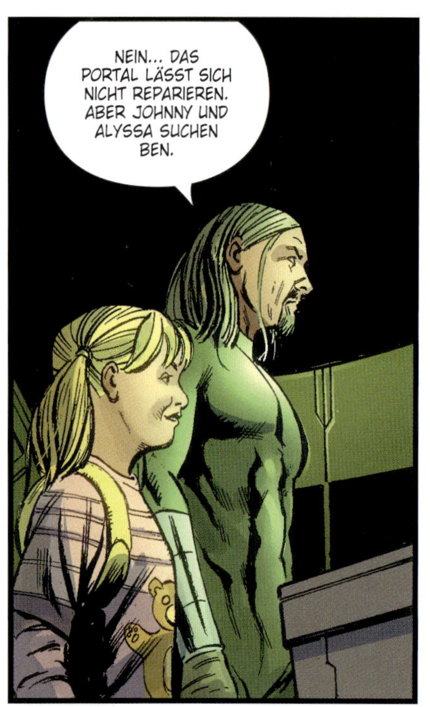
NEIN... DAS PORTAL LÄSST SICH NICHT REPARIEREN. ABER JOHNNY UND ALYSSA SUCHEN BEN.

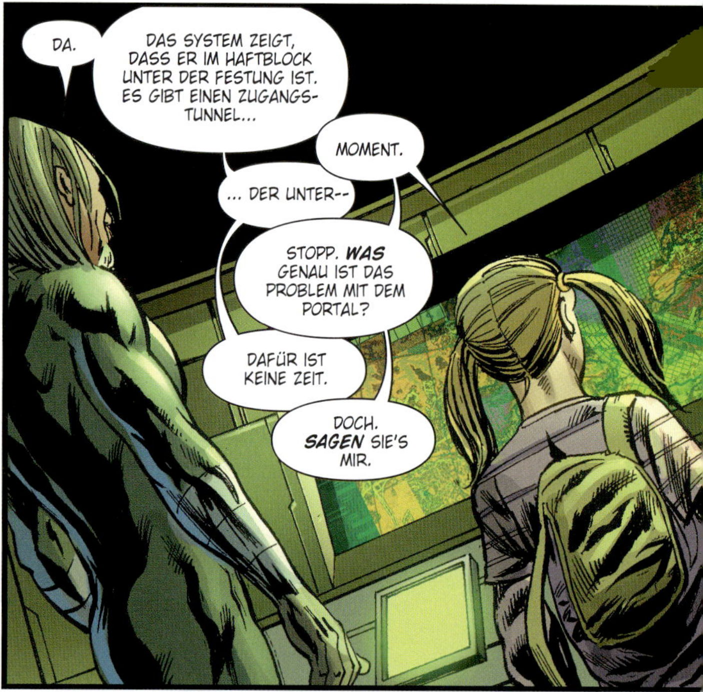
DA.
DAS SYSTEM ZEIGT, DASS ER IM HAFTBLOCK UNTER DER FESTUNG IST. ES GIBT EINEN ZUGANGS-TUNNEL...
MOMENT.
... DER UNTER--
STOPP. WAS GENAU IST DAS PROBLEM MIT DEM PORTAL?
DAFÜR IST KEINE ZEIT.
DOCH. SAGEN SIE'S MIR.

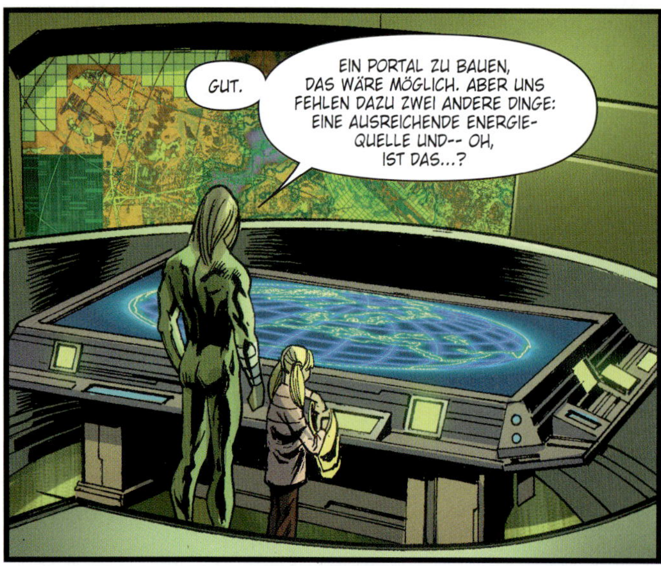
GUT.
EIN PORTAL ZU BAUEN, DAS WÄRE MÖGLICH. ABER UNS FEHLEN DAZU ZWEI ANDERE DINGE: EINE AUSREICHENDE ENERGIE-QUELLE UND-- OH, IST DAS...?

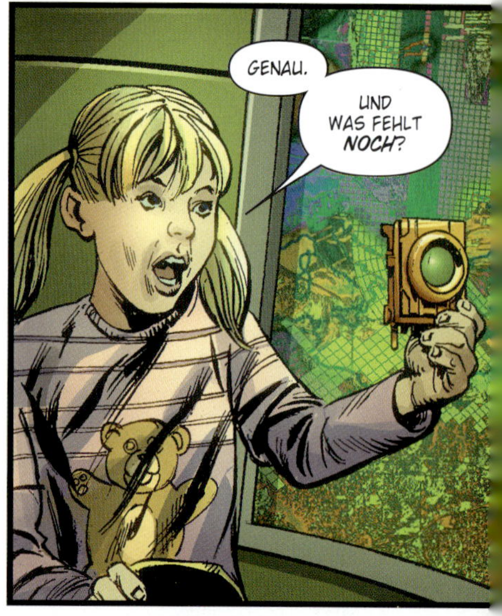
GENAU.
UND WAS FEHLT NOCH?

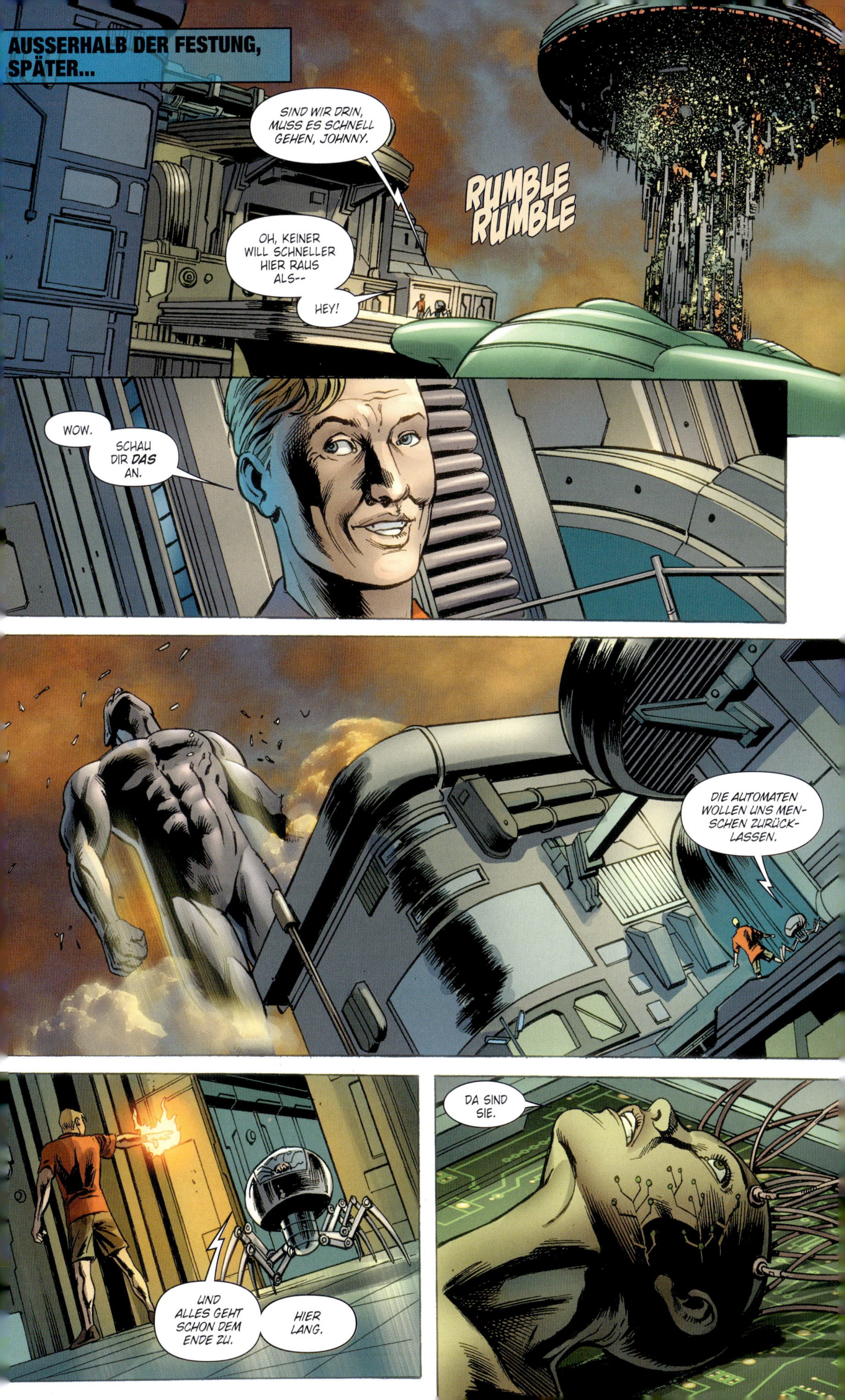

AUSSERHALB DER FESTUNG, SPÄTER...

SIND WIR DRIN, MUSS ES SCHNELL GEHEN, JOHNNY.

RUMBLE RUMBLE

OH, KEINER WILL SCHNELLER HIER RAUS ALS--

HEY!

WOW.

SCHAU DIR *DAS* AN.

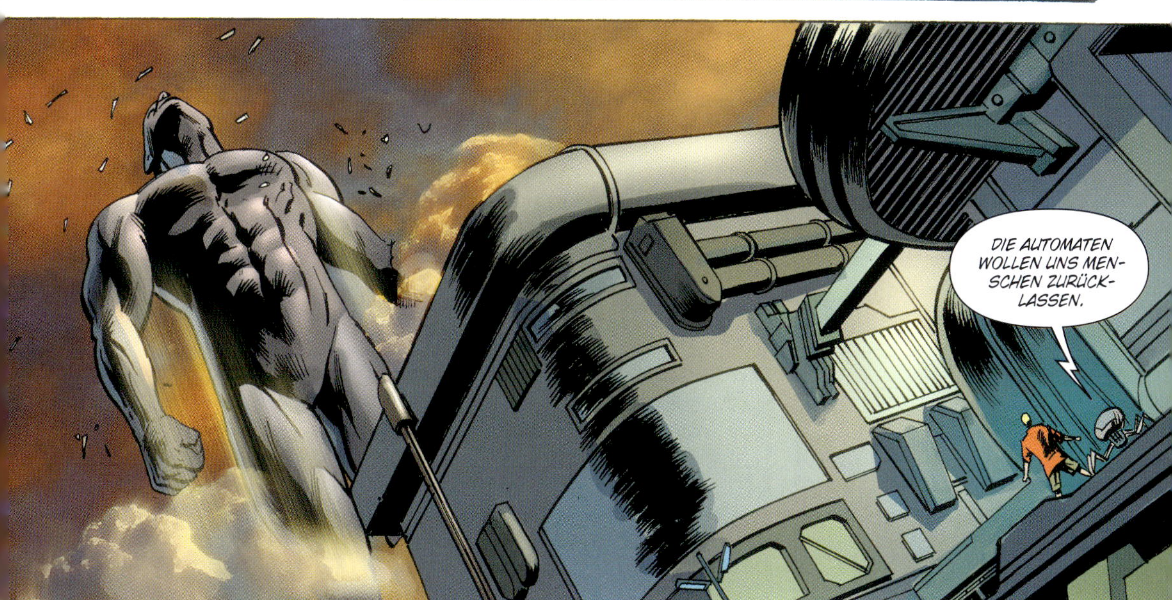

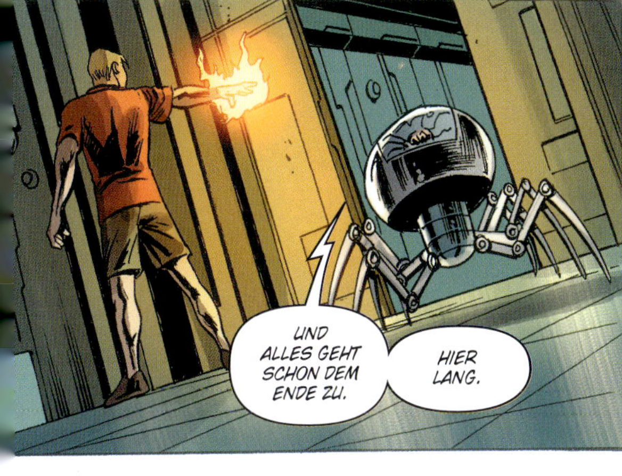

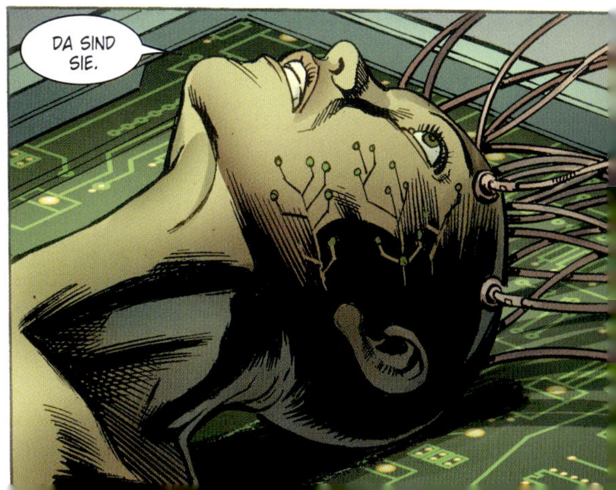

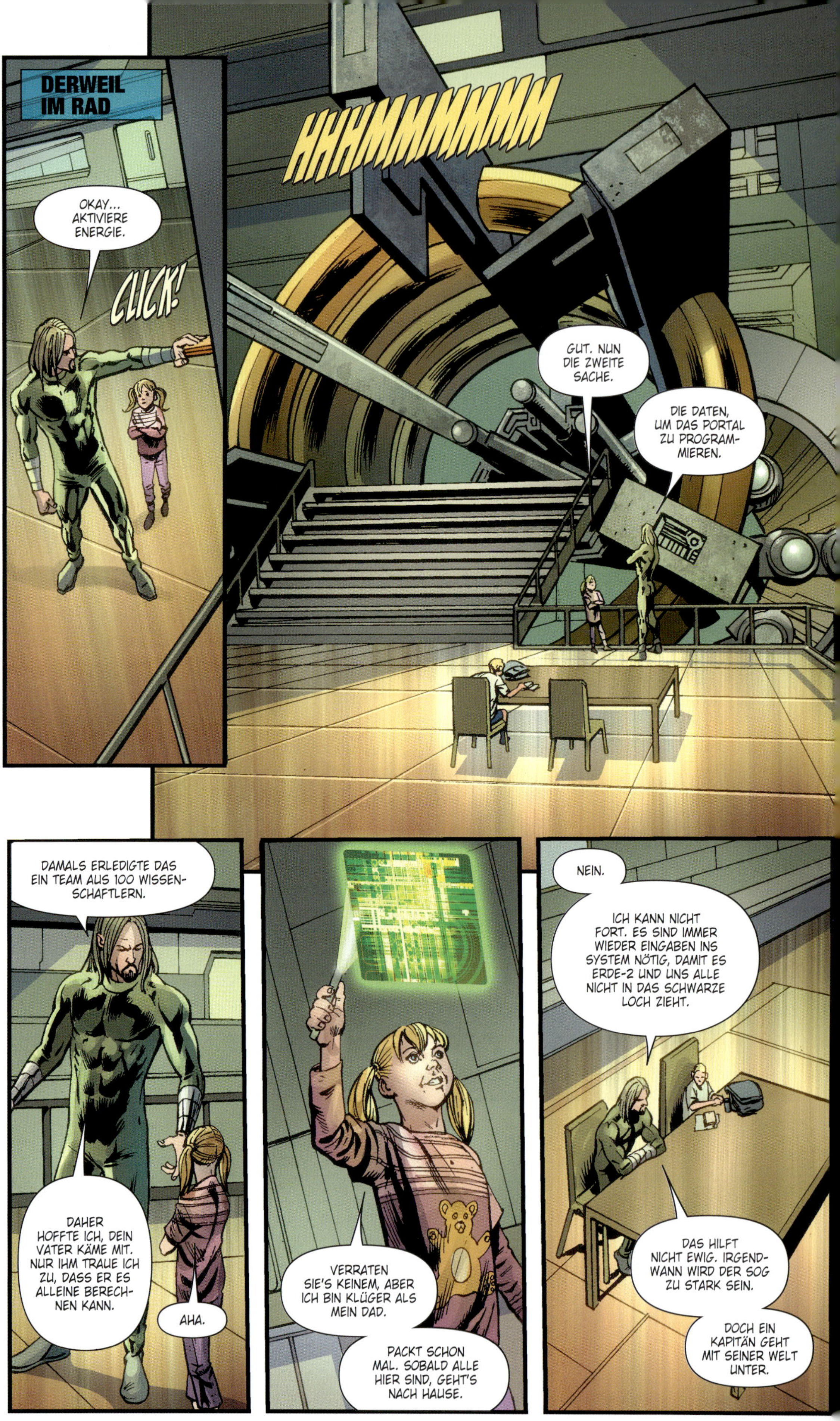

DERWEIL IM RAD

OKAY... AKTIVIERE ENERGIE.

CLICK!

HHHMMMMMMM

GUT. NUN DIE ZWEITE SACHE.

DIE DATEN, UM DAS PORTAL ZU PROGRAMMIEREN.

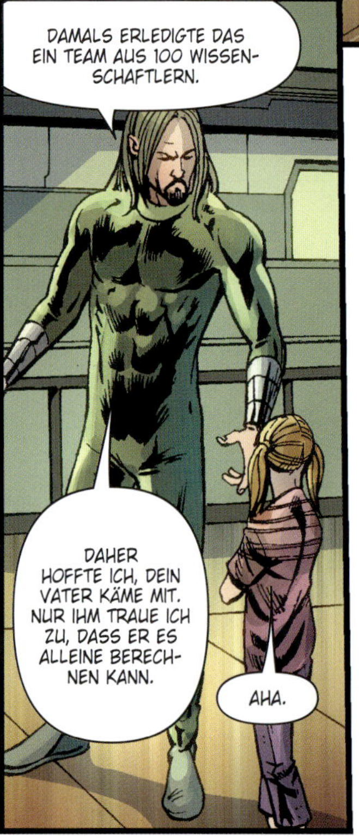

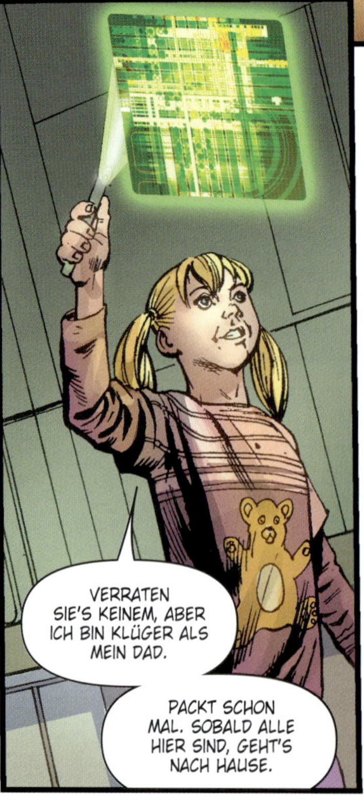

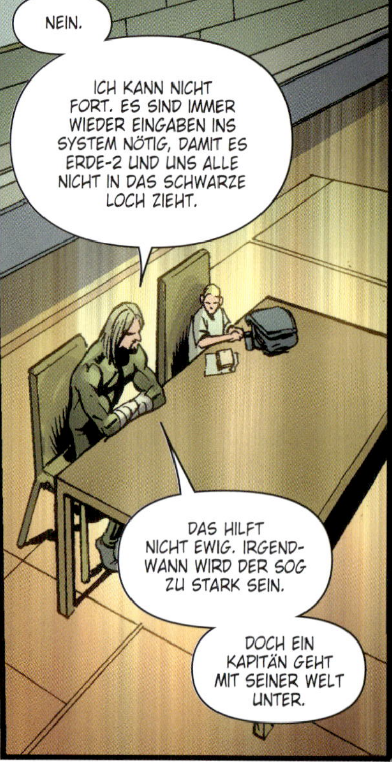

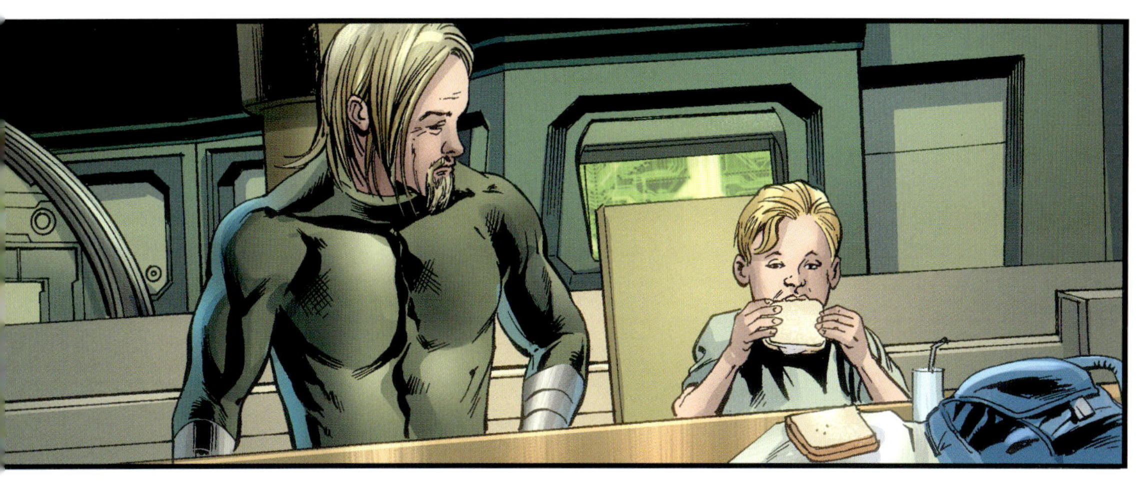
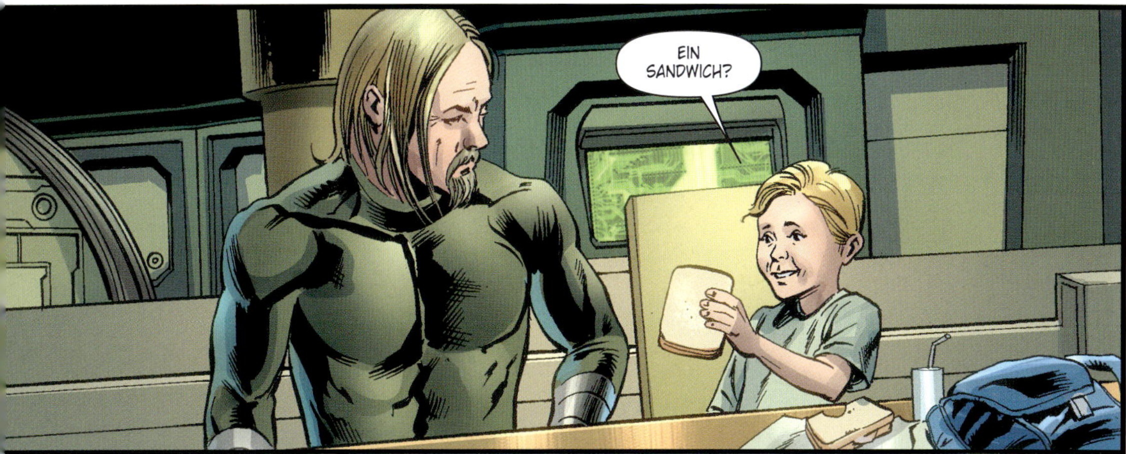
EIN SANDWICH?
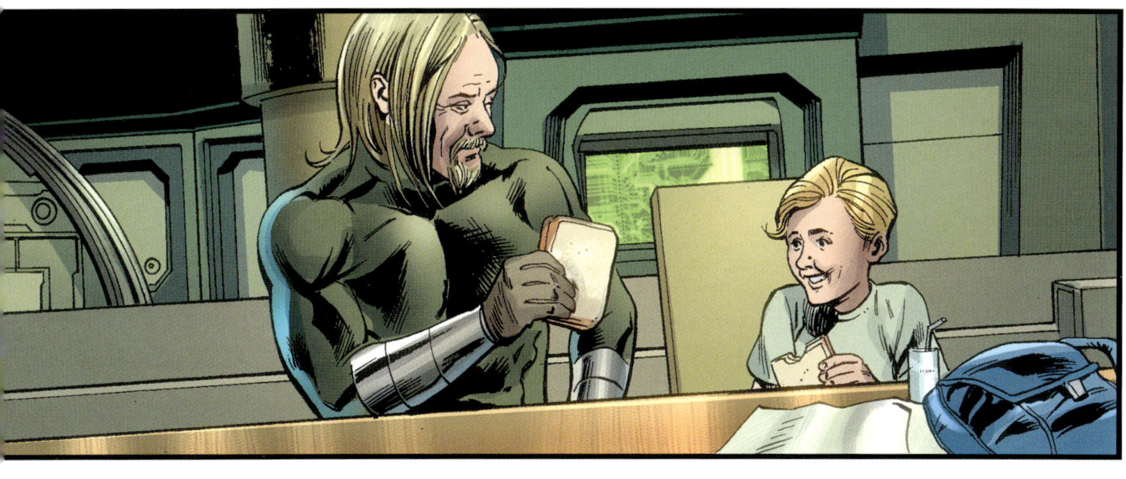
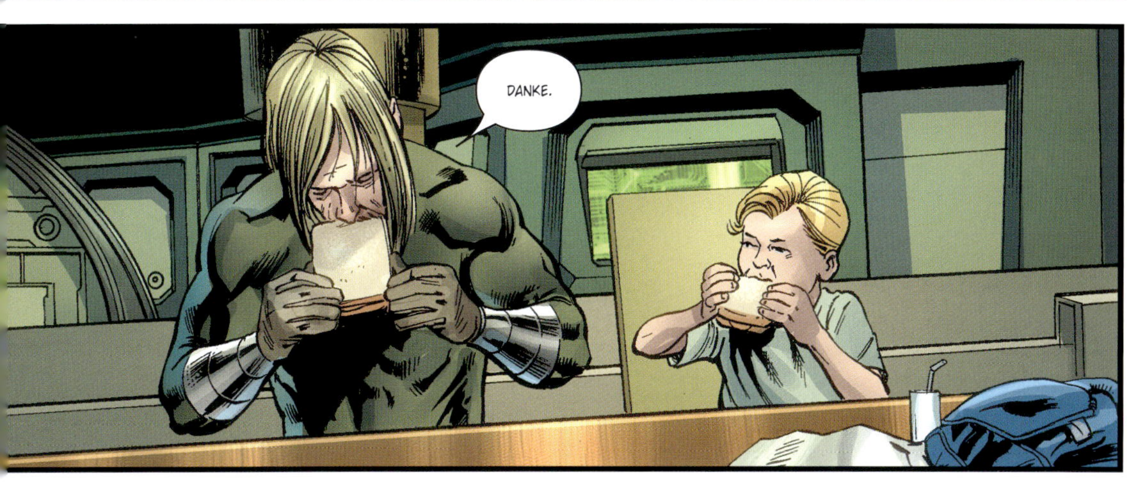
DANKE.

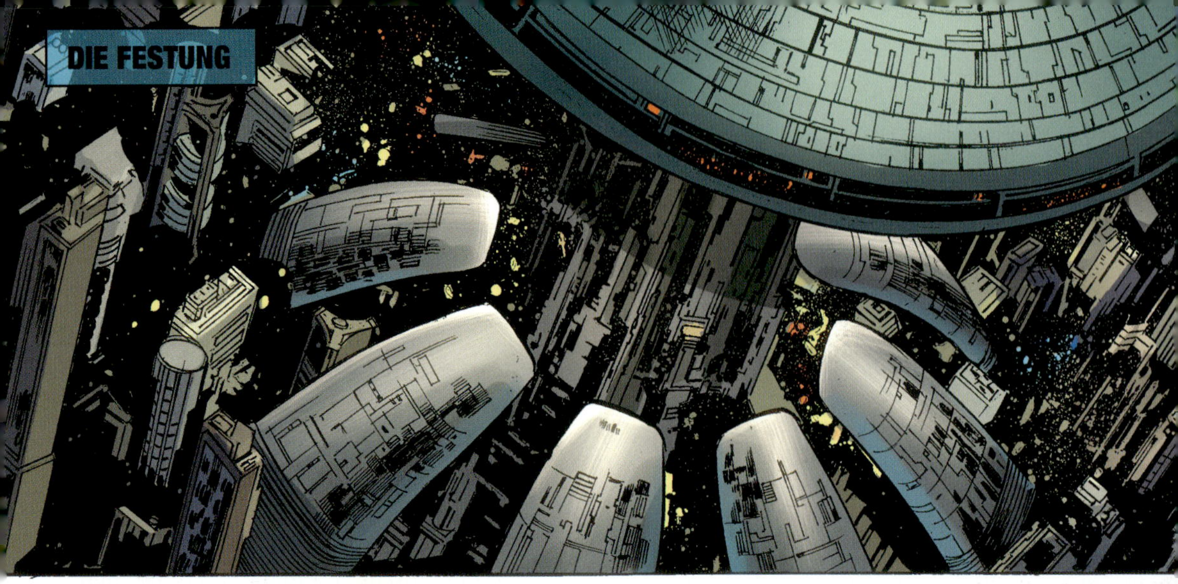
DIE FESTUNG

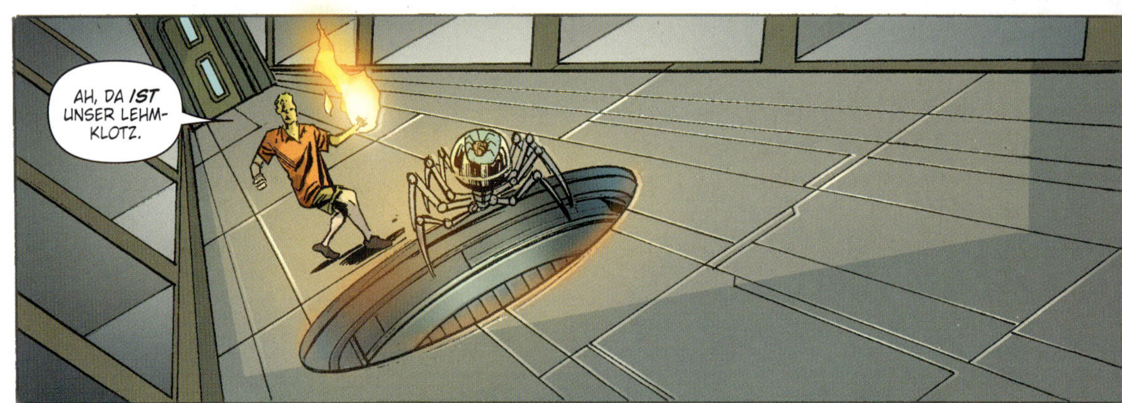
AH, DA *IST* UNSER LEHMKLOTZ.

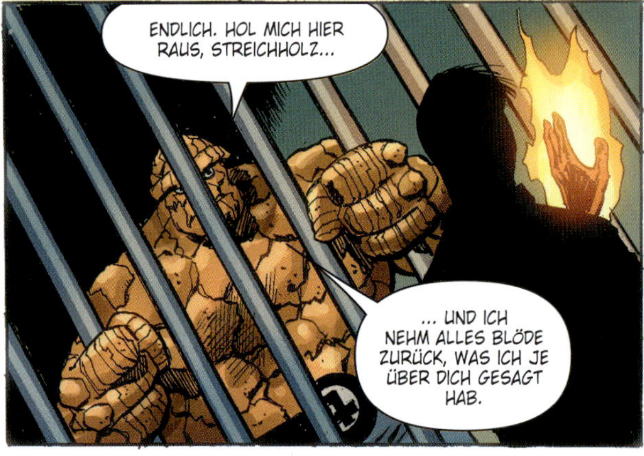
ENDLICH. HOL MICH HIER RAUS, STREICHHOLZ...
... UND ICH NEHM ALLES BLÖDE ZURÜCK, WAS ICH JE ÜBER DICH GESAGT HAB.

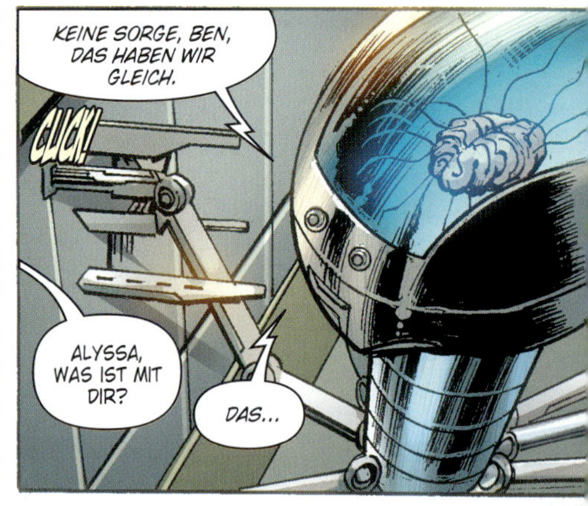
KEINE SORGE, BEN, DAS HABEN WIR GLEICH.
CLICK!
ALYSSA, WAS IST MIT DIR?
DAS...

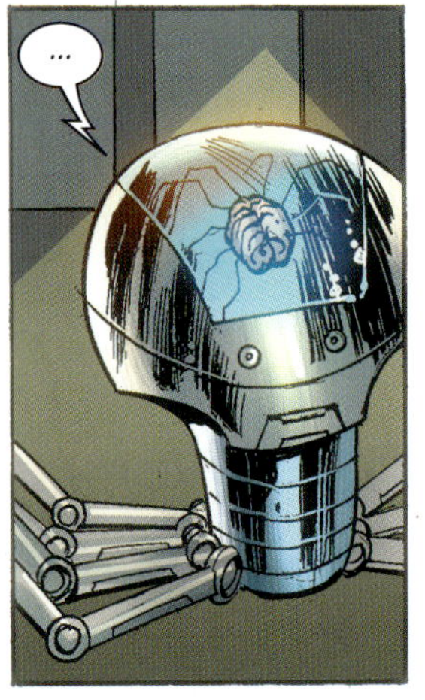
...

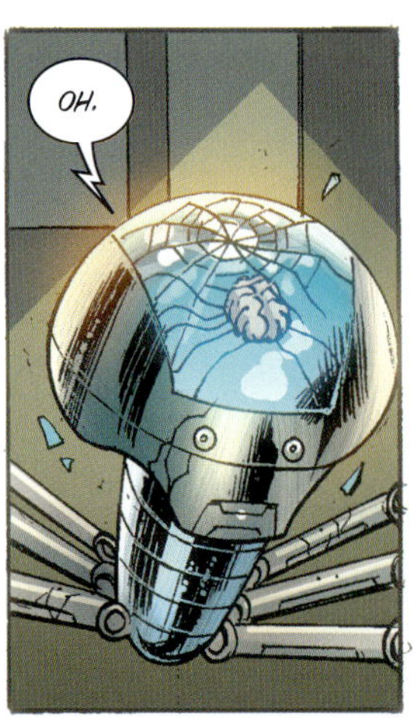
OH.

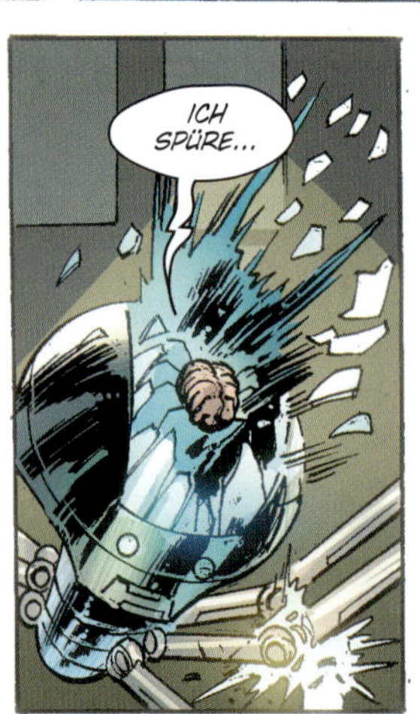
ICH SPÜRE...

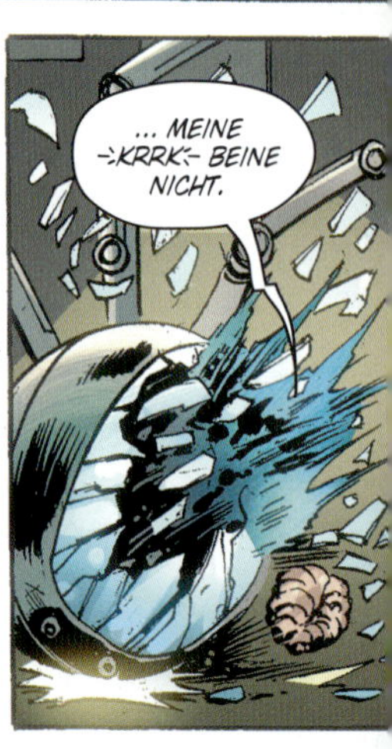
... MEINE -KRRK- BEINE NICHT.

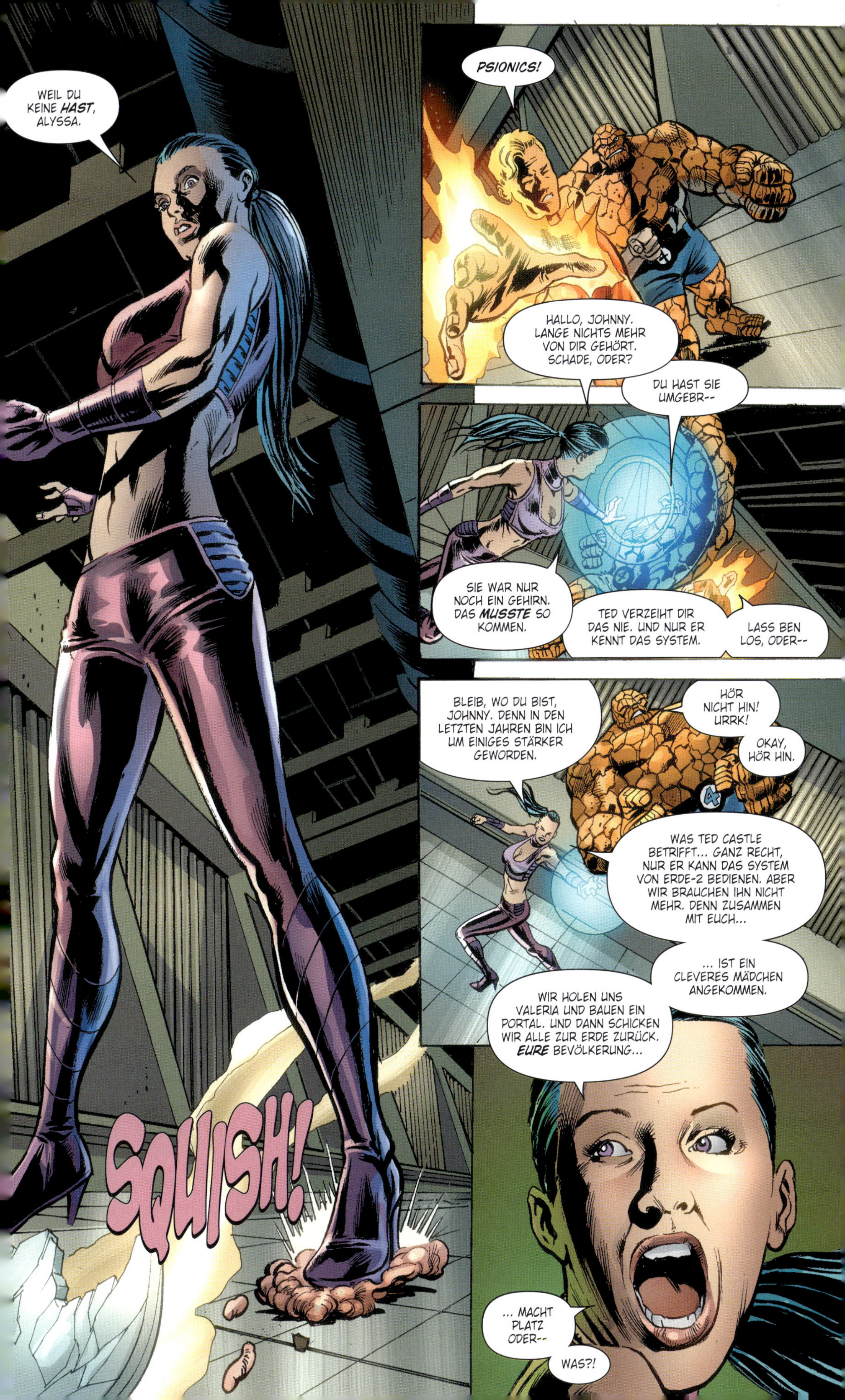
WEIL DU KEINE **HAST**, ALYSSA.
SQUISH!
PSIONICS!
HALLO, JOHNNY. LANGE NICHTS MEHR VON DIR GEHÖRT. SCHADE, ODER?
DU HAST SIE UMGEBR--
SIE WAR NUR NOCH EIN GEHIRN. DAS **MUSSTE** SO KOMMEN.
TED VERZEIHT DIR DAS NIE. UND NUR ER KENNT DAS SYSTEM.
LASS BEN LOS, ODER--
BLEIB, WO DU BIST, JOHNNY. DENN IN DEN LETZTEN JAHREN BIN ICH UM EINIGES STÄRKER GEWORDEN.
HÖR NICHT HIN! URRK!
OKAY, HÖR HIN.
WAS TED CASTLE BETRIFFT... GANZ RECHT, NUR ER KANN DAS SYSTEM VON ERDE-2 BEDIENEN. ABER WIR BRAUCHEN IHN NICHT MEHR. DENN ZUSAMMEN MIT EUCH...
... IST EIN CLEVERES MÄDCHEN ANGEKOMMEN.
WIR HOLEN UNS VALERIA UND BAUEN EIN PORTAL. UND DANN SCHICKEN WIR ALLE ZUR ERDE ZURÜCK. **EURE** BEVÖLKERUNG...
... MACHT PLATZ ODER--
WAS?!

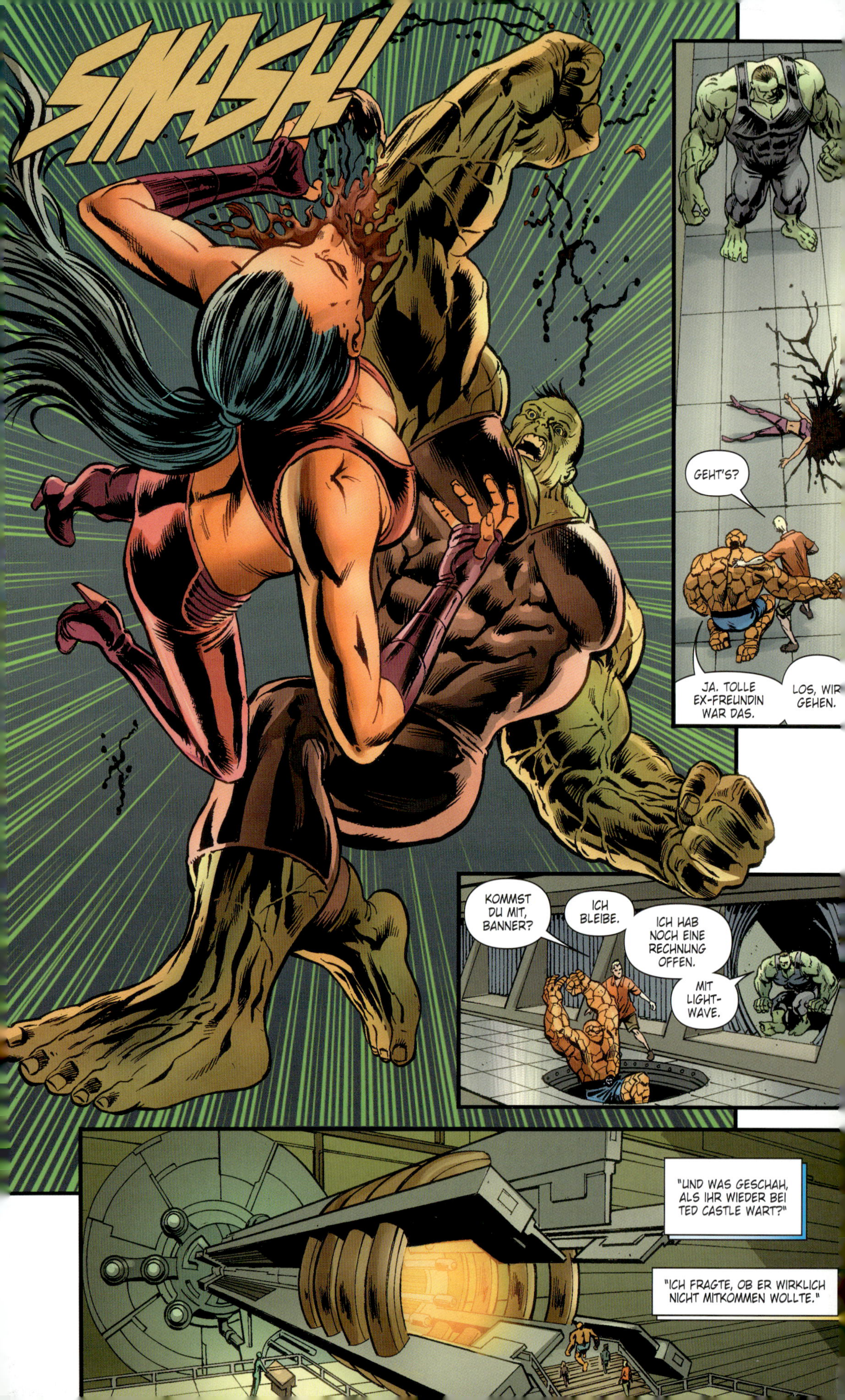
SMASH!
GEHT'S?
JA. TOLLE EX-FREUNDIN WAR DAS.
LOS, WIR GEHEN.
KOMMST DU MIT, BANNER?
ICH BLEIBE.
ICH HAB NOCH EINE RECHNUNG OFFEN.
MIT LIGHT-WAVE.
"UND WAS GESCHAH, ALS IHR WIEDER BEI TED CASTLE WART?"
"ICH FRAGTE, OB ER WIRKLICH NICHT MITKOMMEN WOLLTE."

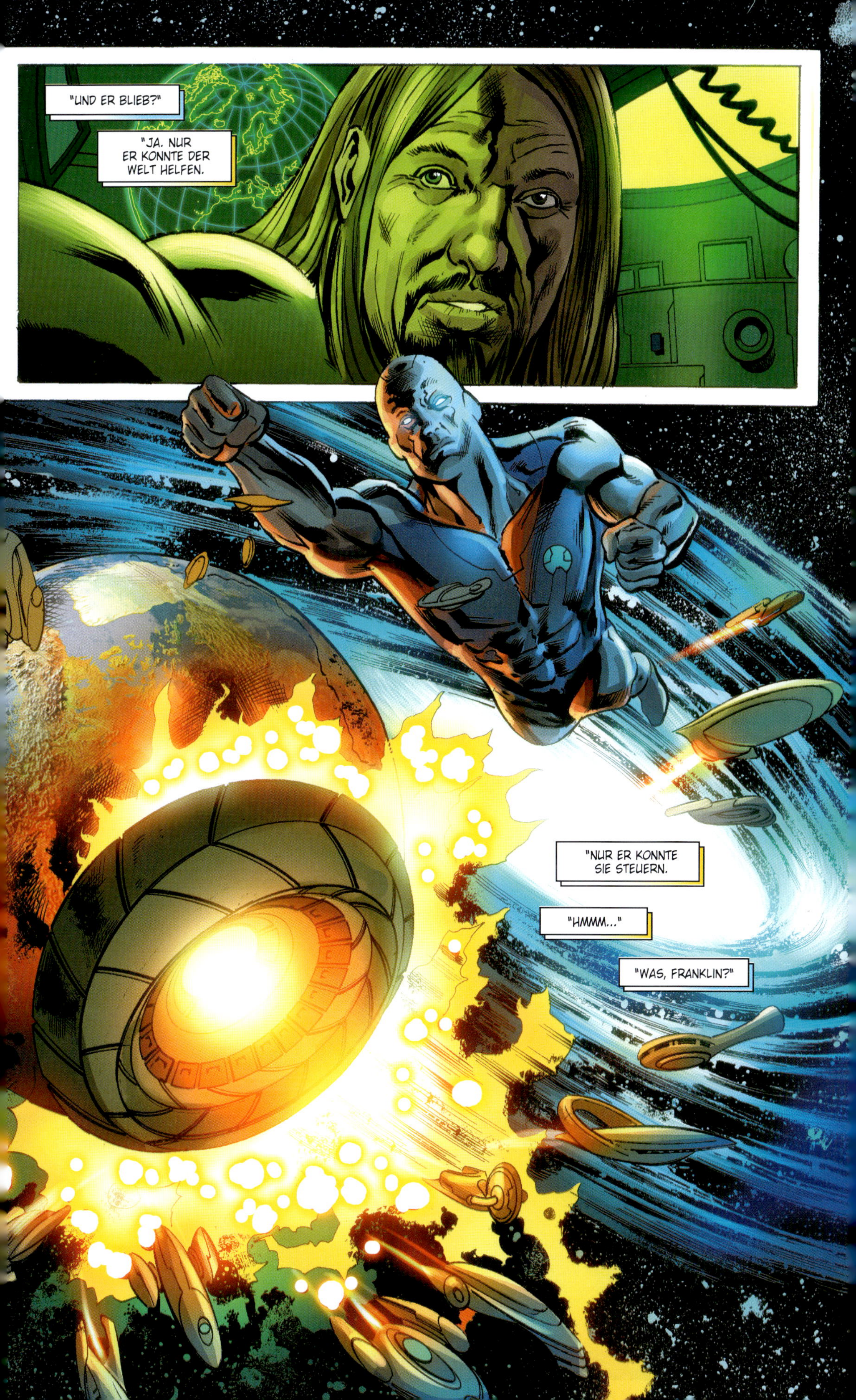
"UND ER BLIEB?"
"JA. NUR ER KONNTE DER WELT HELFEN.
"NUR ER KONNTE SIE STEUERN.
"HMMM..."
"WAS, FRANKLIN?"

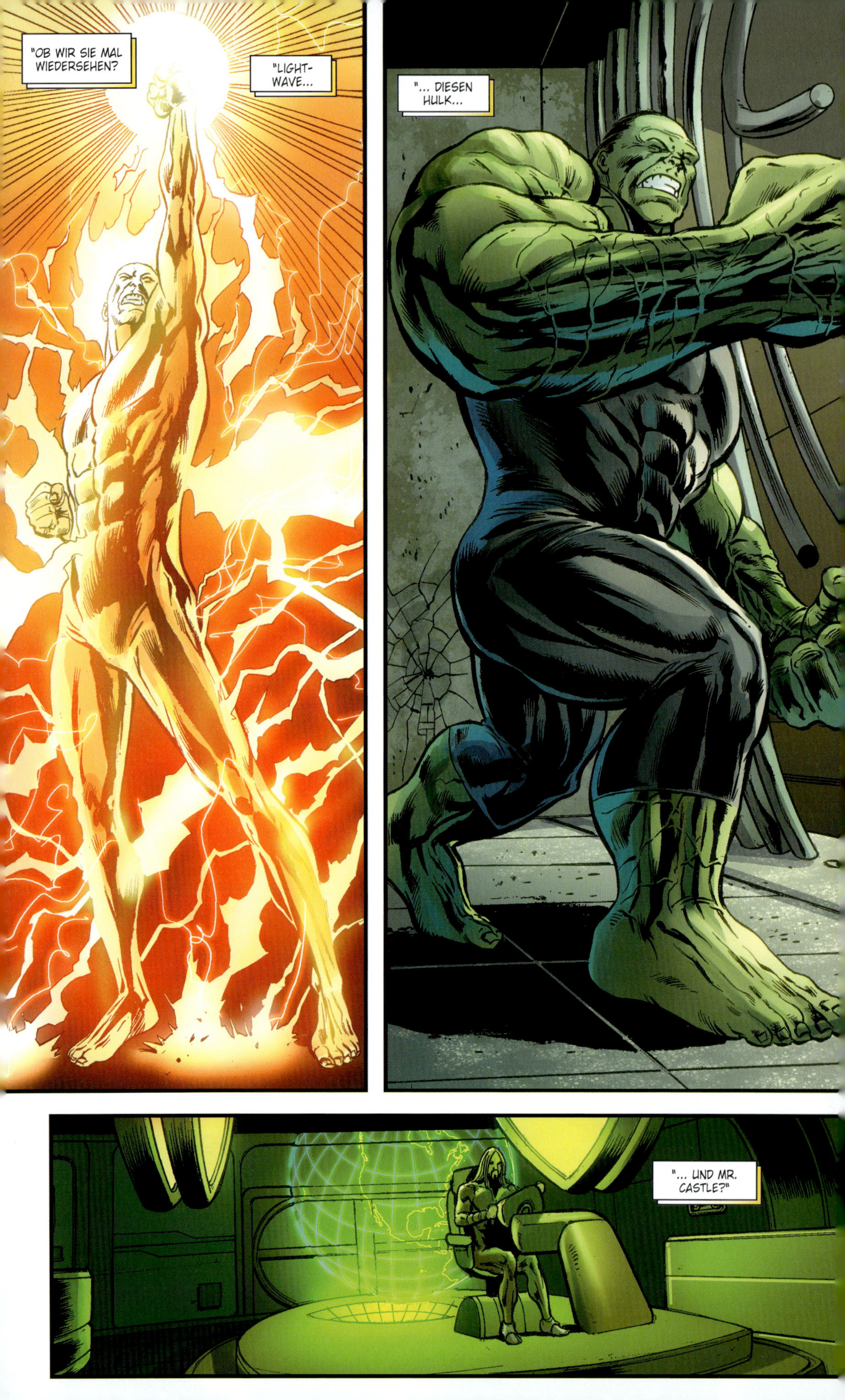

"OB WIR SIE MAL WIEDERSEHEN?

"LIGHT-WAVE...

"... DIESEN HULK...

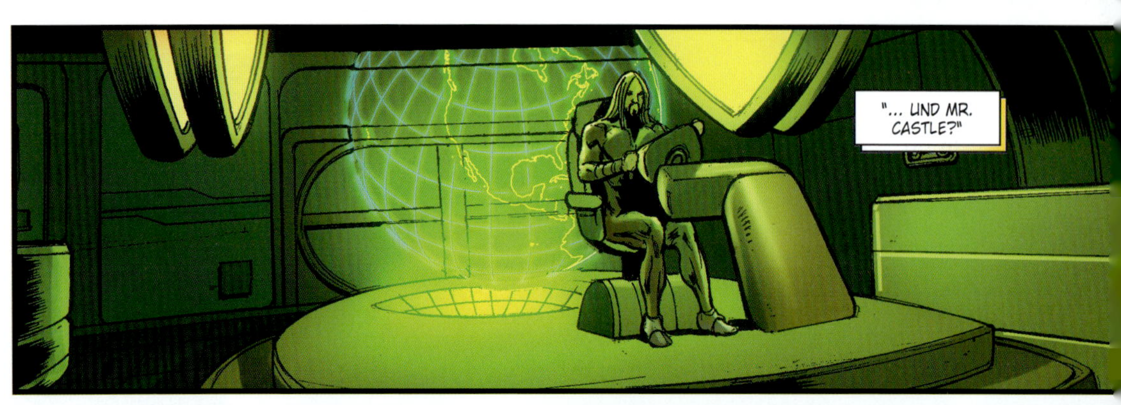

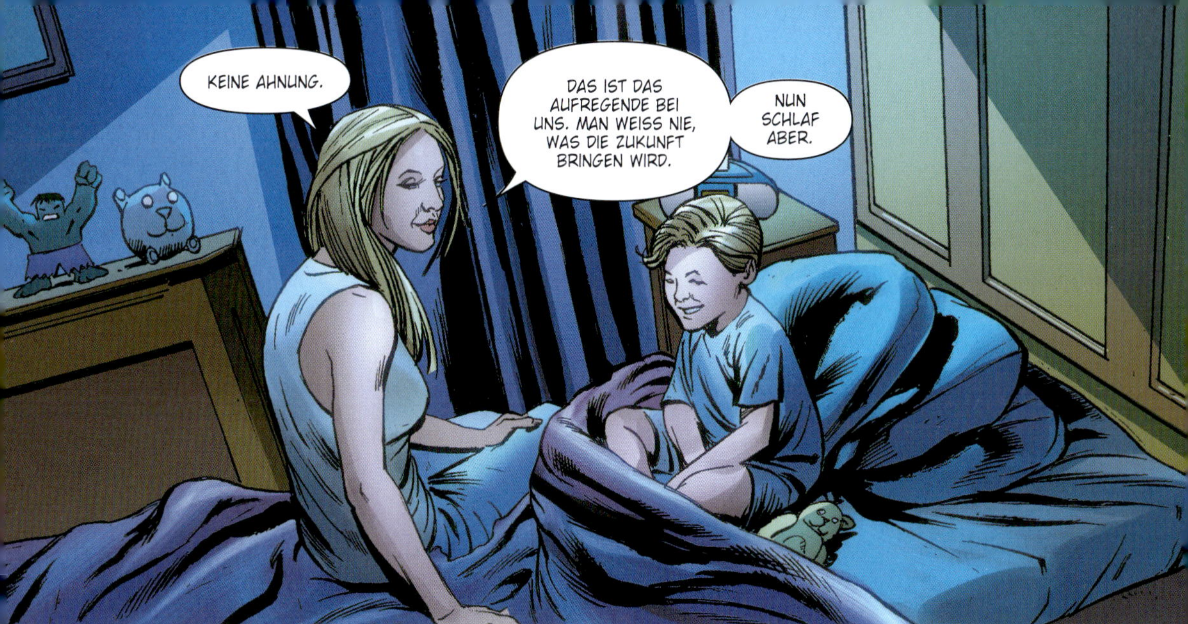
KEINE AHNUNG.
DAS IST DAS AUFREGENDE BEI UNS. MAN WEISS NIE, WAS DIE ZUKUNFT BRINGEN WIRD.
NUN SCHLAF ABER.

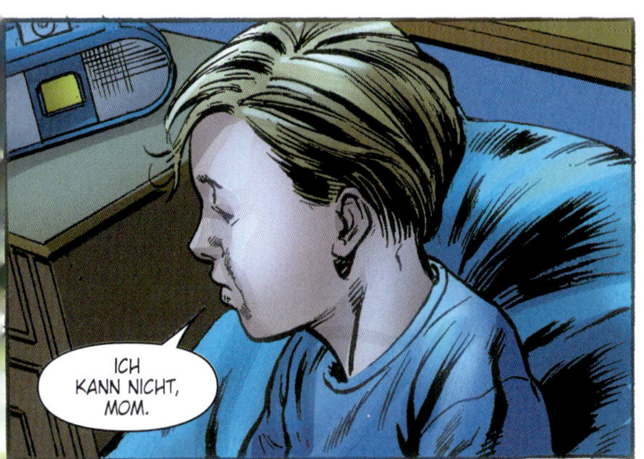
ICH KANN NICHT, MOM.

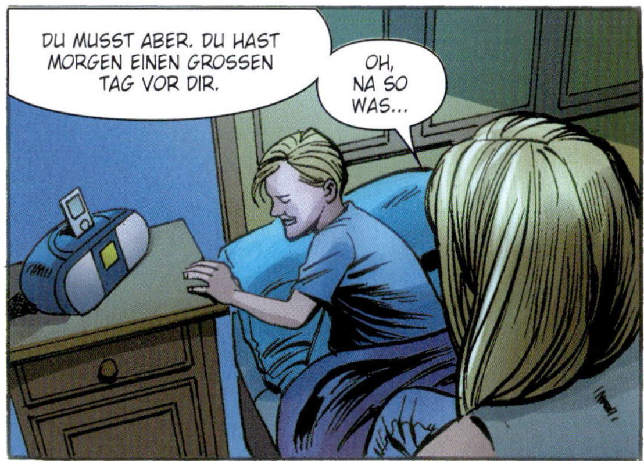
DU MUSST ABER. DU HAST MORGEN EINEN GROSSEN TAG VOR DIR.
OH, NA SO WAS...

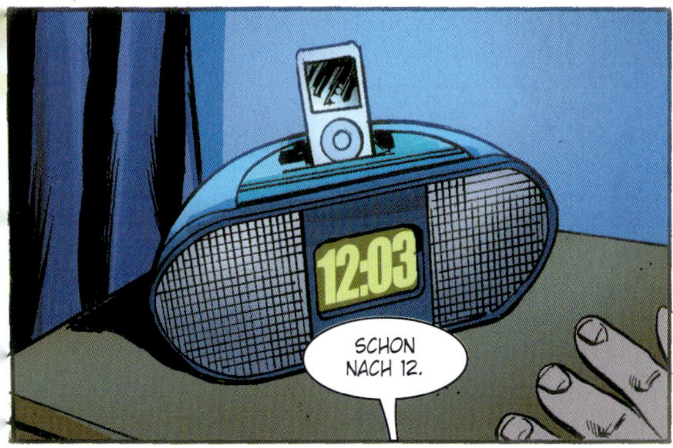
12:03
SCHON NACH 12.

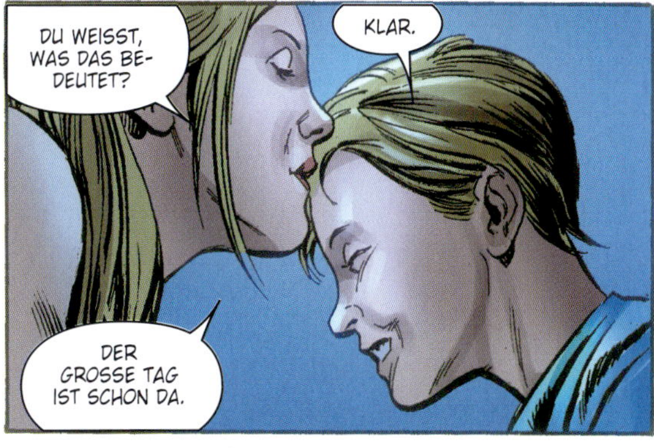
DU WEISST, WAS DAS BE-DEUTET?
KLAR.
DER GROSSE TAG IST SCHON DA.

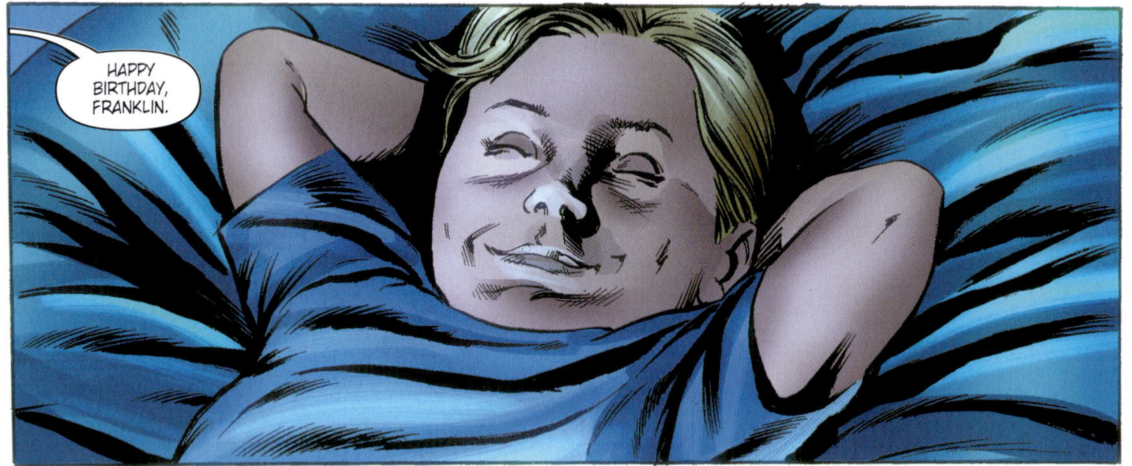
HAPPY BIRTHDAY, FRANKLIN.

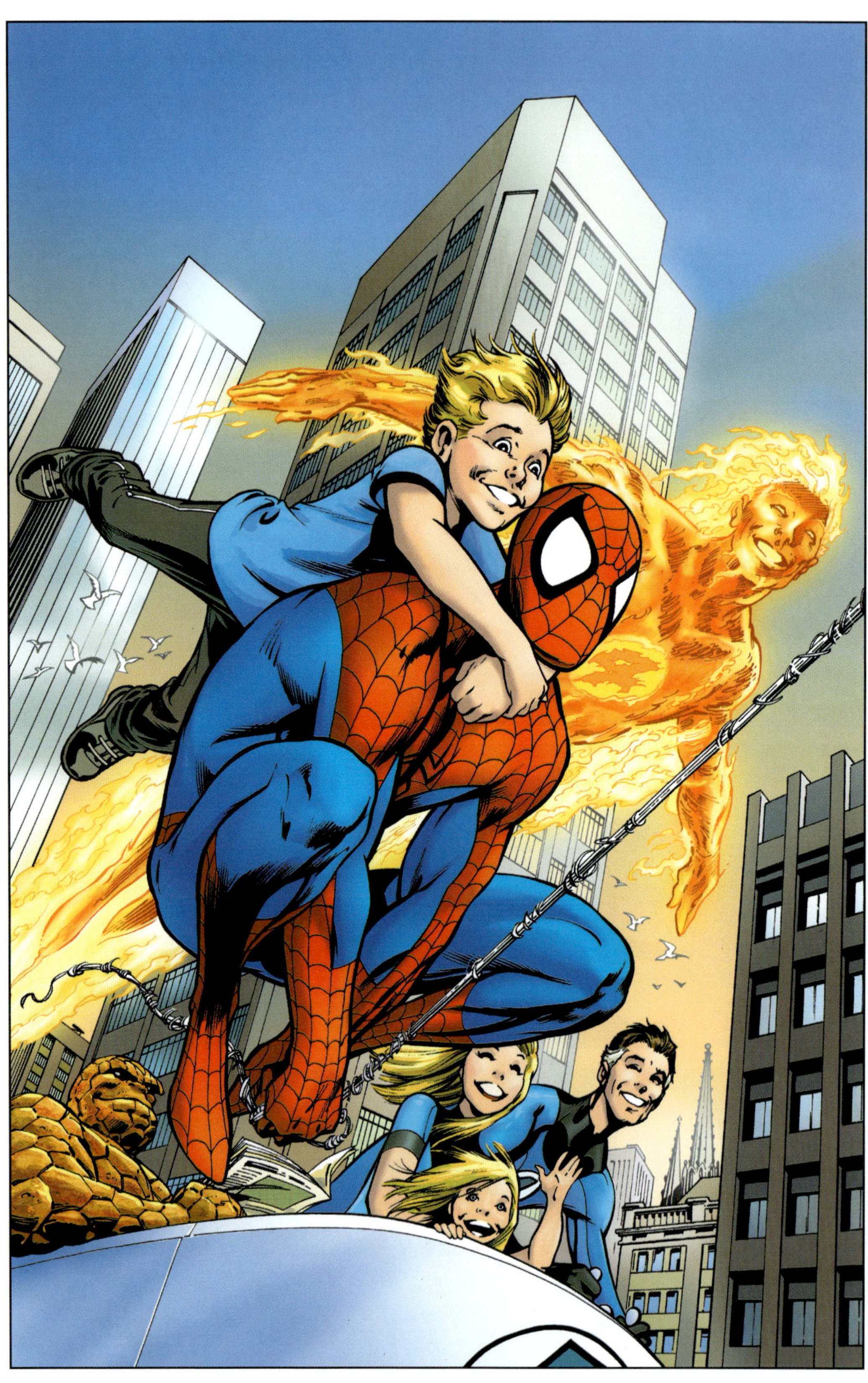

Fantastic Four (1961) 574
Cover von **ALAN DAVIS**

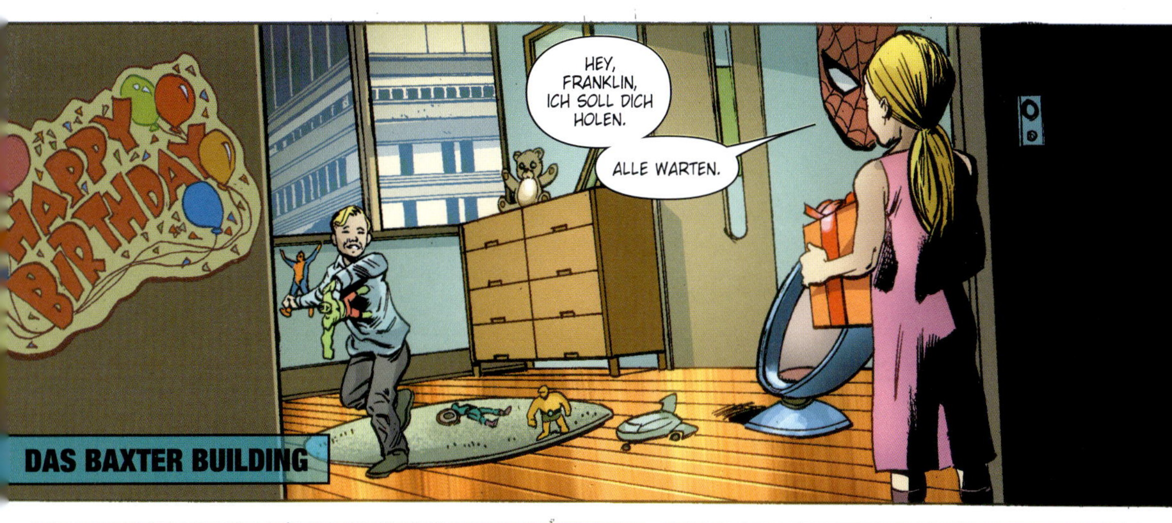
HAPPY BIRTHDAY
DAS BAXTER BUILDING
HEY, FRANKLIN, ICH SOLL DICH HOLEN.
ALLE WARTEN.

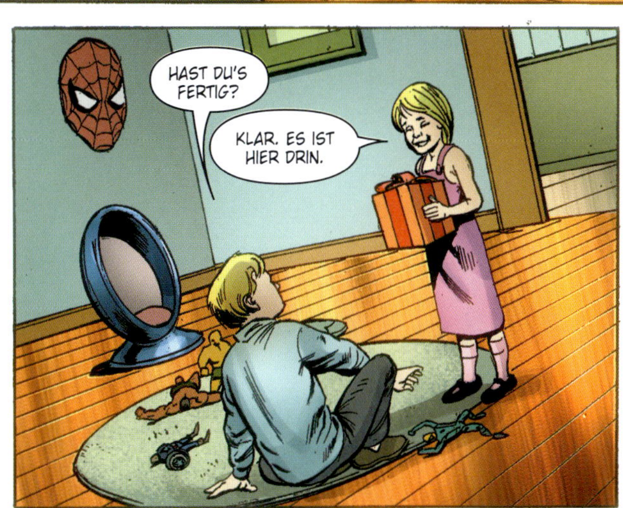
HAST DU'S FERTIG?
KLAR. ES IST HIER DRIN.

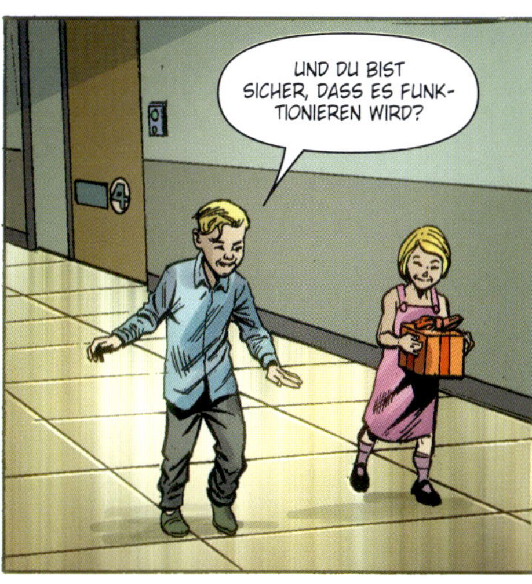
UND DU BIST SICHER, DASS ES FUNK-TIONIEREN WIRD?

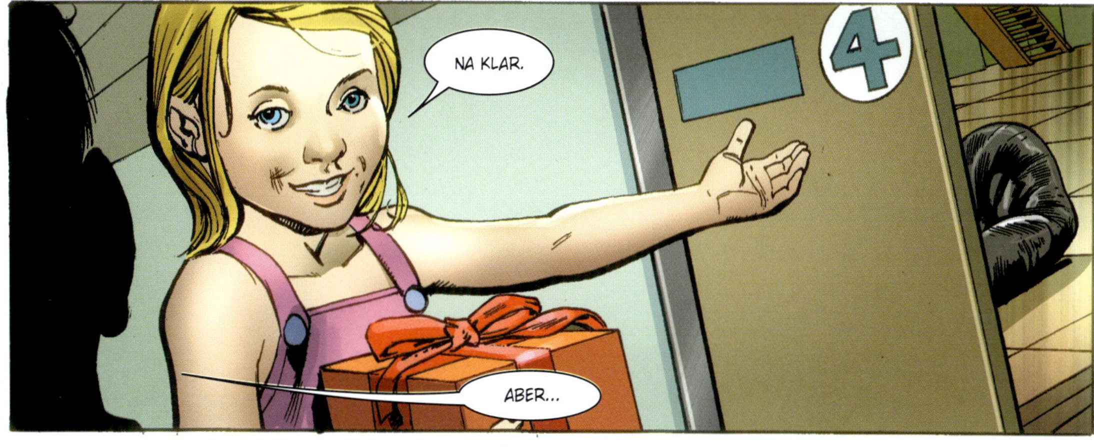
NA KLAR.
ABER...

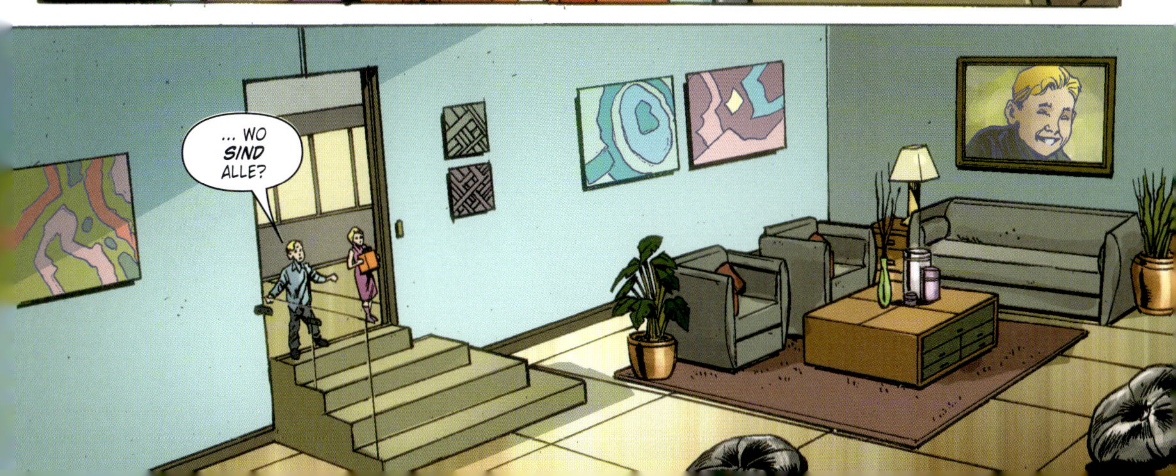
... WO *SIND* ALLE?

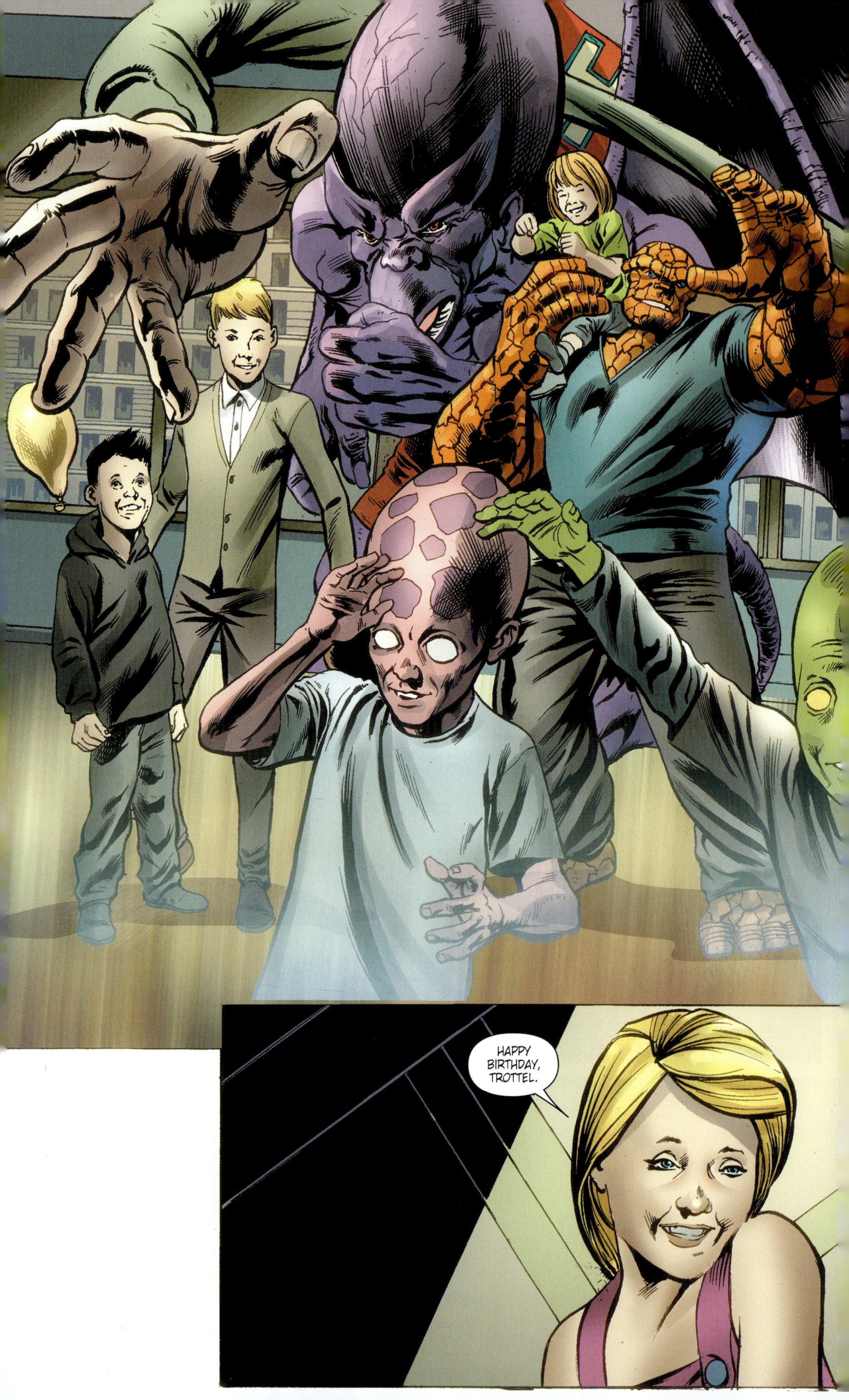
HAPPY BIRTHDAY, TROTTEL.

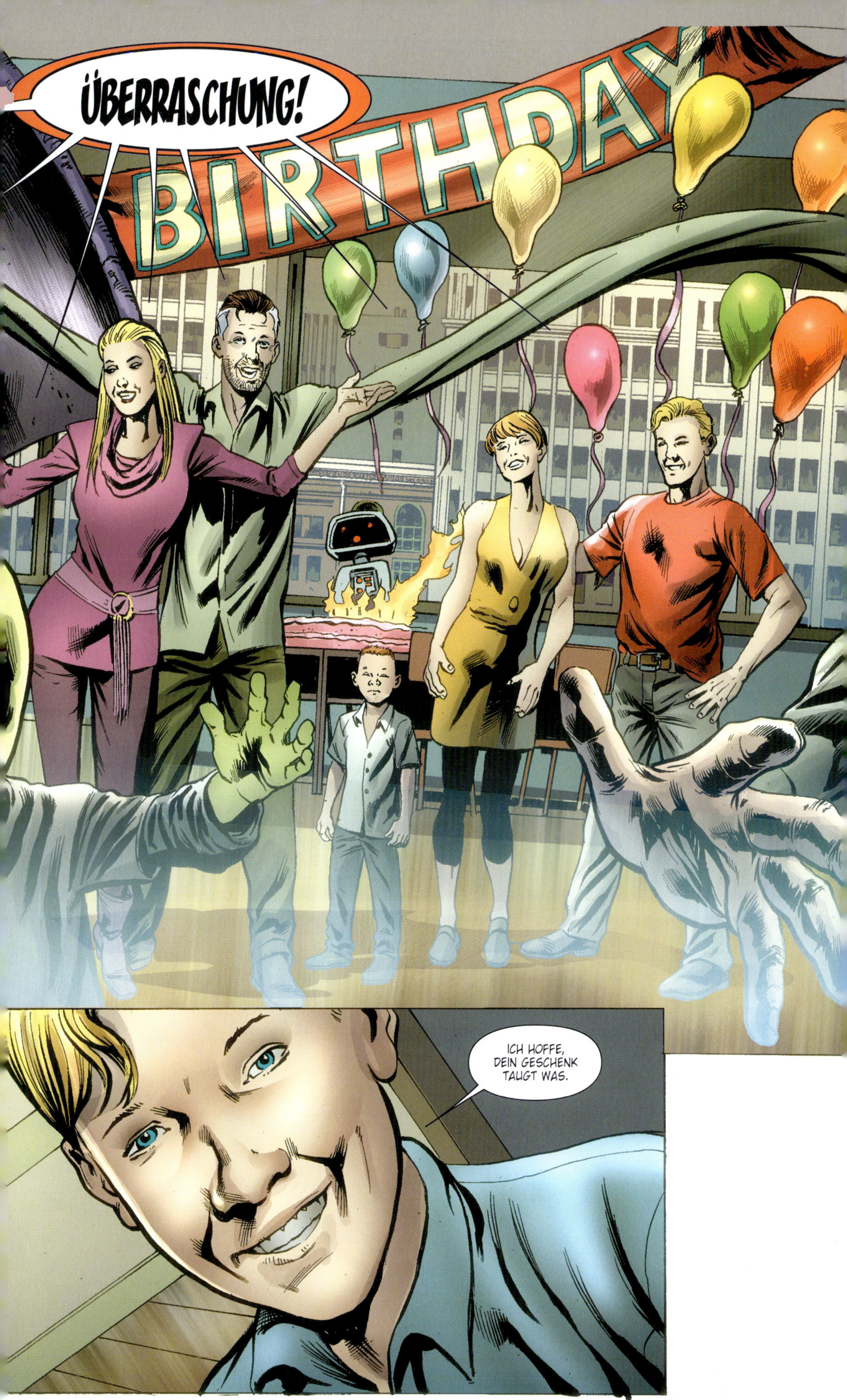
ÜBERRASCHUNG!
BIRTHDAY
ICH HOFFE, DEIN GESCHENK TAUGT WAS.

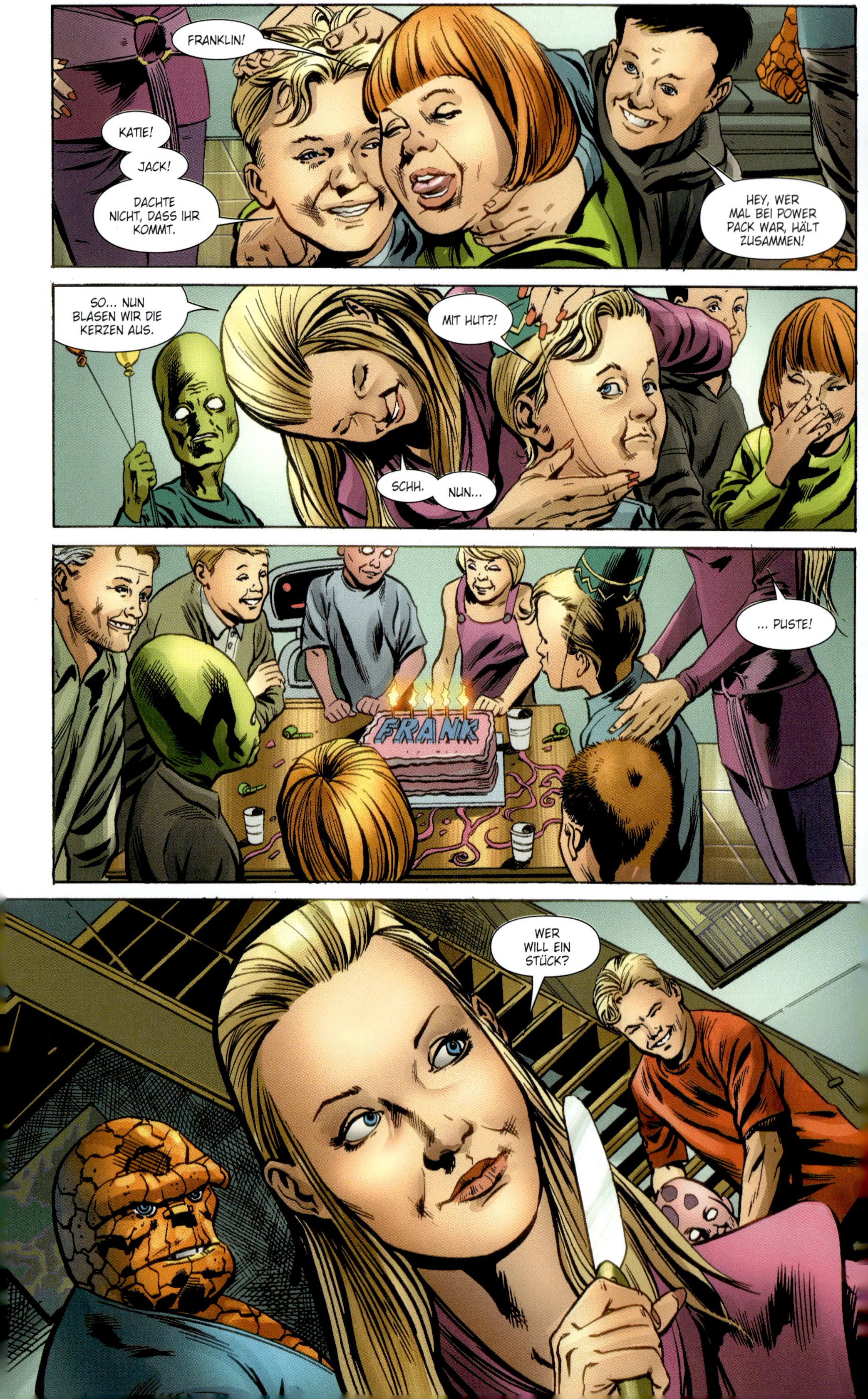

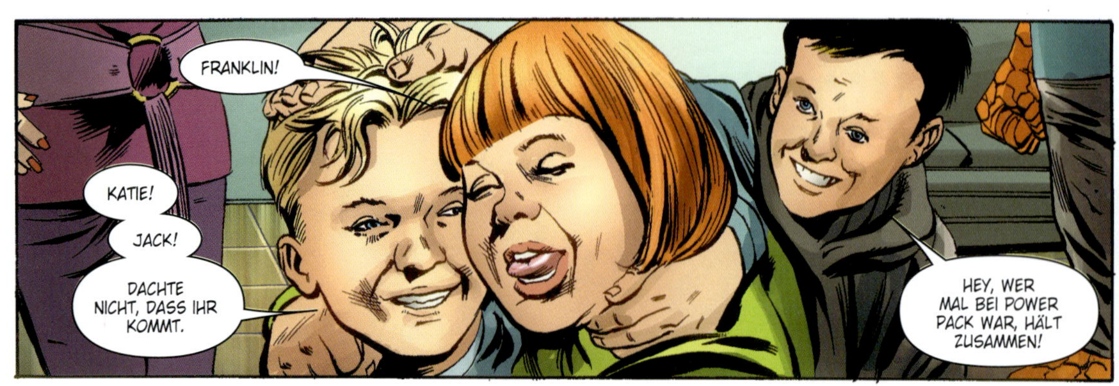

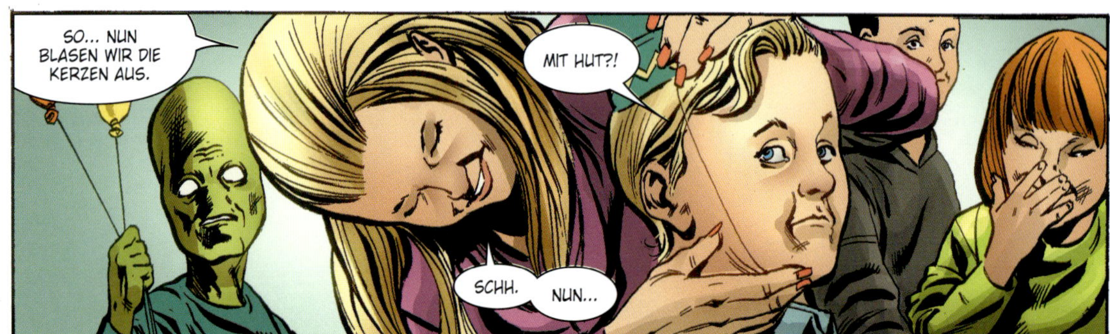

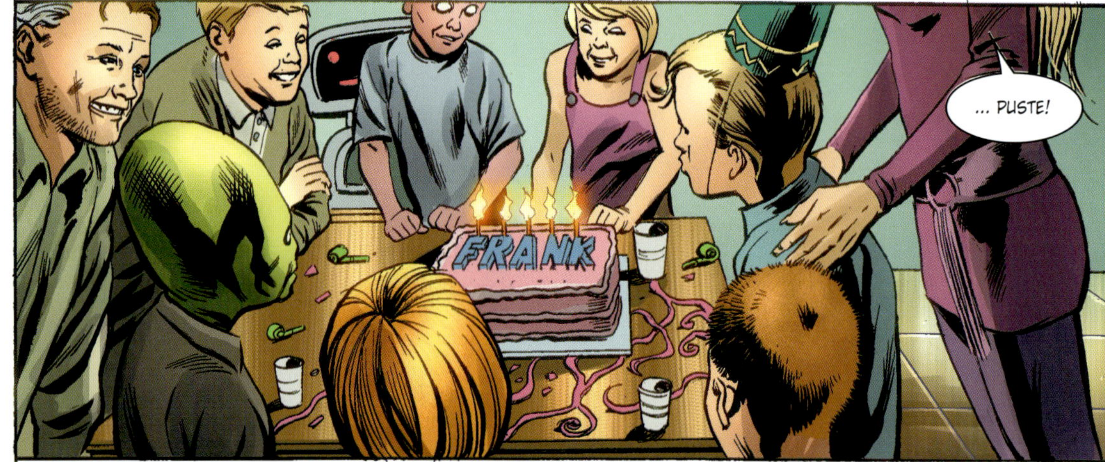

WER WILL EIN STÜCK?

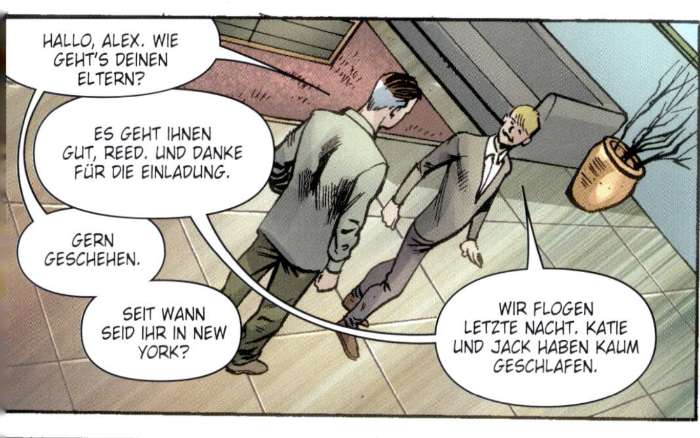
HALLO, ALEX. WIE GEHT'S DEINEN ELTERN?
ES GEHT IHNEN GUT, REED. UND DANKE FÜR DIE EINLADUNG.
GERN GESCHEHEN.
SEIT WANN SEID IHR IN NEW YORK?
WIR FLOGEN LETZTE NACHT. KATIE UND JACK HABEN KAUM GESCHLAFEN.

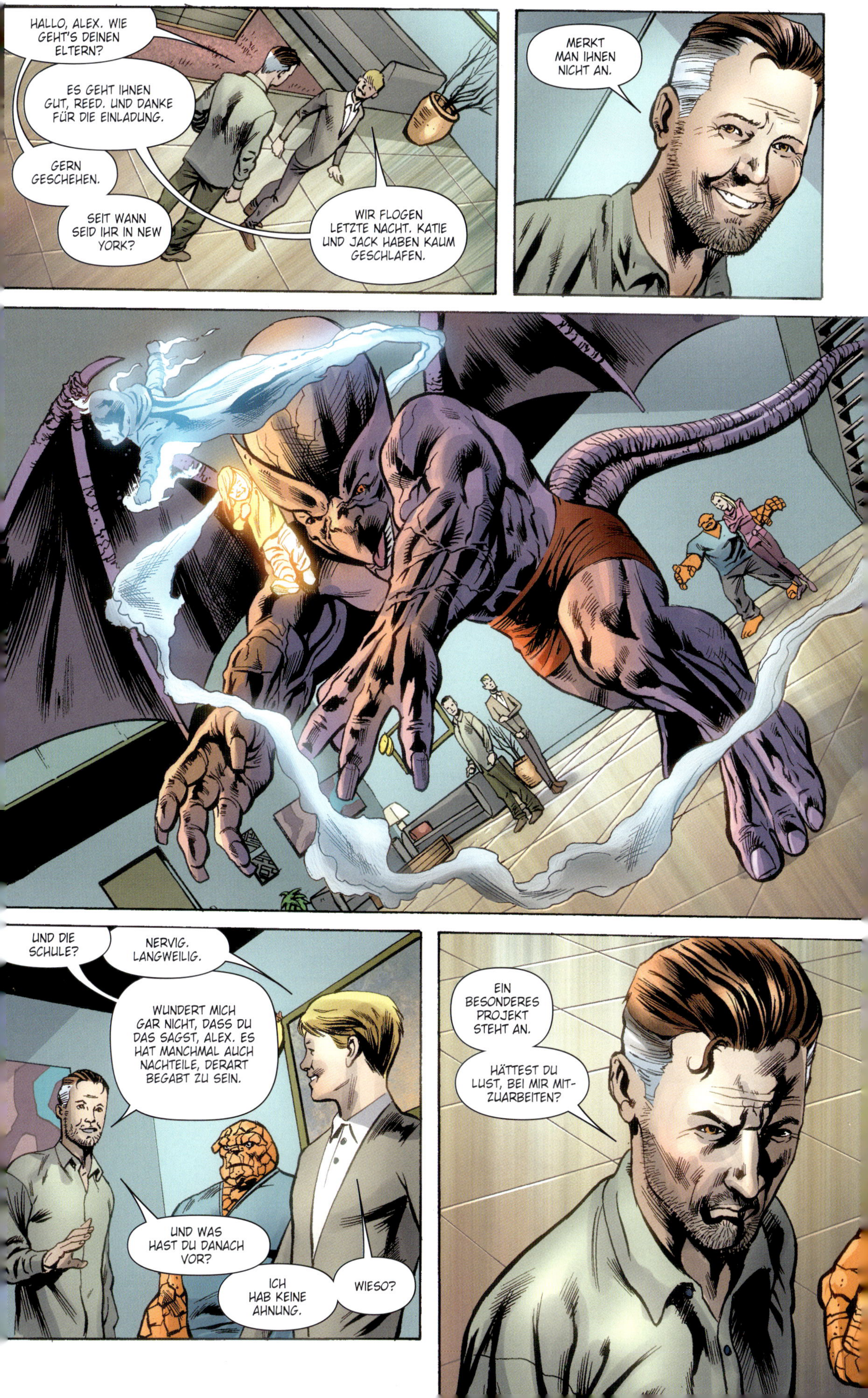

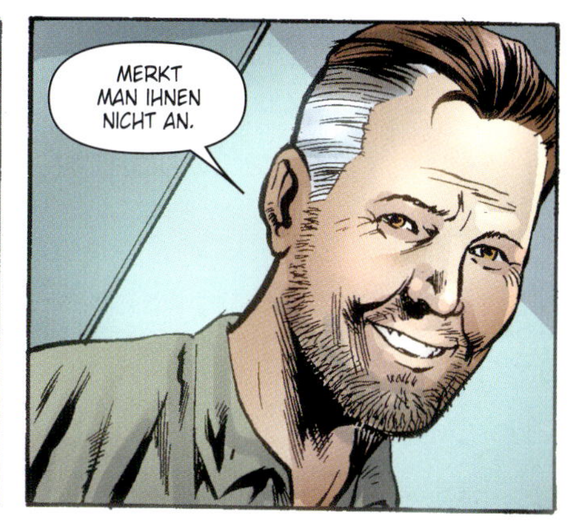
MERKT MAN IHNEN NICHT AN.

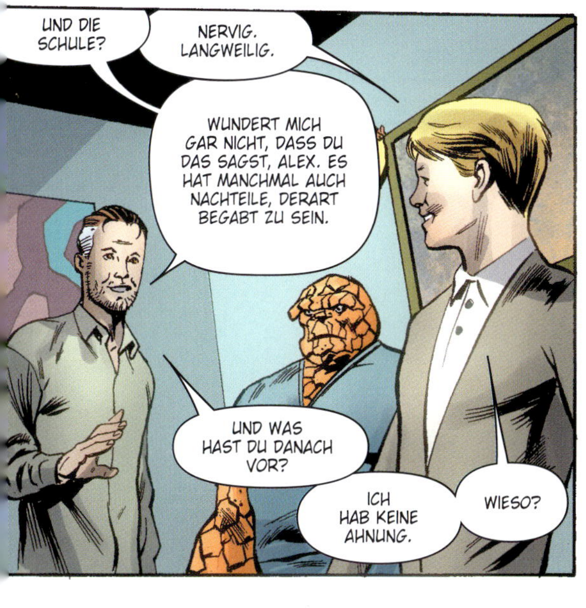
UND DIE SCHULE?
NERVIG. LANGWEILIG.
WUNDERT MICH GAR NICHT, DASS DU DAS SAGST, ALEX. ES HAT MANCHMAL AUCH NACHTEILE, DERART BEGABT ZU SEIN.
UND WAS HAST DU DANACH VOR?
ICH HAB KEINE AHNUNG.
WIESO?

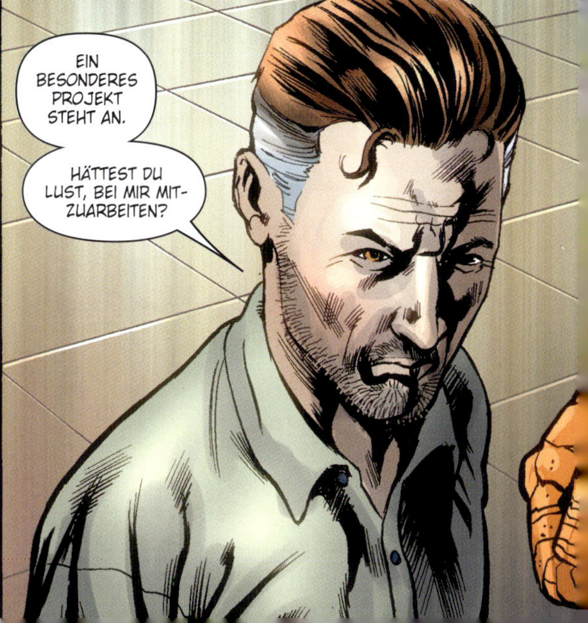
EIN BESONDERES PROJEKT STEHT AN.
HÄTTEST DU LUST, BEI MIR MIT-ZUARBEITEN?

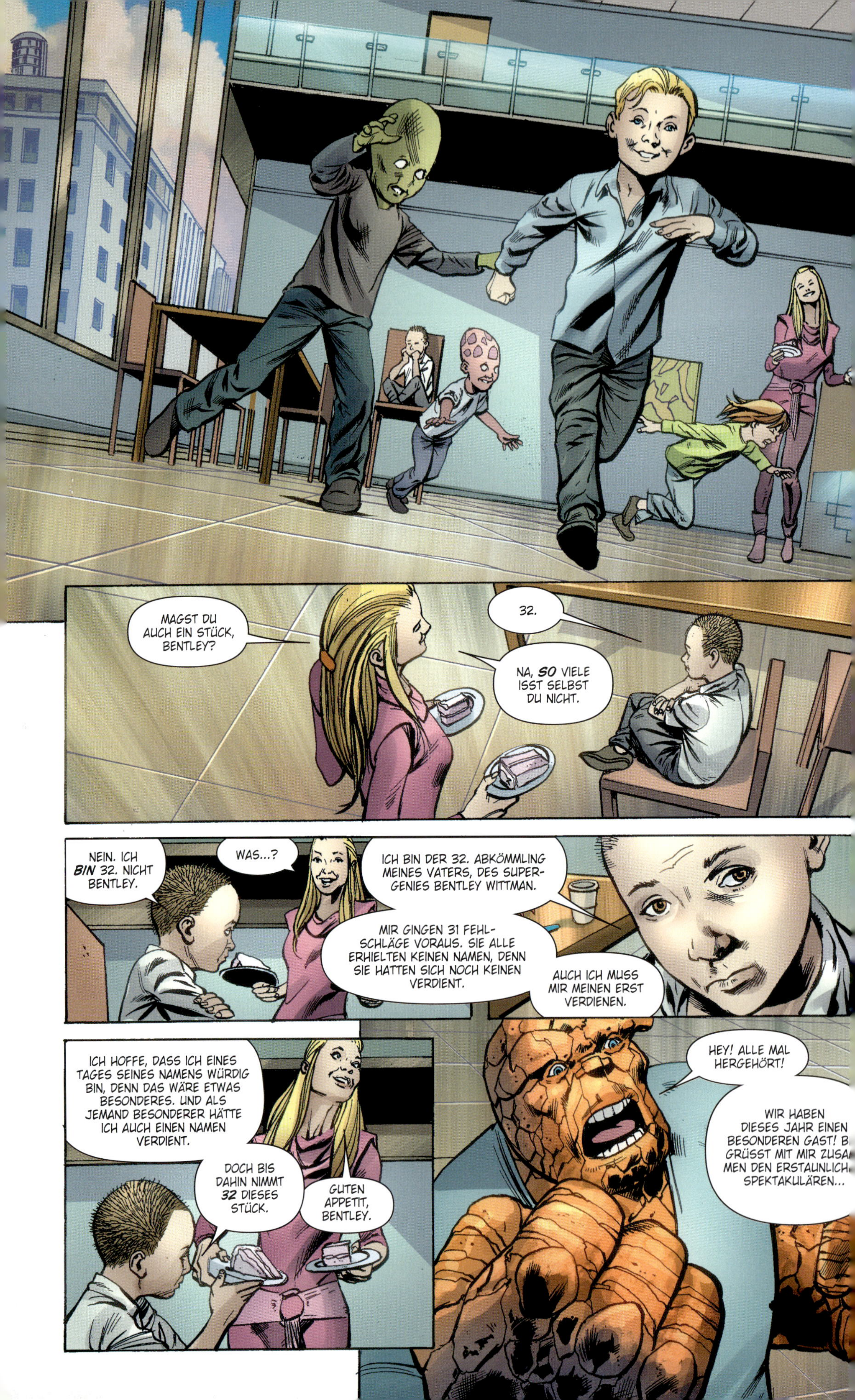
MAGST DU AUCH EIN STÜCK, BENTLEY?
32.
NA, SO VIELE ISST SELBST DU NICHT.
NEIN. ICH BIN 32. NICHT BENTLEY.
WAS...?
ICH BIN DER 32. ABKÖMMLING MEINES VATERS, DES SUPER-GENIES BENTLEY WITTMAN.
MIR GINGEN 31 FEHL-SCHLÄGE VORAUS. SIE ALLE ERHIELTEN KEINEN NAMEN, DENN SIE HATTEN SICH NOCH KEINEN VERDIENT.
AUCH ICH MUSS MIR MEINEN ERST VERDIENEN.
ICH HOFFE, DASS ICH EINES TAGES SEINES NAMENS WÜRDIG BIN, DENN DAS WÄRE ETWAS BESONDERES. UND ALS JEMAND BESONDERER HÄTTE ICH AUCH EINEN NAMEN VERDIENT.
DOCH BIS DAHIN NIMMT 32 DIESES STÜCK.
GUTEN APPETIT, BENTLEY.
HEY! ALLE MAL HERGEHÖRT!
WIR HABEN DIESES JAHR EINEN BESONDEREN GAST! B GRÜSST MIT MIR ZUSA MEN DEN ERSTAUNLICH SPEKTAKULÄREN...

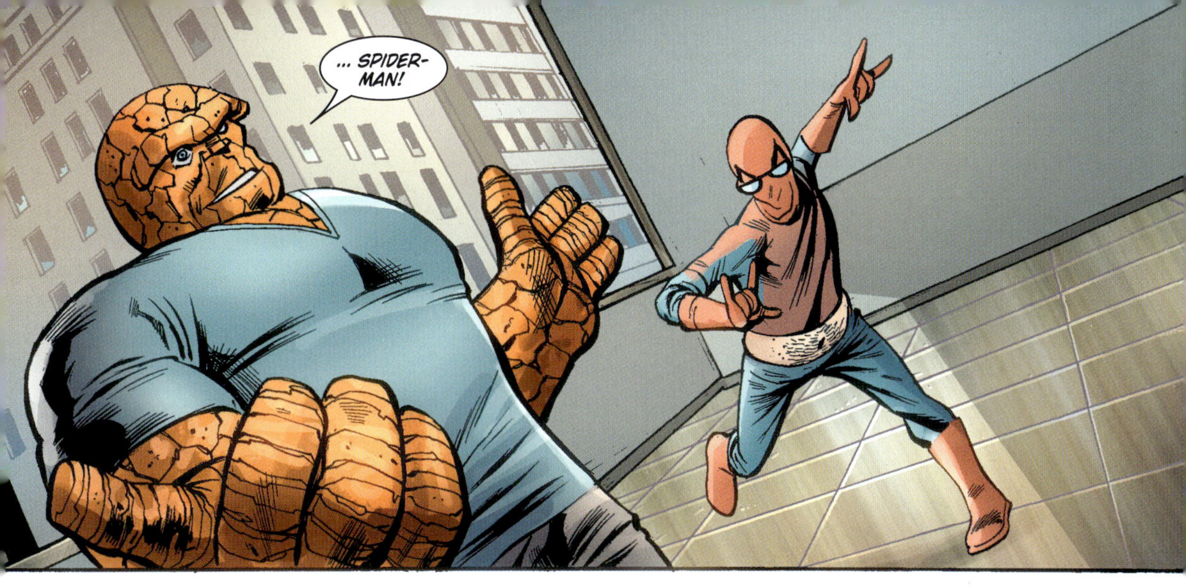
... SPIDER-MAN!

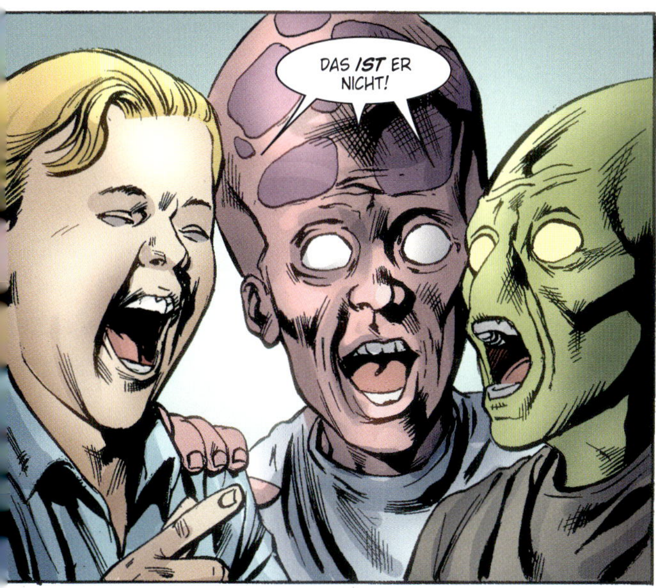
DAS *IST* ER NICHT!

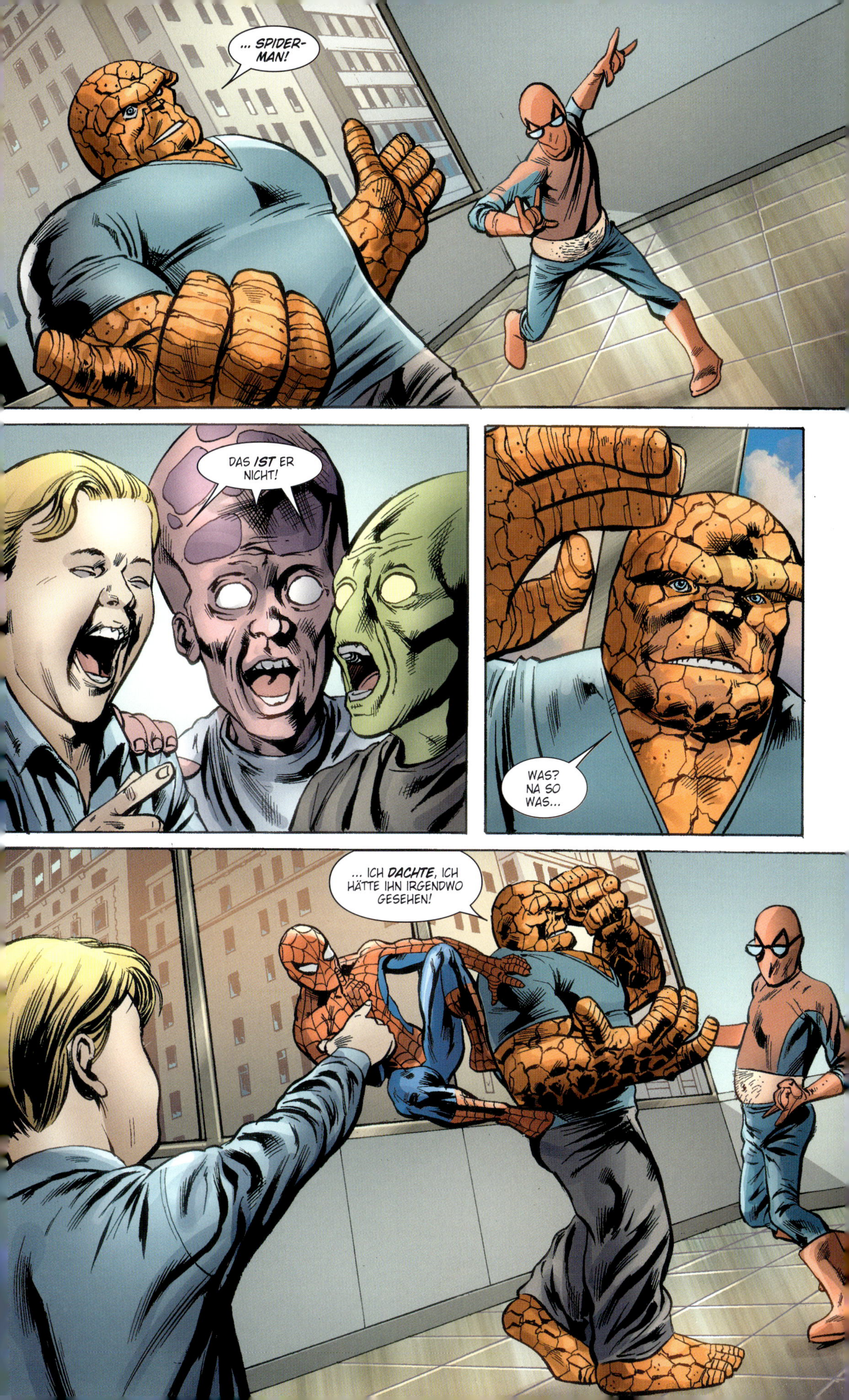

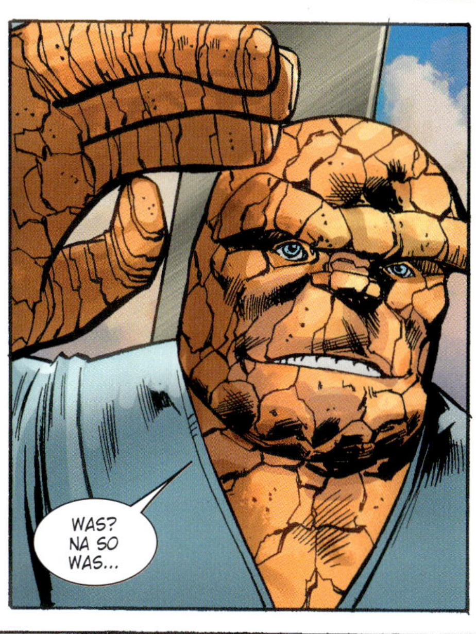
WAS? NA SO WAS...

... ICH *DACHTE*, ICH HÄTTE IHN IRGENDWO GESEHEN!

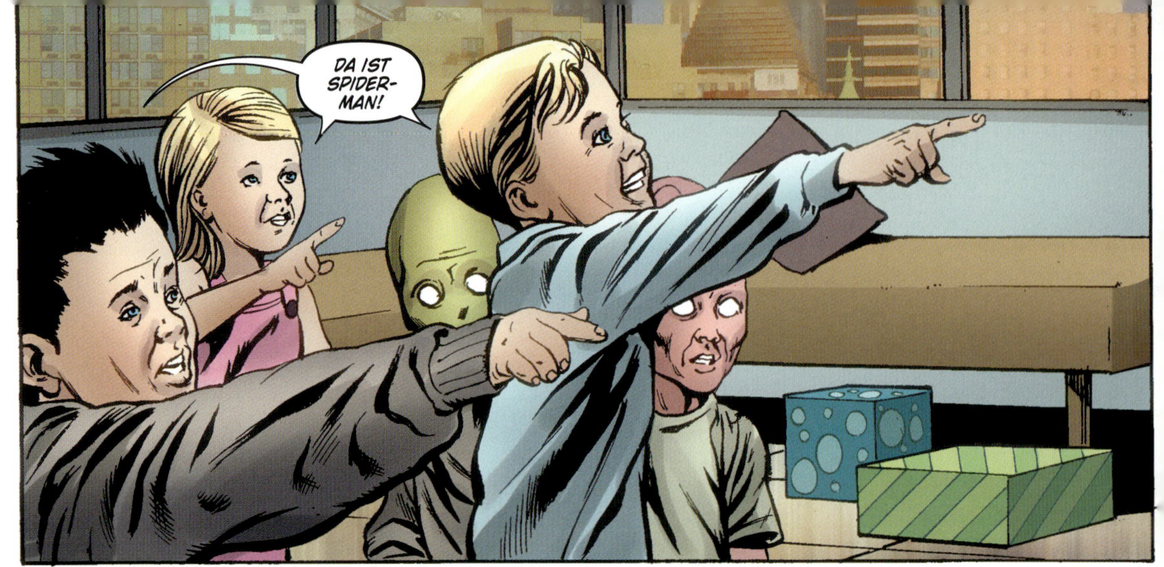
DA IST SPIDER-MAN!

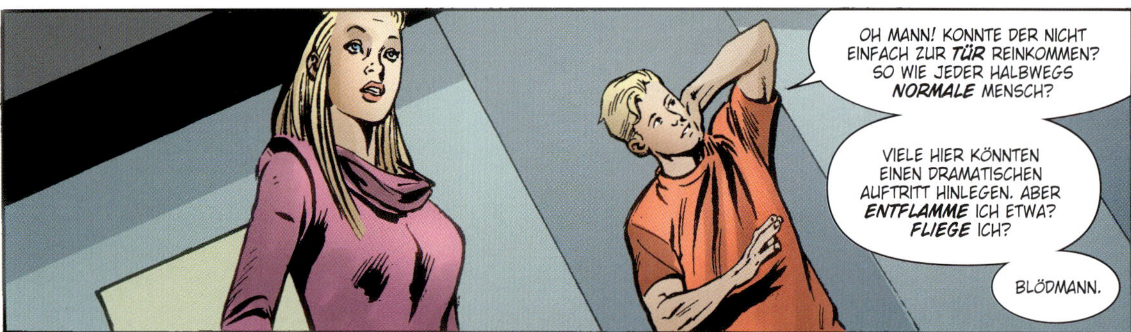
OH MANN! KONNTE DER NICHT EINFACH ZUR **TÜR** REINKOMMEN? SO WIE JEDER HALBWEGS **NORMALE** MENSCH?
VIELE HIER KÖNNTEN EINEN DRAMATISCHEN AUFTRITT HINLEGEN. ABER **ENTFLAMME** ICH ETWA? **FLIEGE** ICH?
BLÖDMANN.

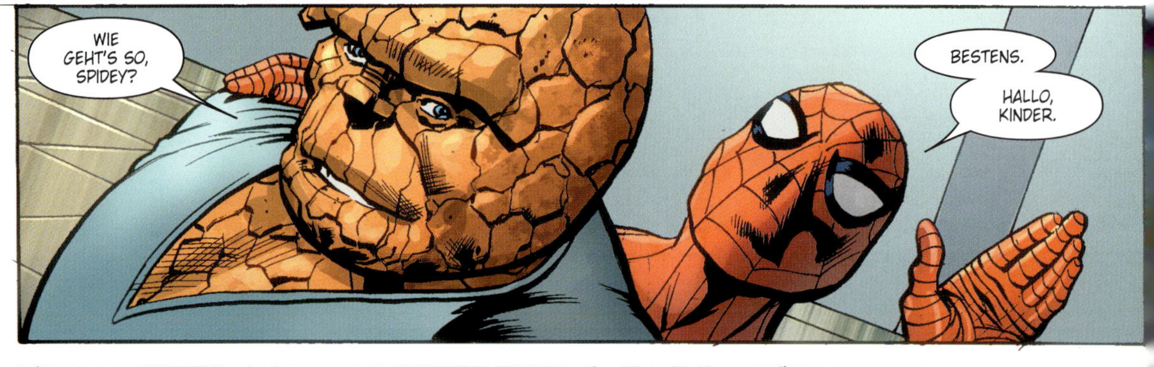
WIE GEHT'S SO, SPIDEY?
BESTENS.
HALLO, KINDER.

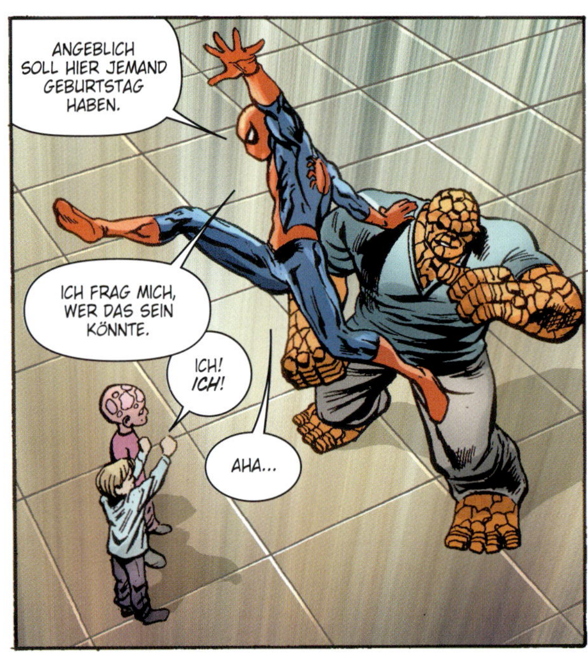
ANGEBLICH SOLL HIER JEMAND GEBURTSTAG HABEN.
ICH FRAG MICH, WER DAS SEIN KÖNNTE.
ICH! *ICH!*
AHA...

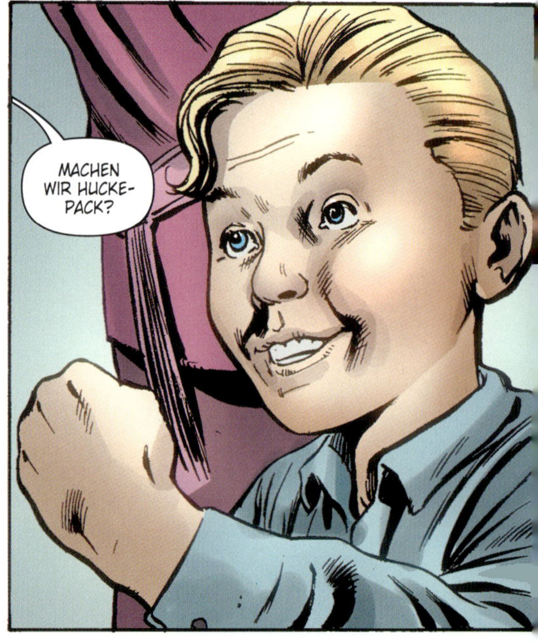
MACHEN WIR HUCKE-PACK?

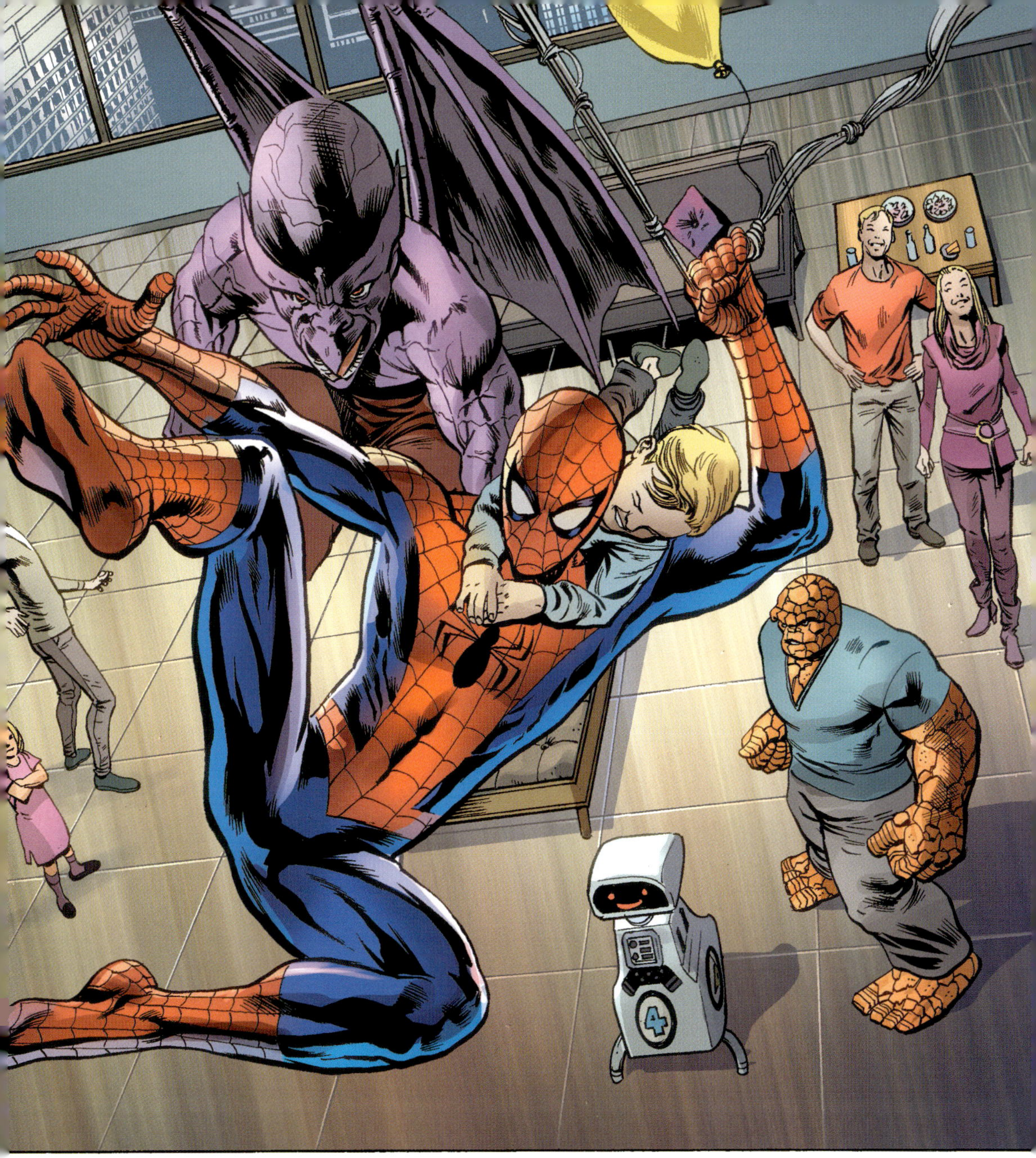

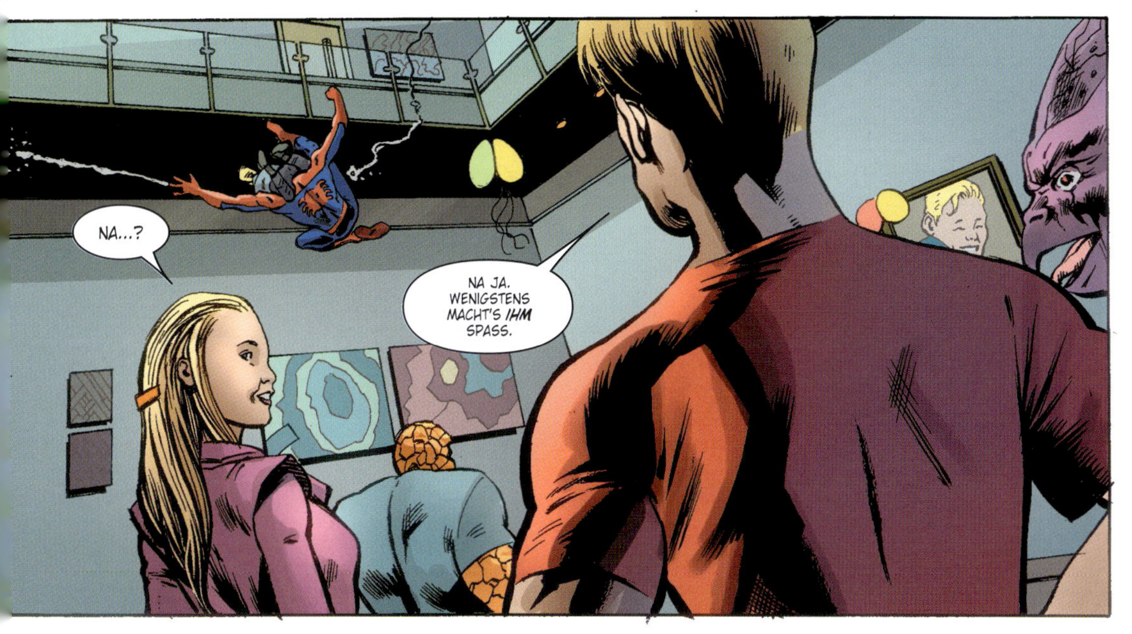
NA...?
NA JA. WENIGSTENS MACHT'S *IHM* SPASS.

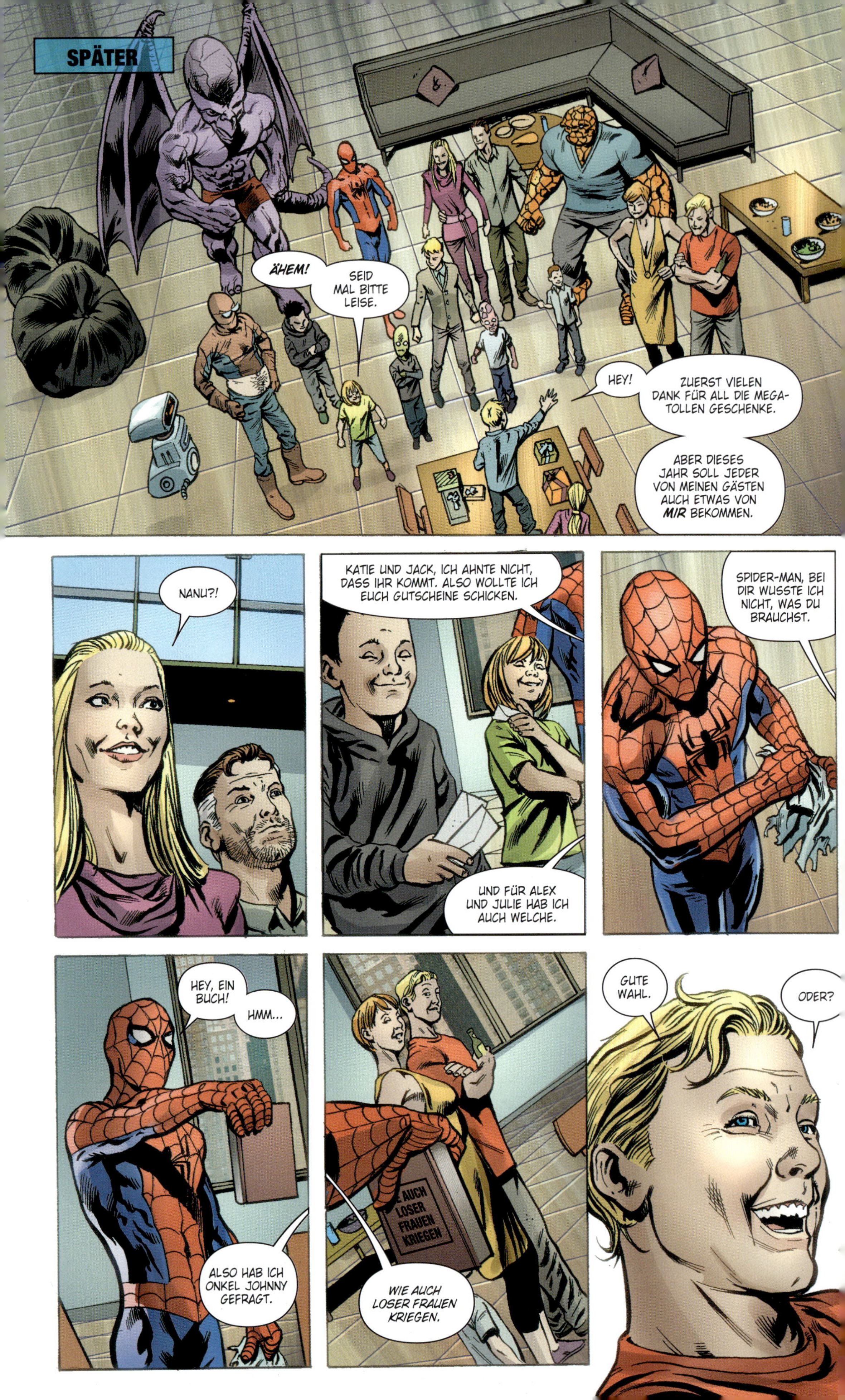

SPÄTER

ÄHEM!
SEID MAL BITTE LEISE.
HEY!
ZUERST VIELEN DANK FÜR ALL DIE MEGA-TOLLEN GESCHENKE.
ABER DIESES JAHR SOLL JEDER VON MEINEN GÄSTEN AUCH ETWAS VON *MIR* BEKOMMEN.

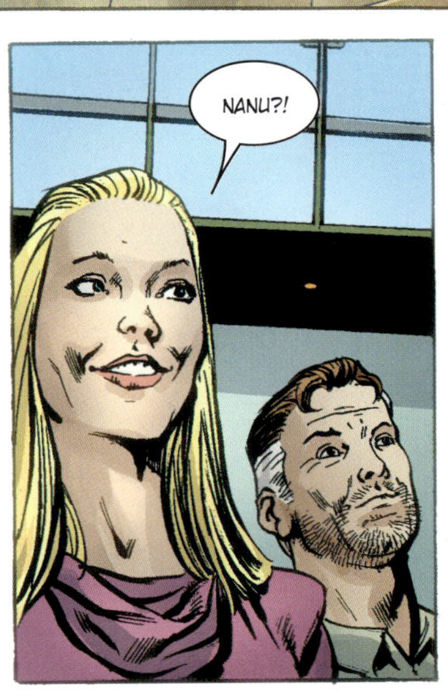

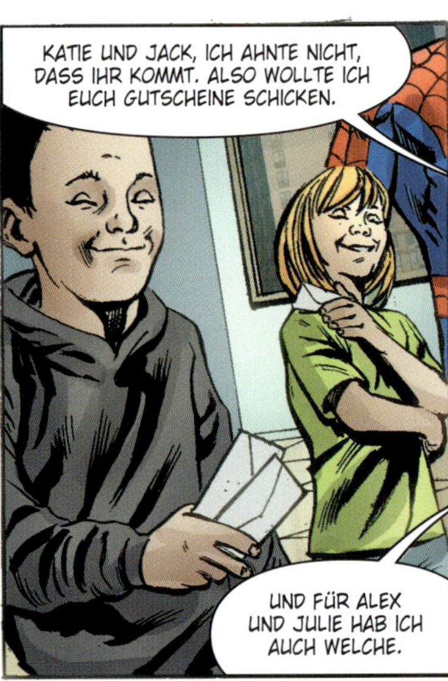

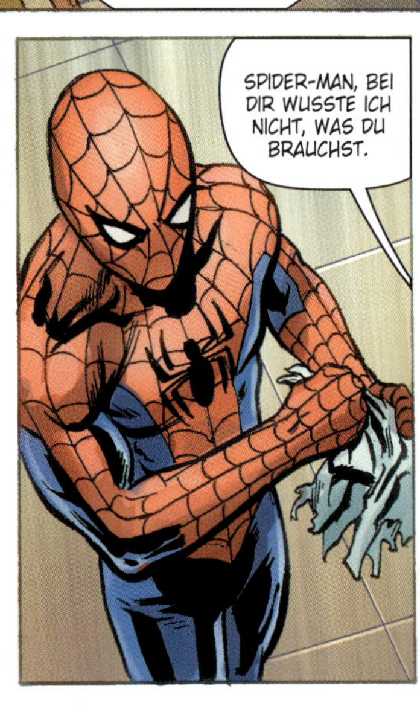

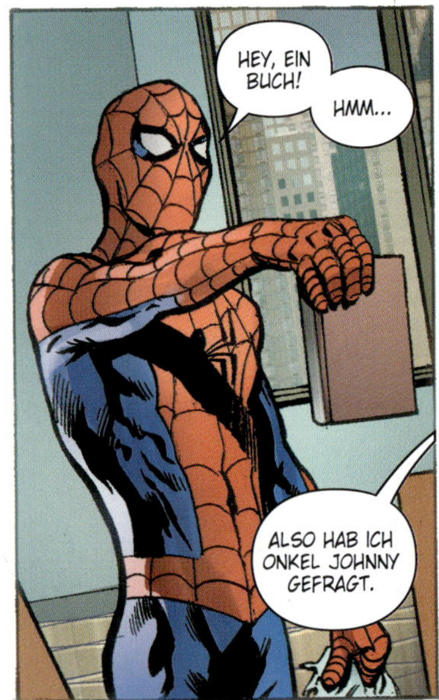

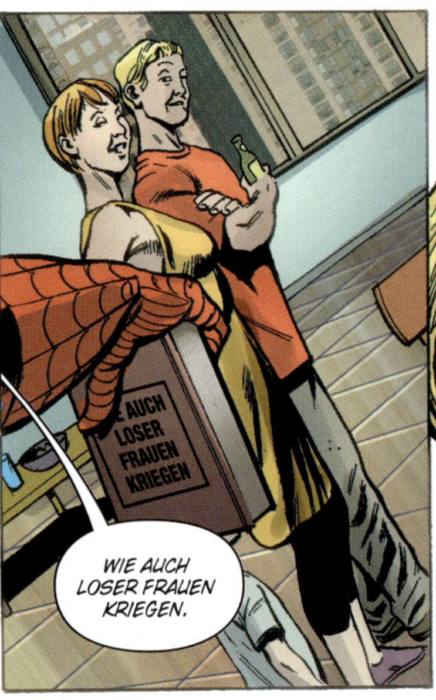

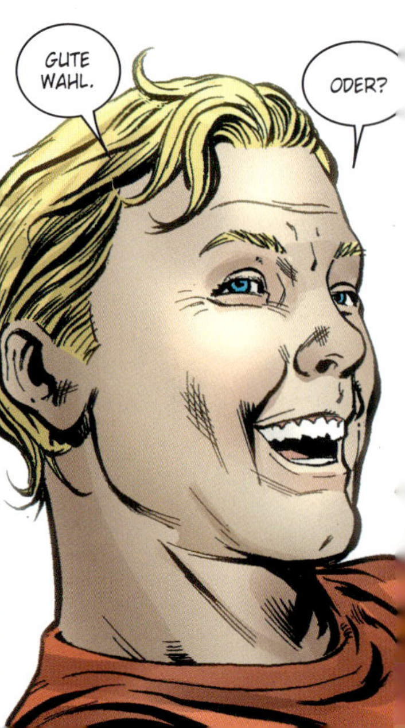

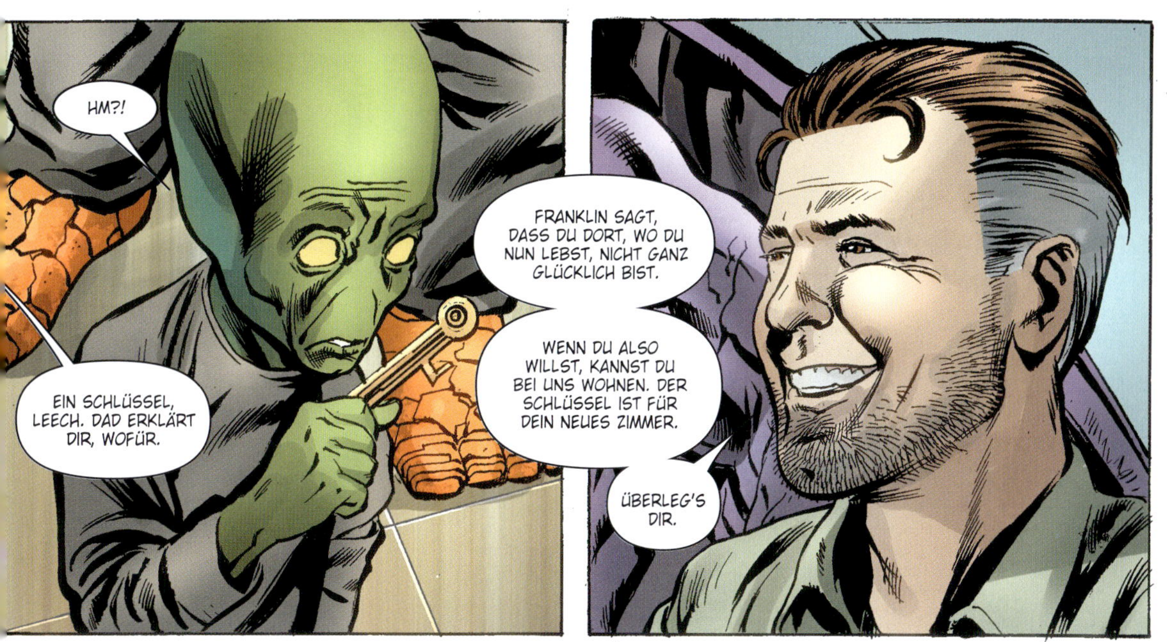
HM?!
EIN SCHLÜSSEL, LEECH. DAD ERKLÄRT DIR, WOFÜR.
FRANKLIN SAGT, DASS DU DORT, WO DU NUN LEBST, NICHT GANZ GLÜCKLICH BIST.
WENN DU ALSO WILLST, KANNST DU BEI UNS WOHNEN. DER SCHLÜSSEL IST FÜR DEIN NEUES ZIMMER.
ÜBERLEG'S DIR.

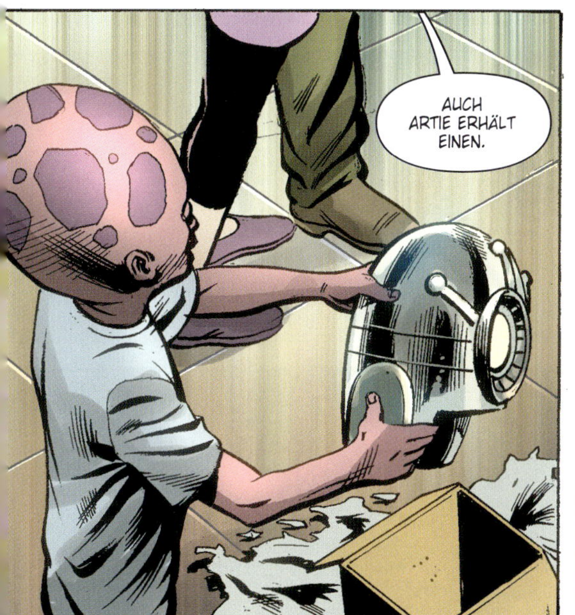
AUCH ARTIE ERHÄLT EINEN.

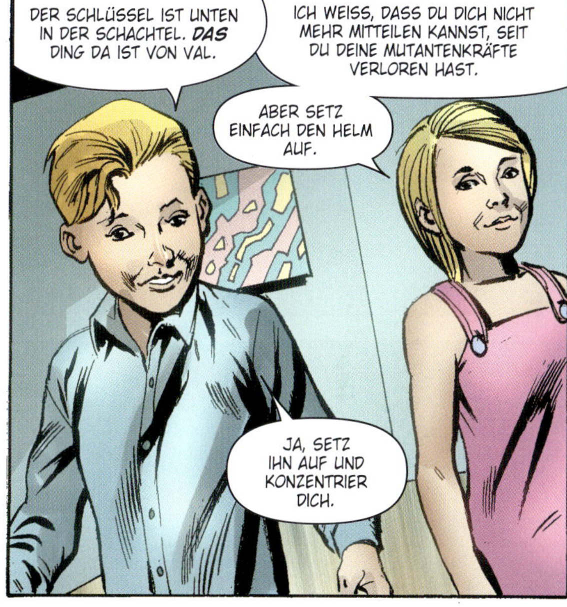
DER SCHLÜSSEL IST UNTEN IN DER SCHACHTEL. **DAS** DING DA IST VON VAL.
ICH WEISS, DASS DU DICH NICHT MEHR MITTEILEN KANNST, SEIT DU DEINE MUTANTENKRÄFTE VERLOREN HAST.
ABER SETZ EINFACH DEN HELM AUF.
JA, SETZ IHN AUF UND KONZENTRIER DICH.

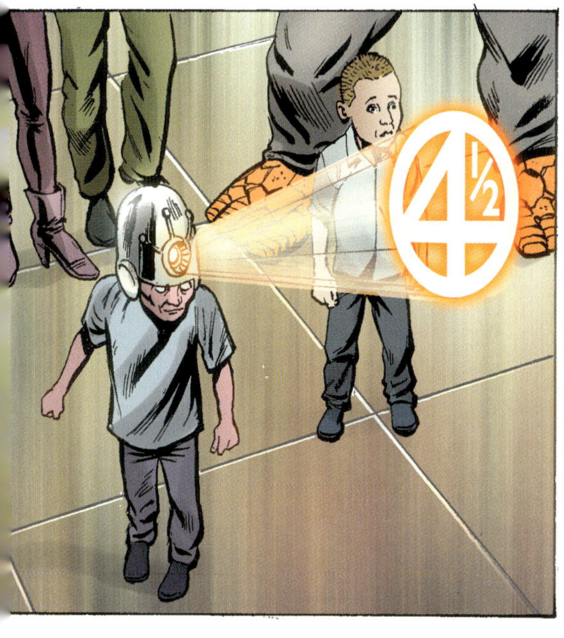
4 1/2

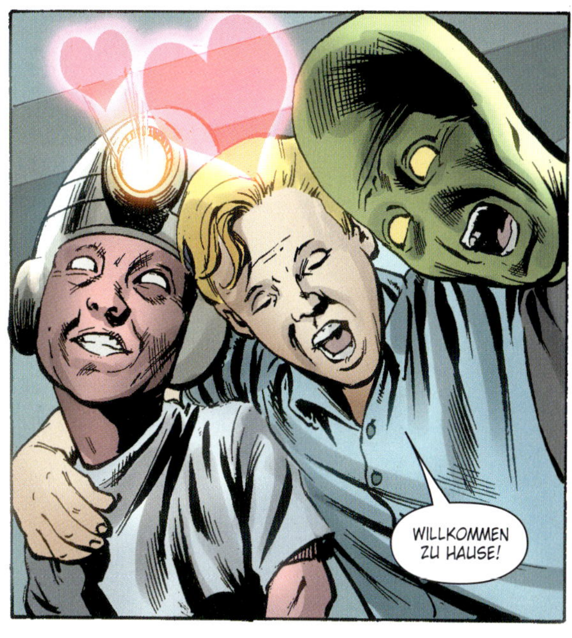
WILLKOMMEN ZU HAUSE!

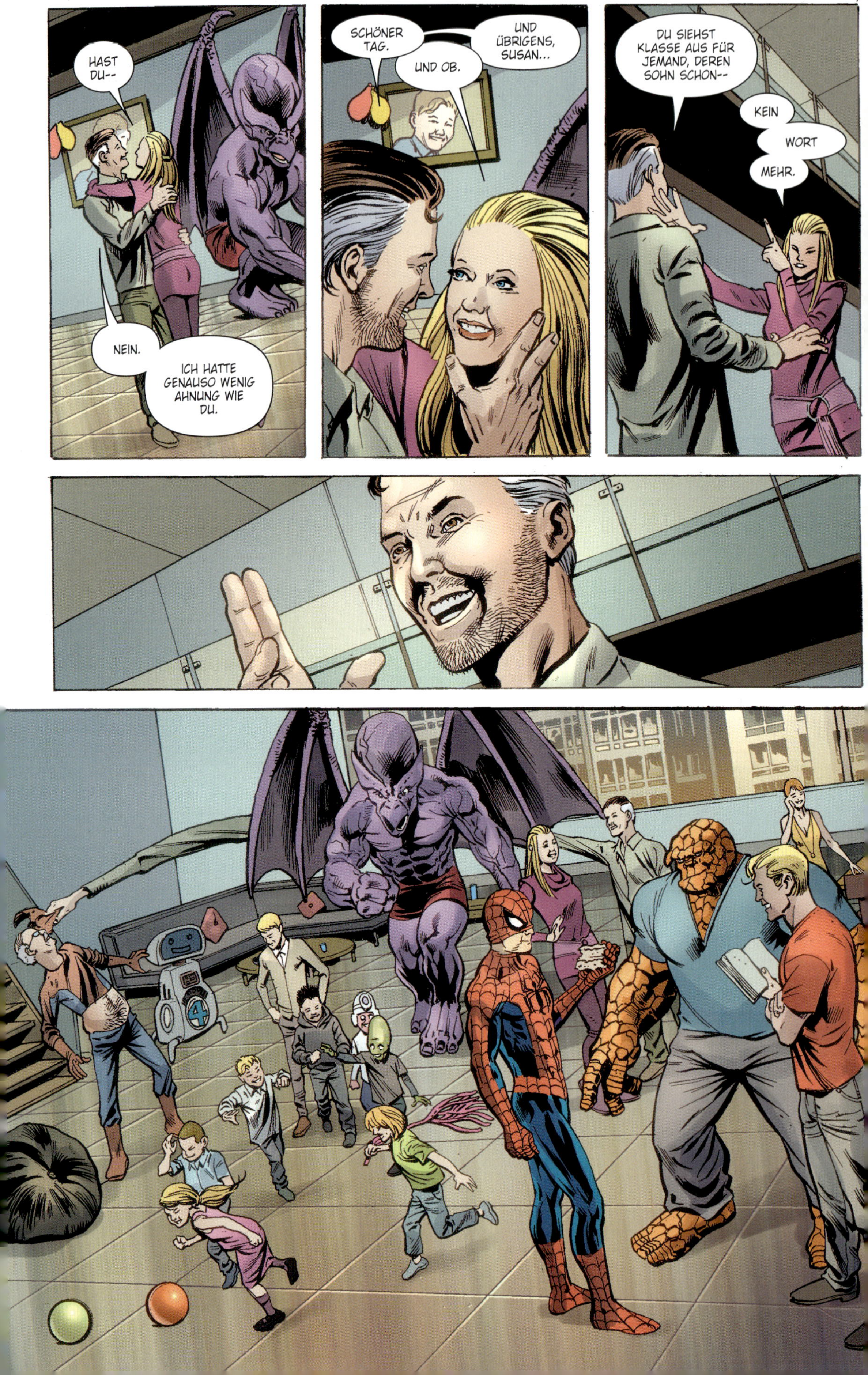

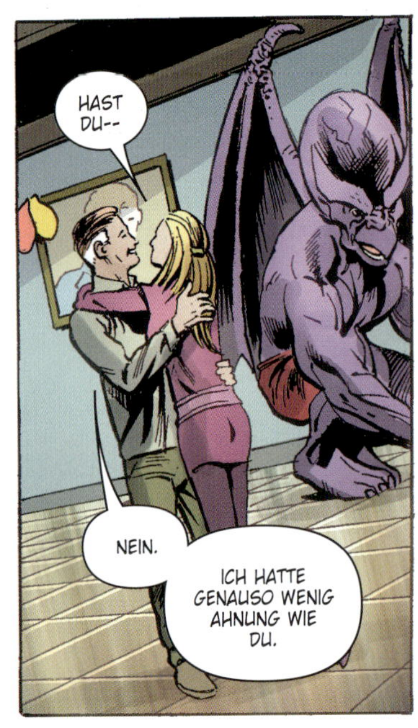
HAST DU--
NEIN.
ICH HATTE GENAUSO WENIG AHNUNG WIE DU.

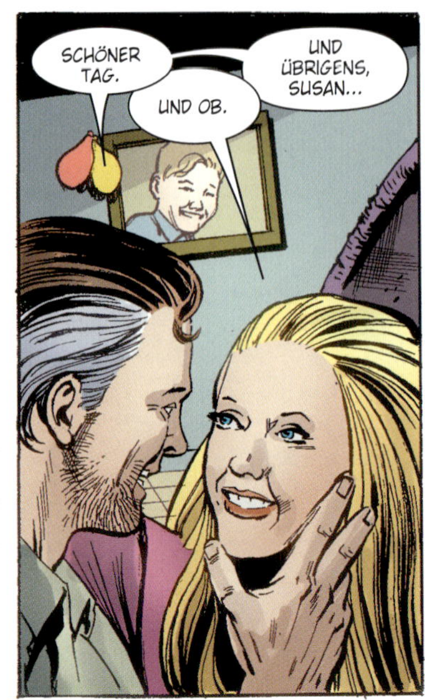
SCHÖNER TAG.
UND OB.
UND ÜBRIGENS, SUSAN...

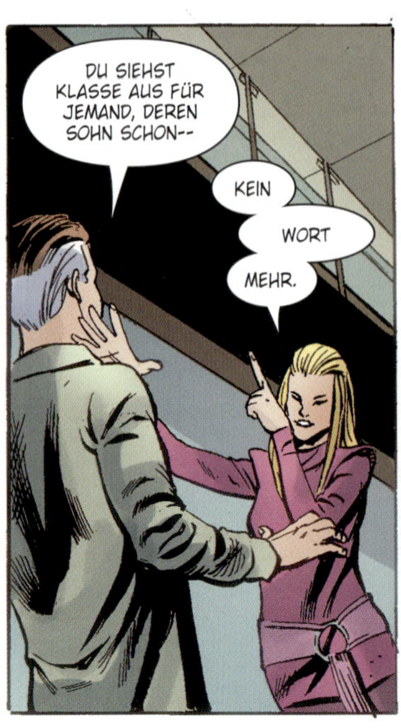
DU SIEHST KLASSE AUS FÜR JEMAND, DEREN SOHN SCHON--
KEIN
WORT
MEHR.

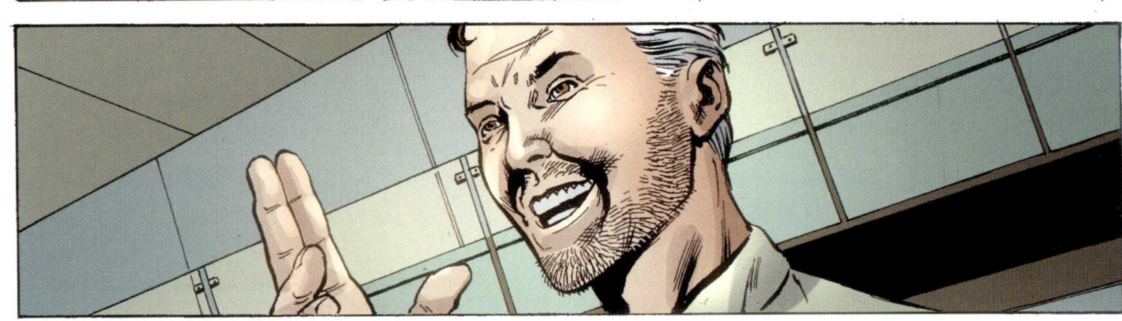

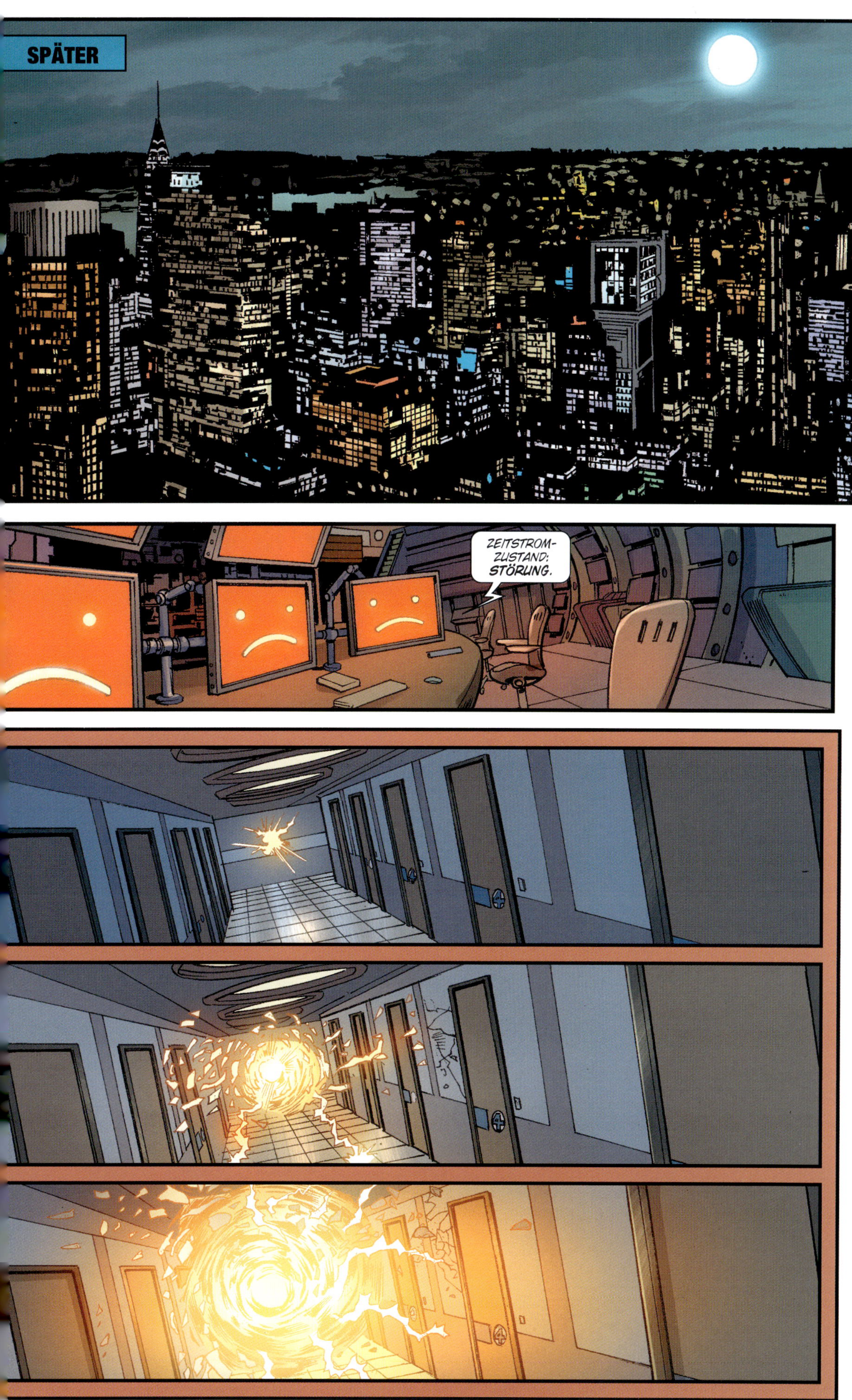
SPÄTER
ZEITSTROM-
ZUSTAND:
STÖRUNG.

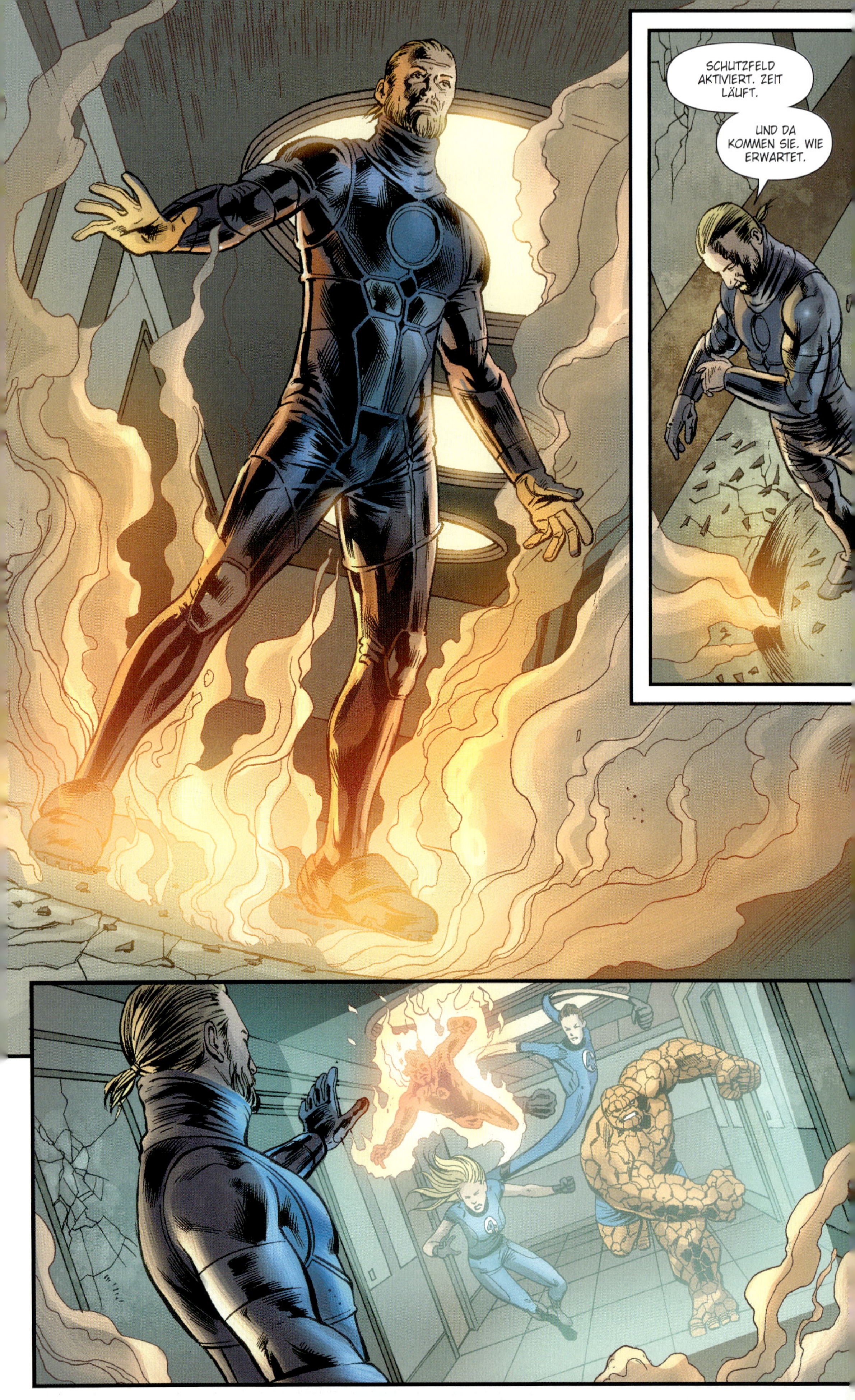
SCHUTZFELD AKTIVIERT. ZEIT LÄUFT.
UND DA KOMMEN SIE. WIE ERWARTET.

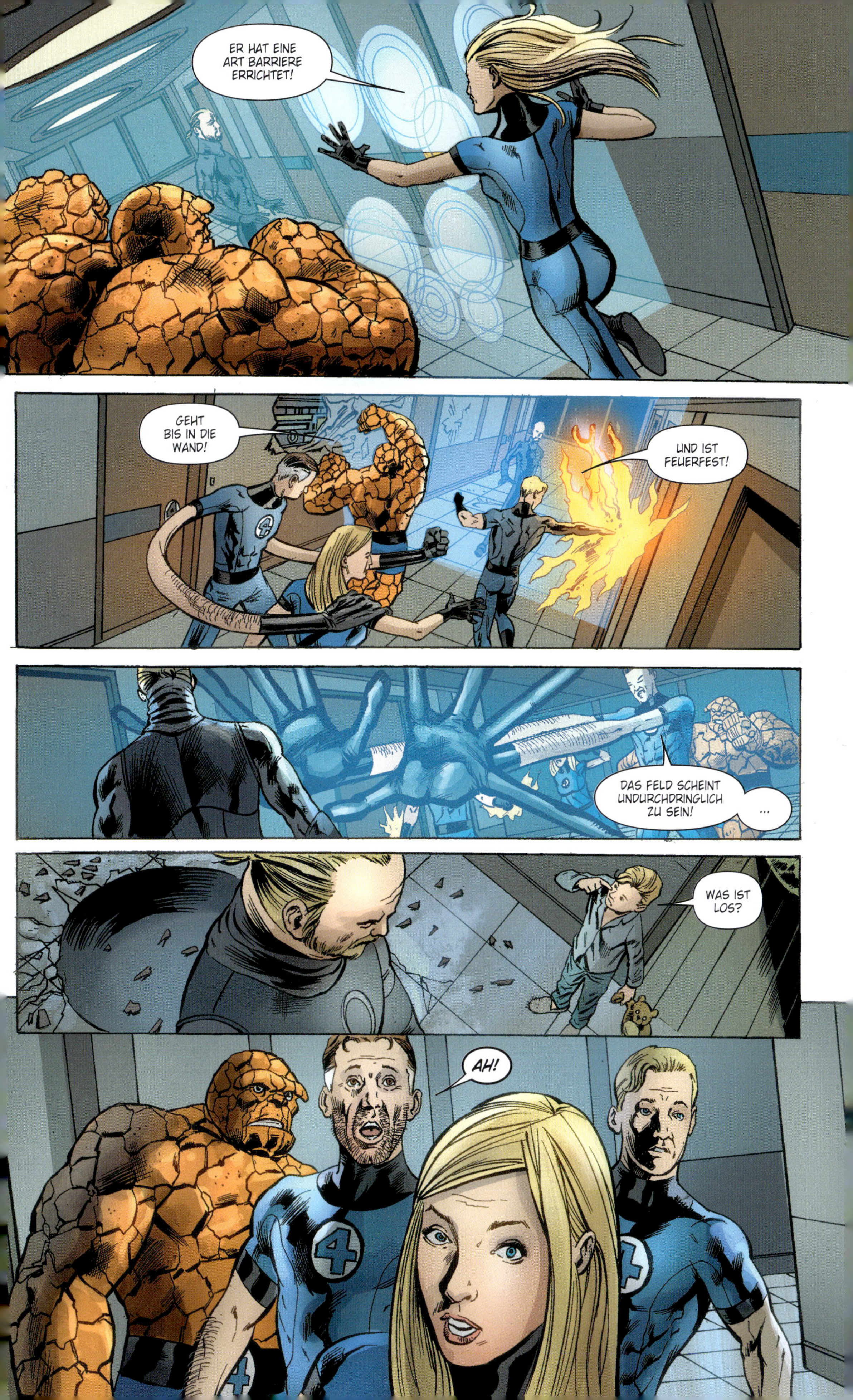

ER HAT EINE ART BARRIERE ERRICHTET!

GEHT BIS IN DIE WAND!

UND IST FEUERFEST!

DAS FELD SCHEINT UNDURCHDRINGLICH ZU SEIN!

...

WAS IST LOS?

AH!

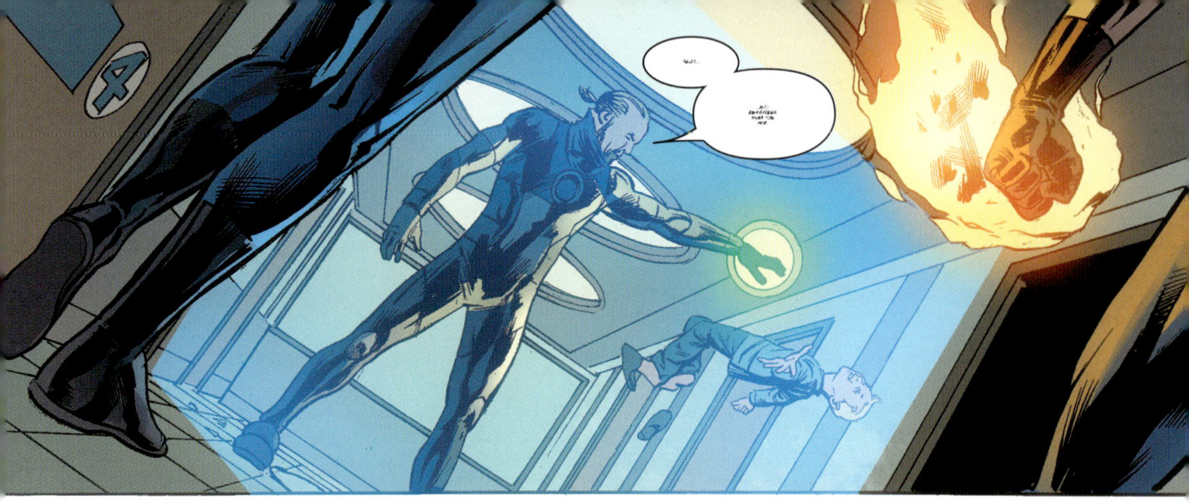

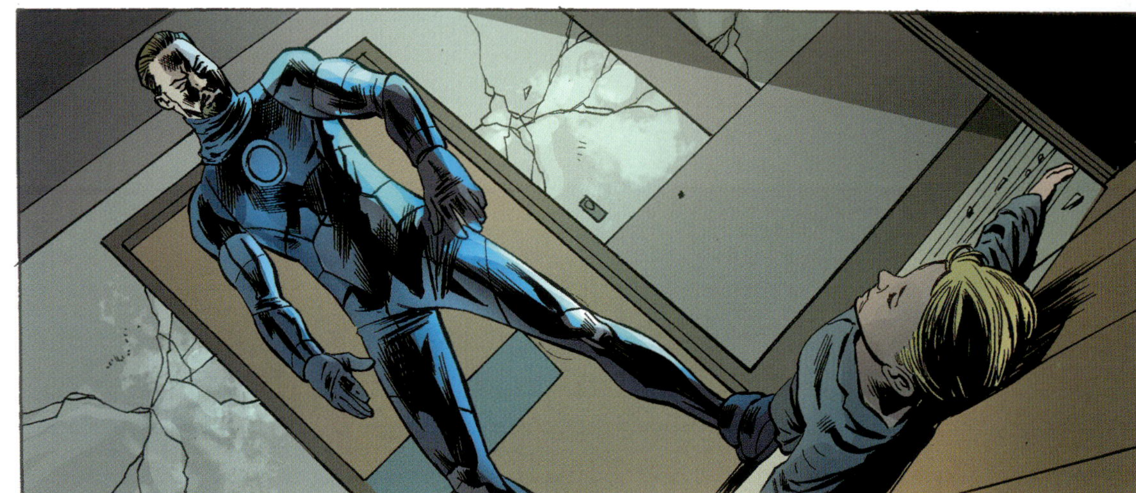

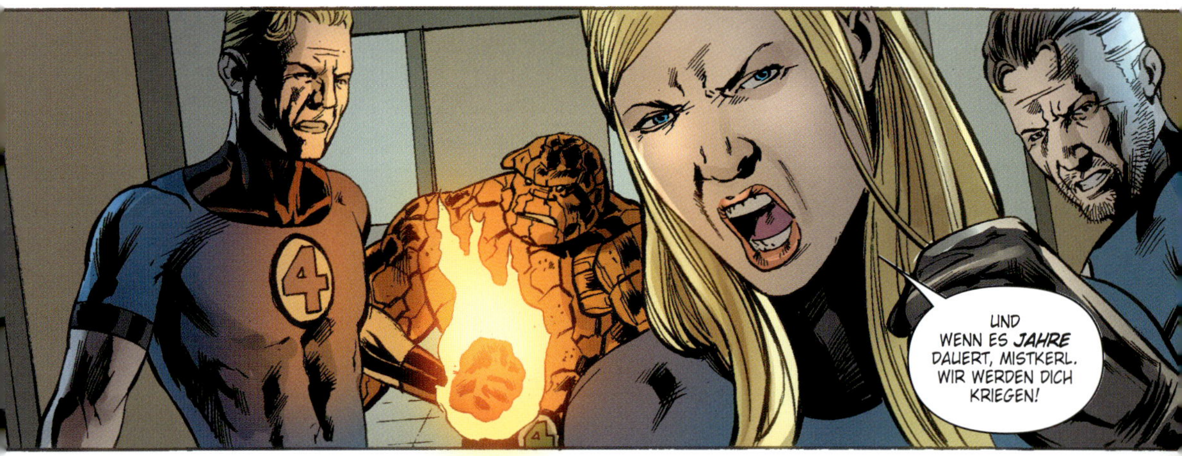

UND WENN ES *JAHRE* DAUERT, MISTKERL. WIR WERDEN DICH KRIEGEN!

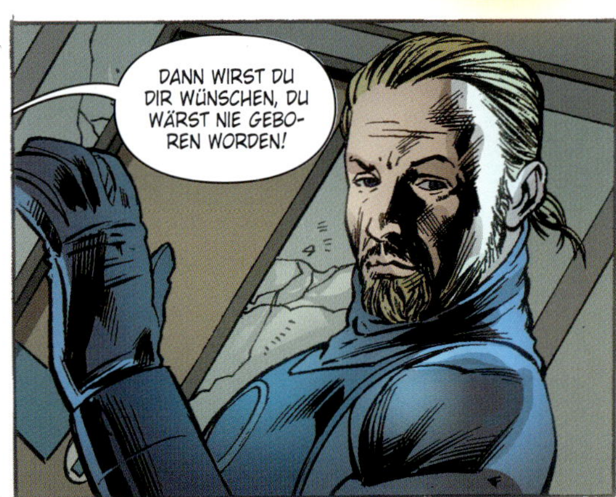

DANN WIRST DU DIR WÜNSCHEN, DU WÄRST NIE GEBOREN WORDEN!

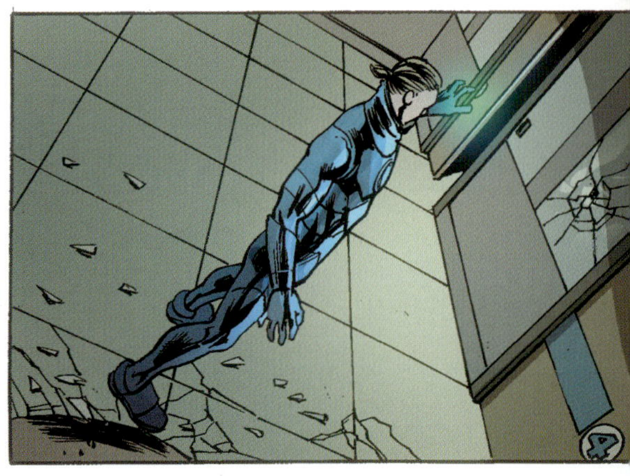

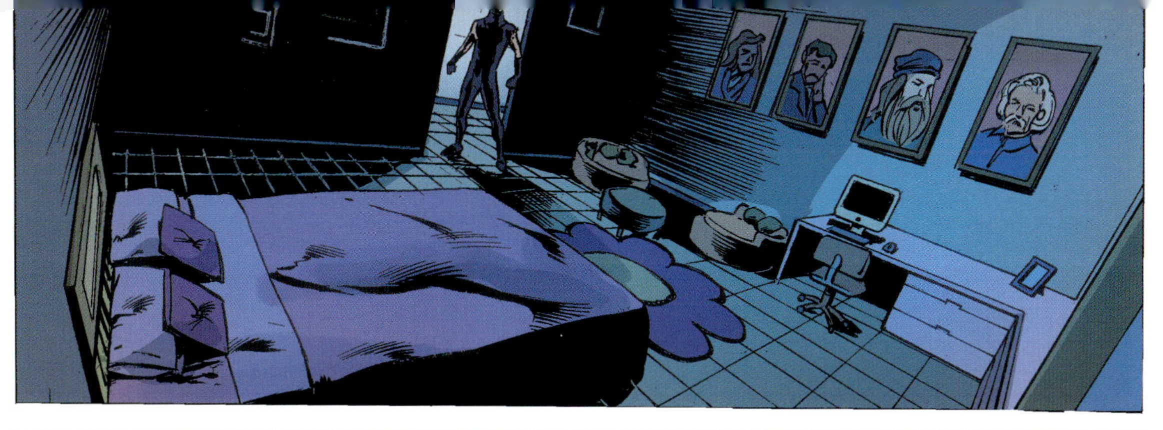
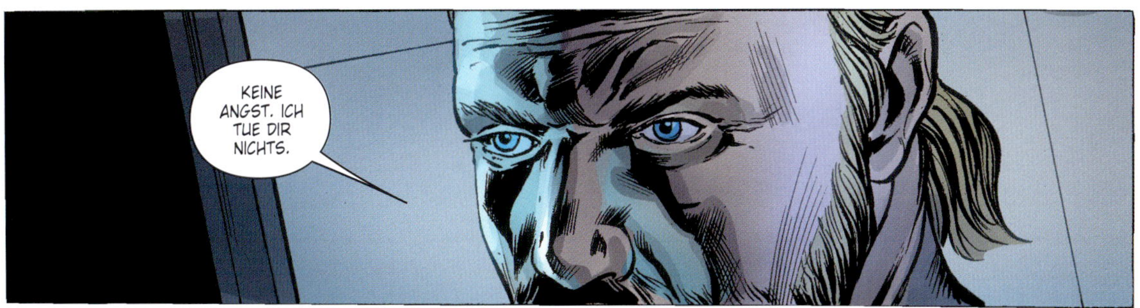
KEINE ANGST. ICH TUE DIR NICHTS.
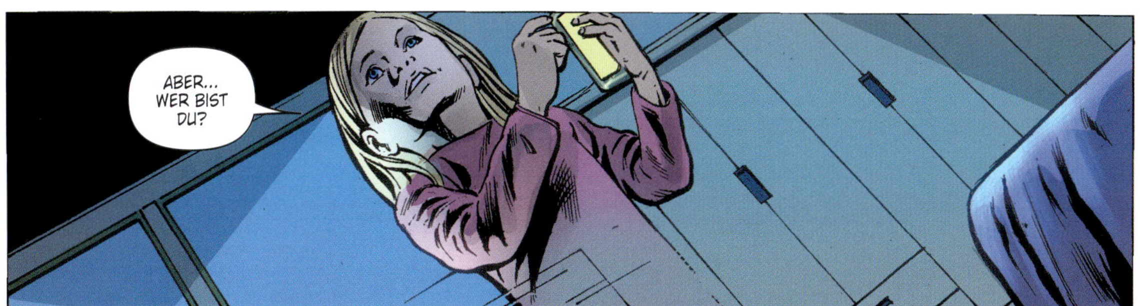
ABER... WER BIST DU?
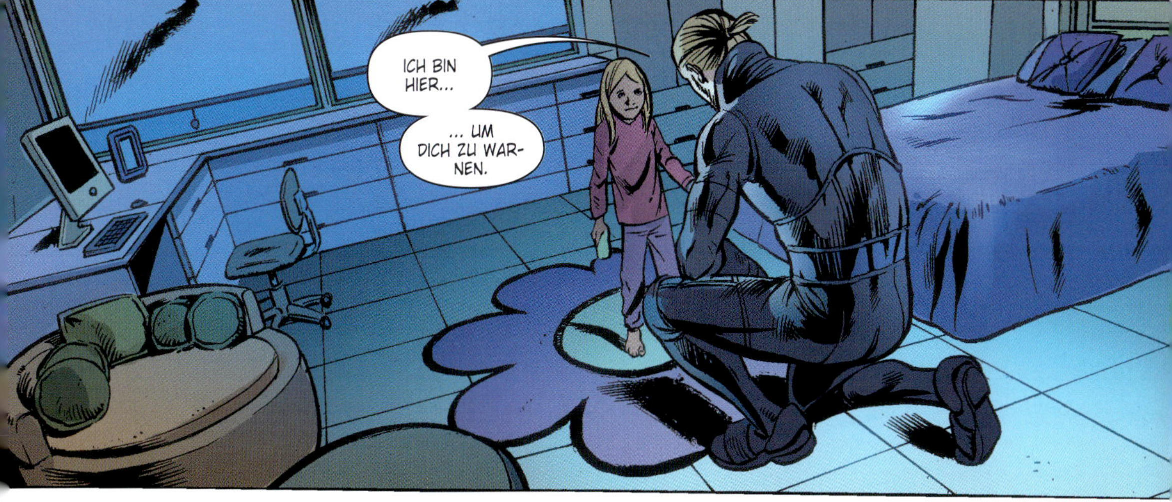
ICH BIN HIER...
... UM DICH ZU WAR-NEN.
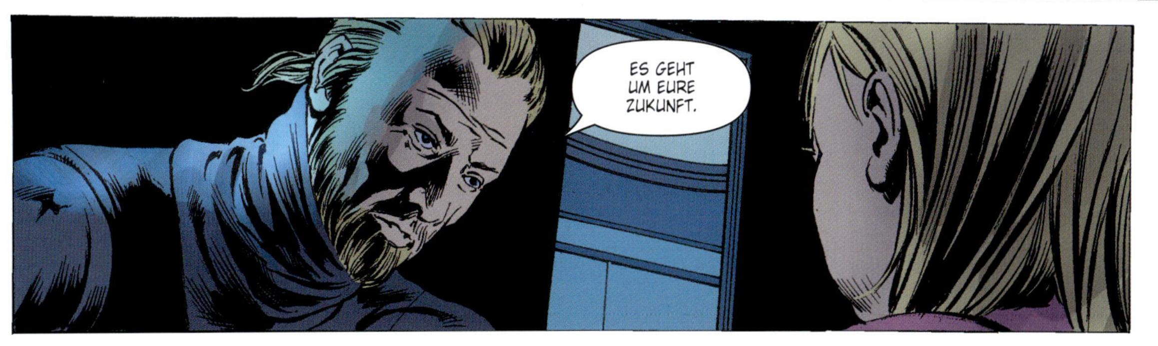
ES GEHT UM EURE ZUKUNFT.

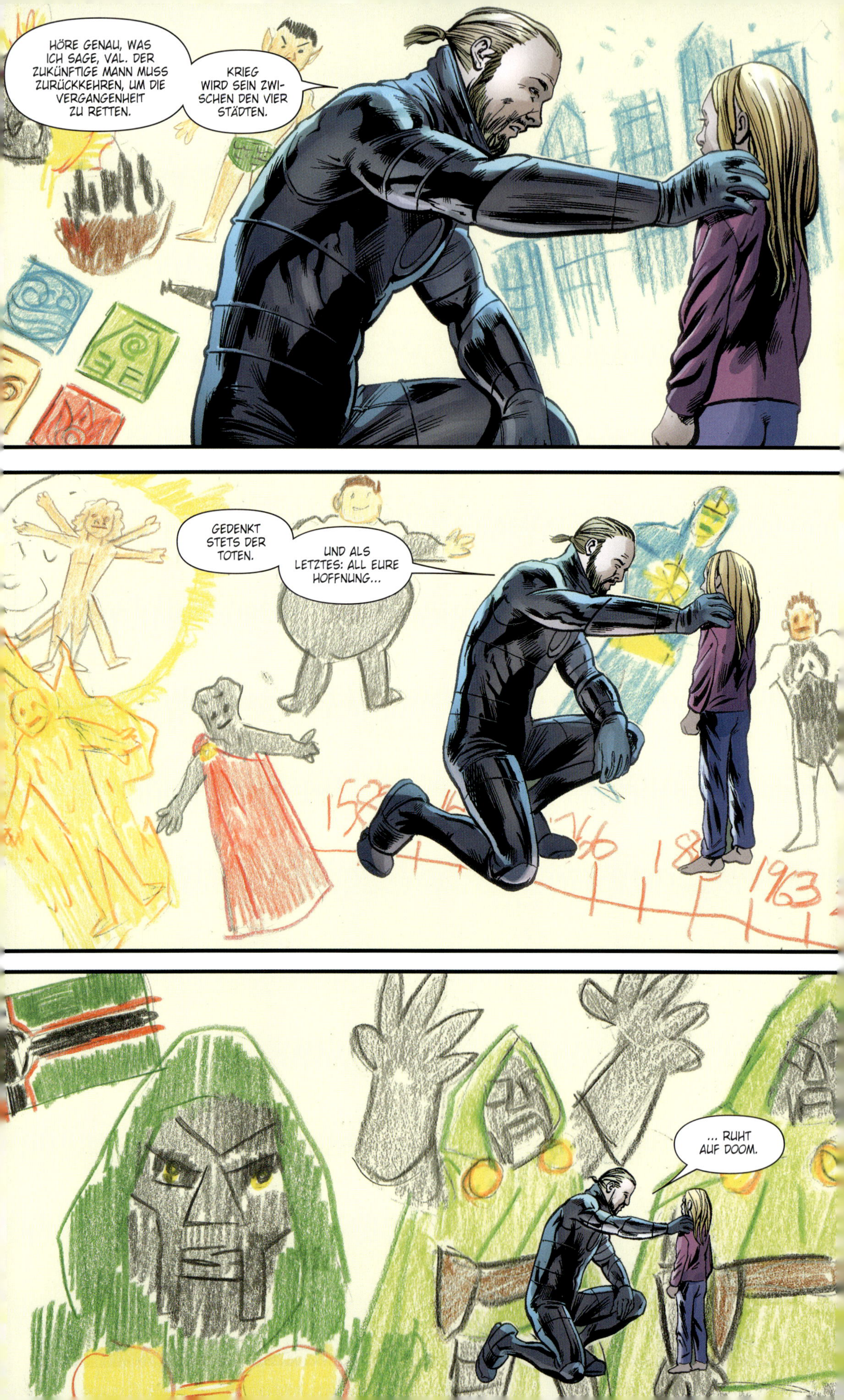

HÖRE GENAU, WAS ICH SAGE, VAL. DER ZUKÜNFTIGE MANN MUSS ZURÜCKKEHREN, UM DIE VERGANGENHEIT ZU RETTEN.

KRIEG WIRD SEIN ZWISCHEN DEN VIER STÄDTEN.

GEDENKT STETS DER TOTEN.

UND ALS LETZTES: ALL EURE HOFFNUNG...

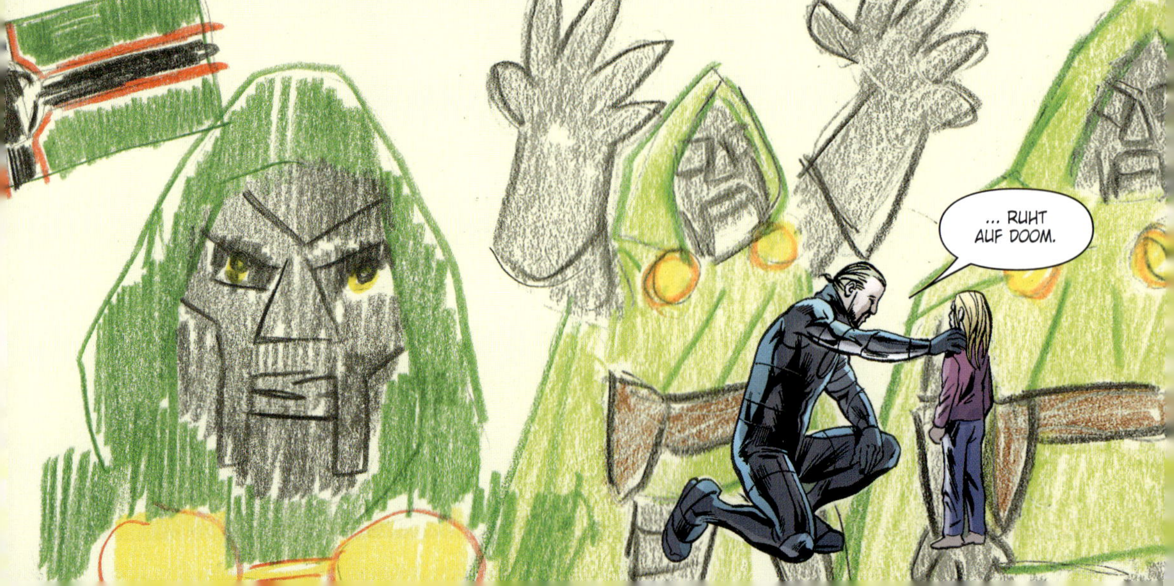

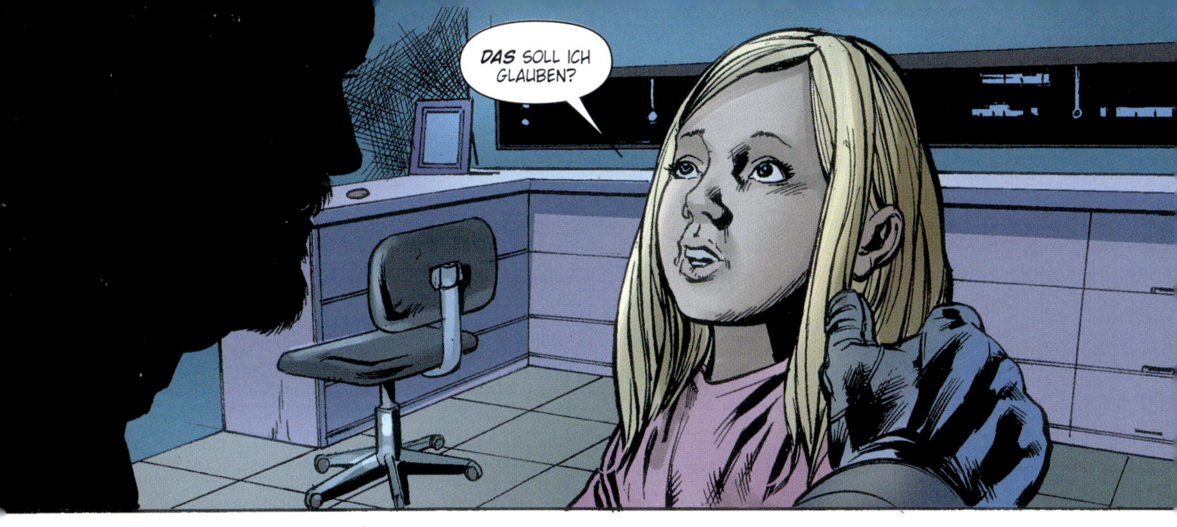
DAS SOLL ICH GLAUBEN?

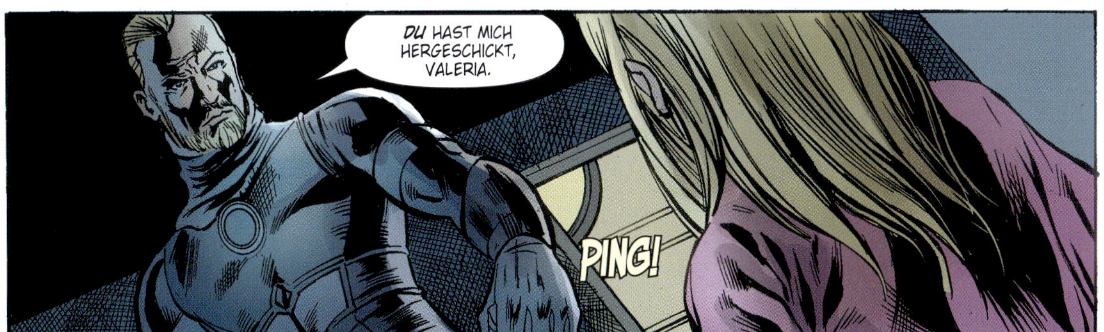
DU HAST MICH HERGESCHICKT, VALERIA.
PING!

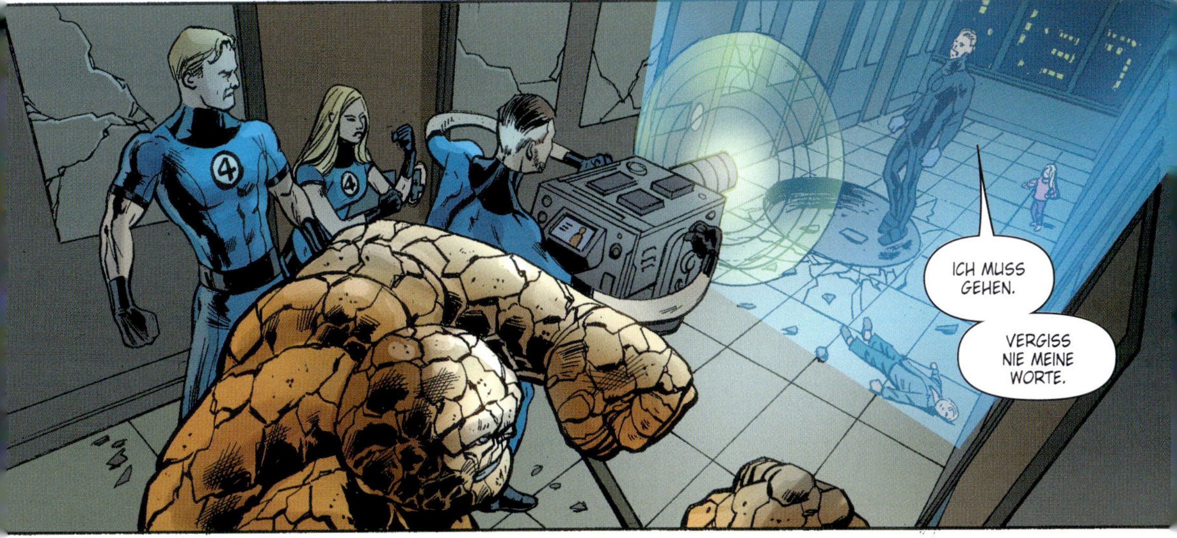
ICH MUSS GEHEN.
VERGISS NIE MEINE WORTE.

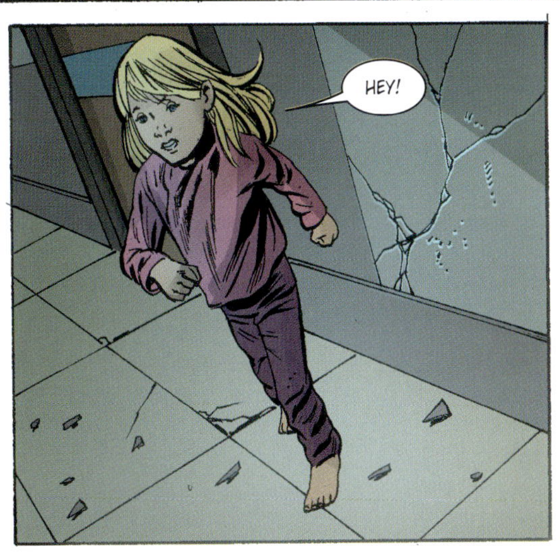
HEY!

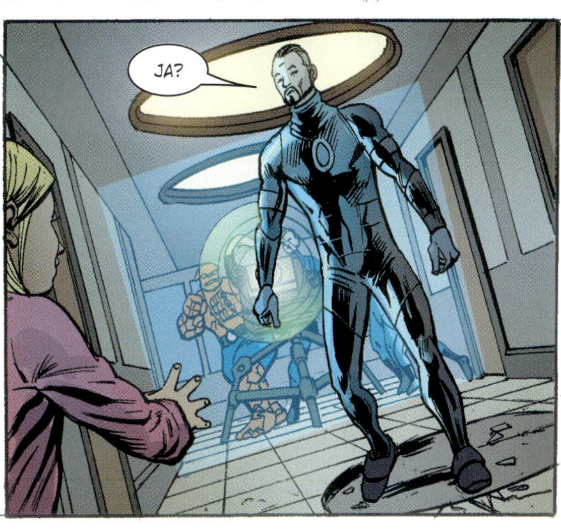
JA?

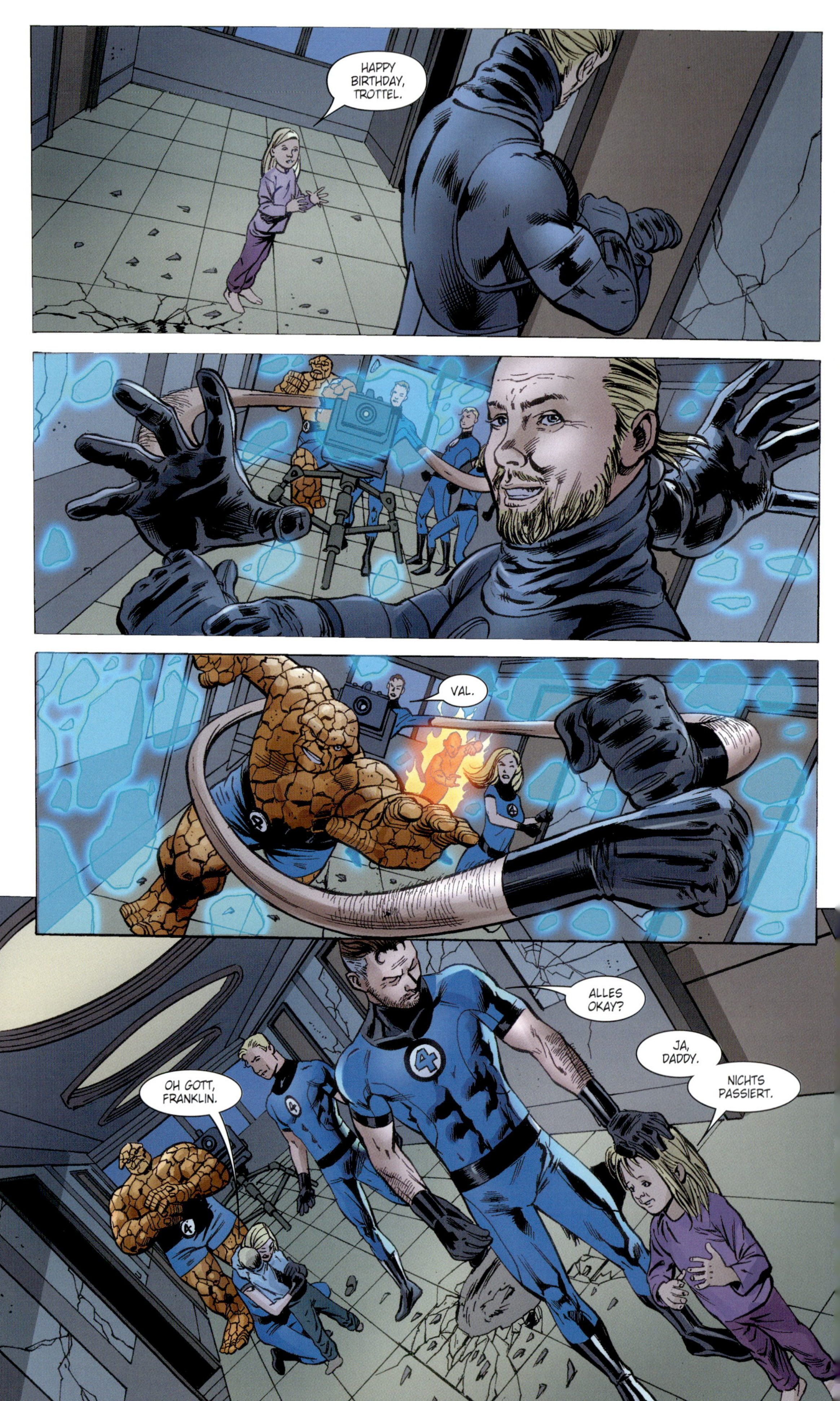
HAPPY BIRTHDAY, TROTTEL.
VAL.
ALLES OKAY?
JA, DADDY.
NICHTS PASSIERT.
OH GOTT, FRANKLIN.

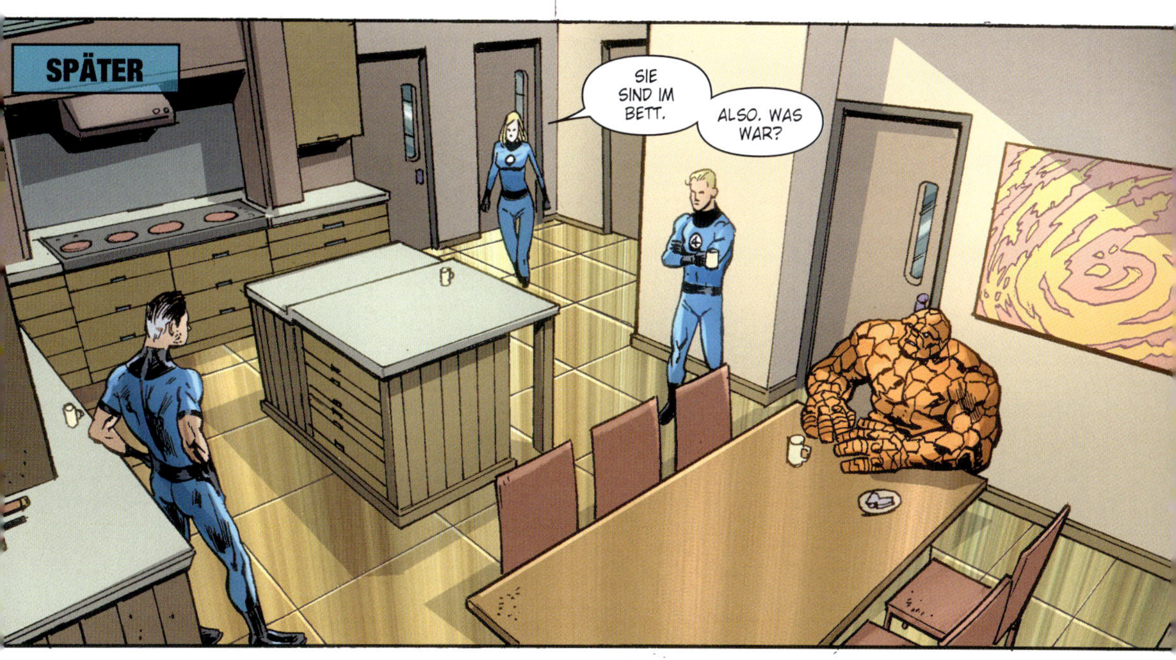
SPÄTER
SIE SIND IM BETT.
ALSO. WAS WAR?

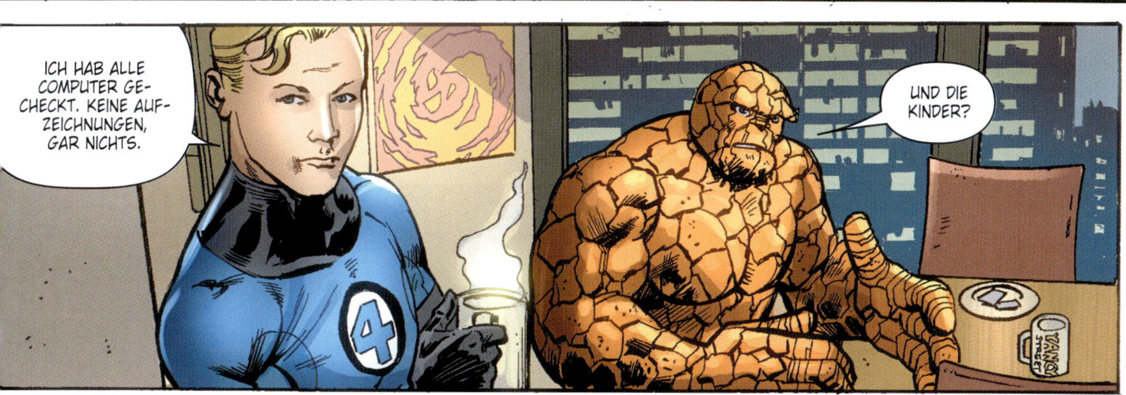
ICH HAB ALLE COMPUTER GE-CHECKT. KEINE AUF-ZEICHNUNGEN, GAR NICHTS.
UND DIE KINDER?

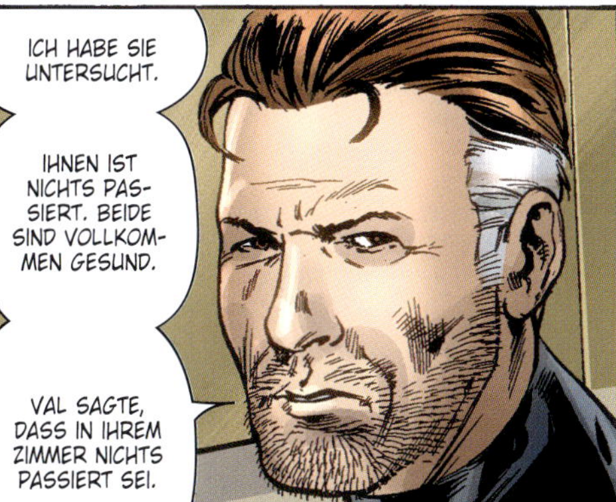
ICH HABE SIE UNTERSUCHT.
IHNEN IST NICHTS PAS-SIERT. BEIDE SIND VOLLKOM-MEN GESUND.
VAL SAGTE, DASS IN IHREM ZIMMER NICHTS PASSIERT SEI.

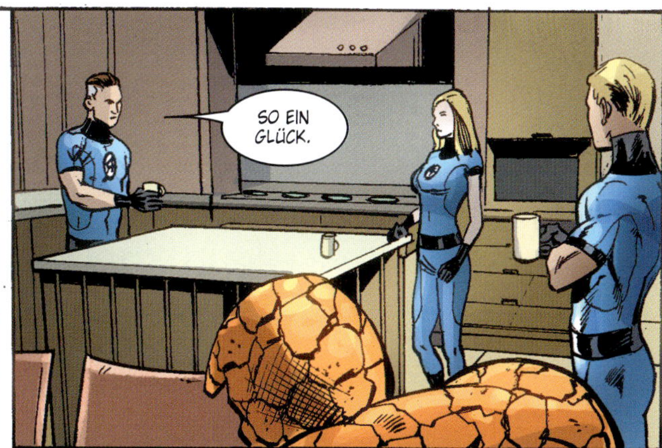
SO EIN GLÜCK.

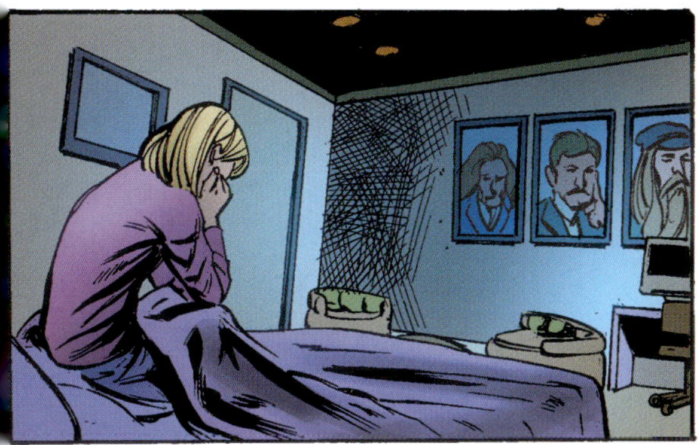

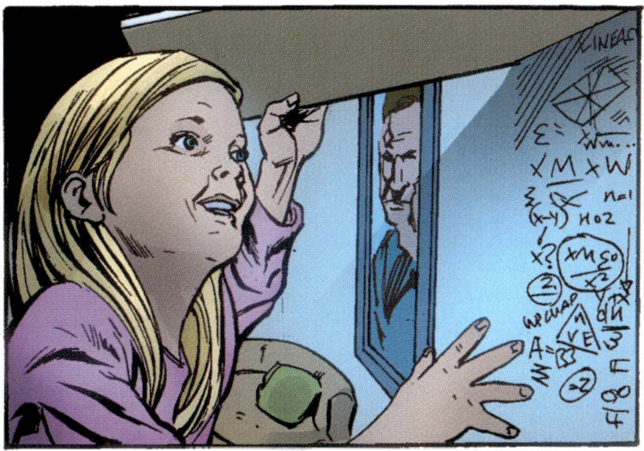

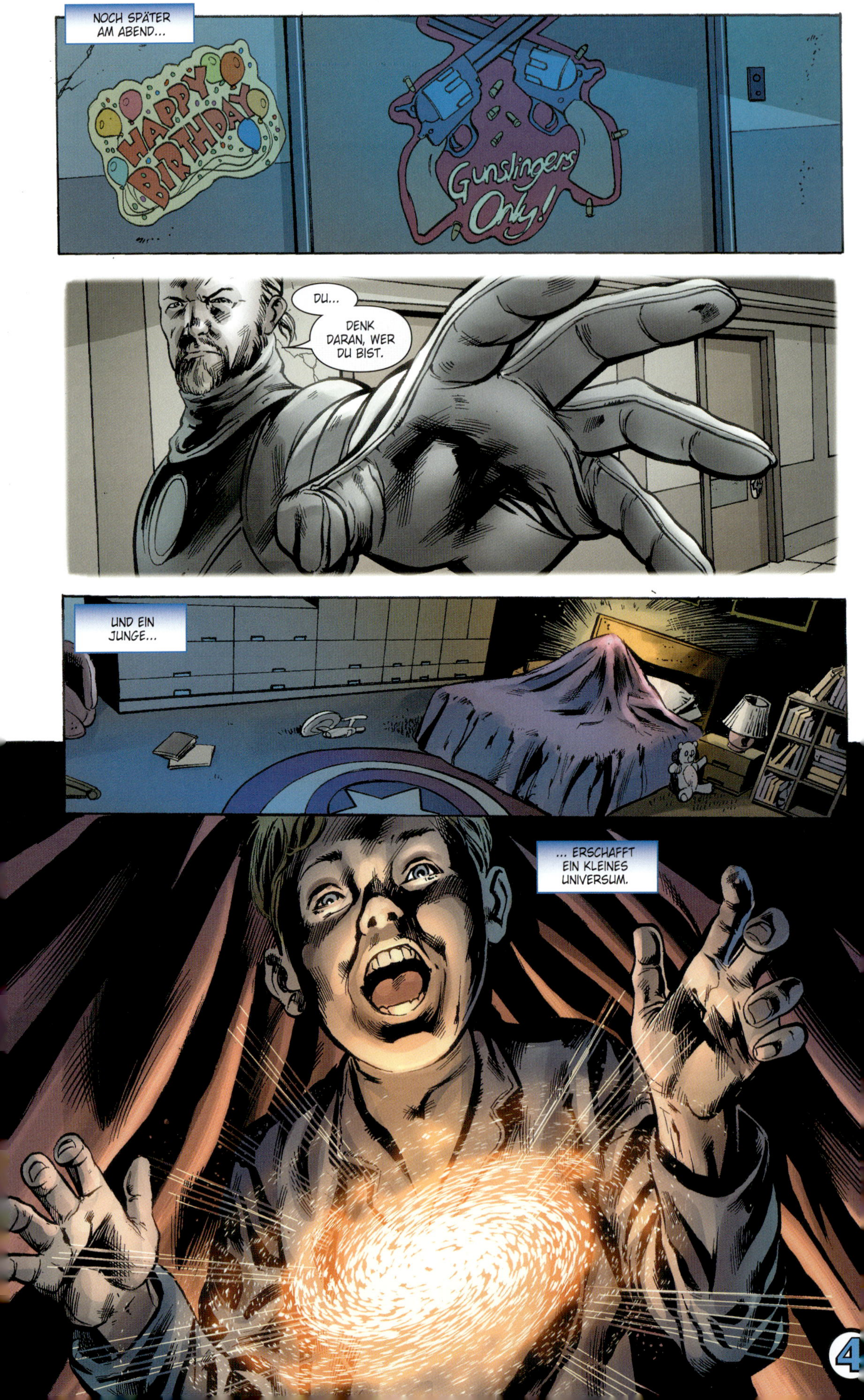

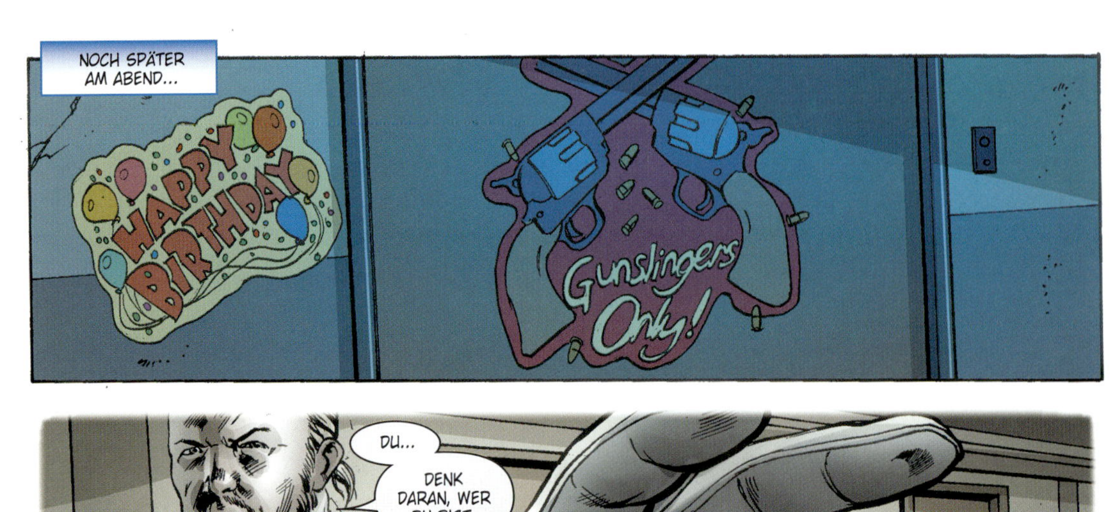

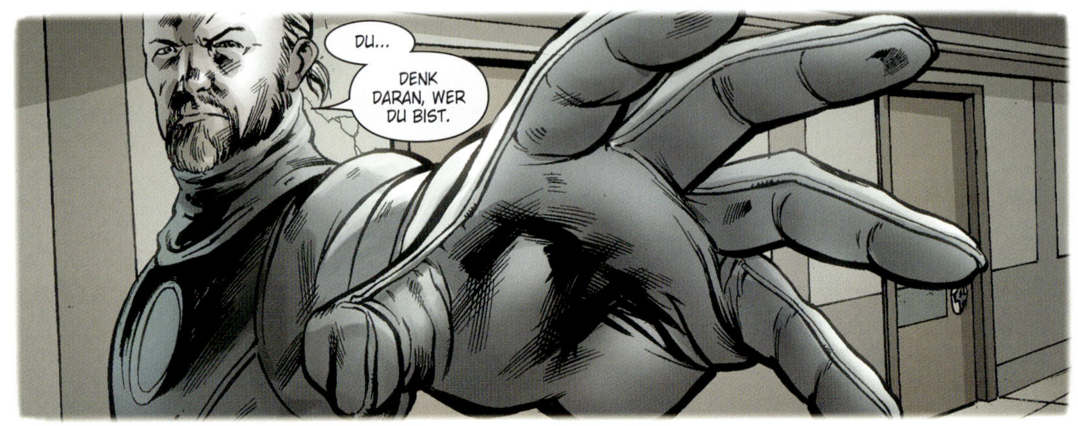

UND EIN JUNGE...

... ERSCHAFFT EIN KLEINES UNIVERSUM.

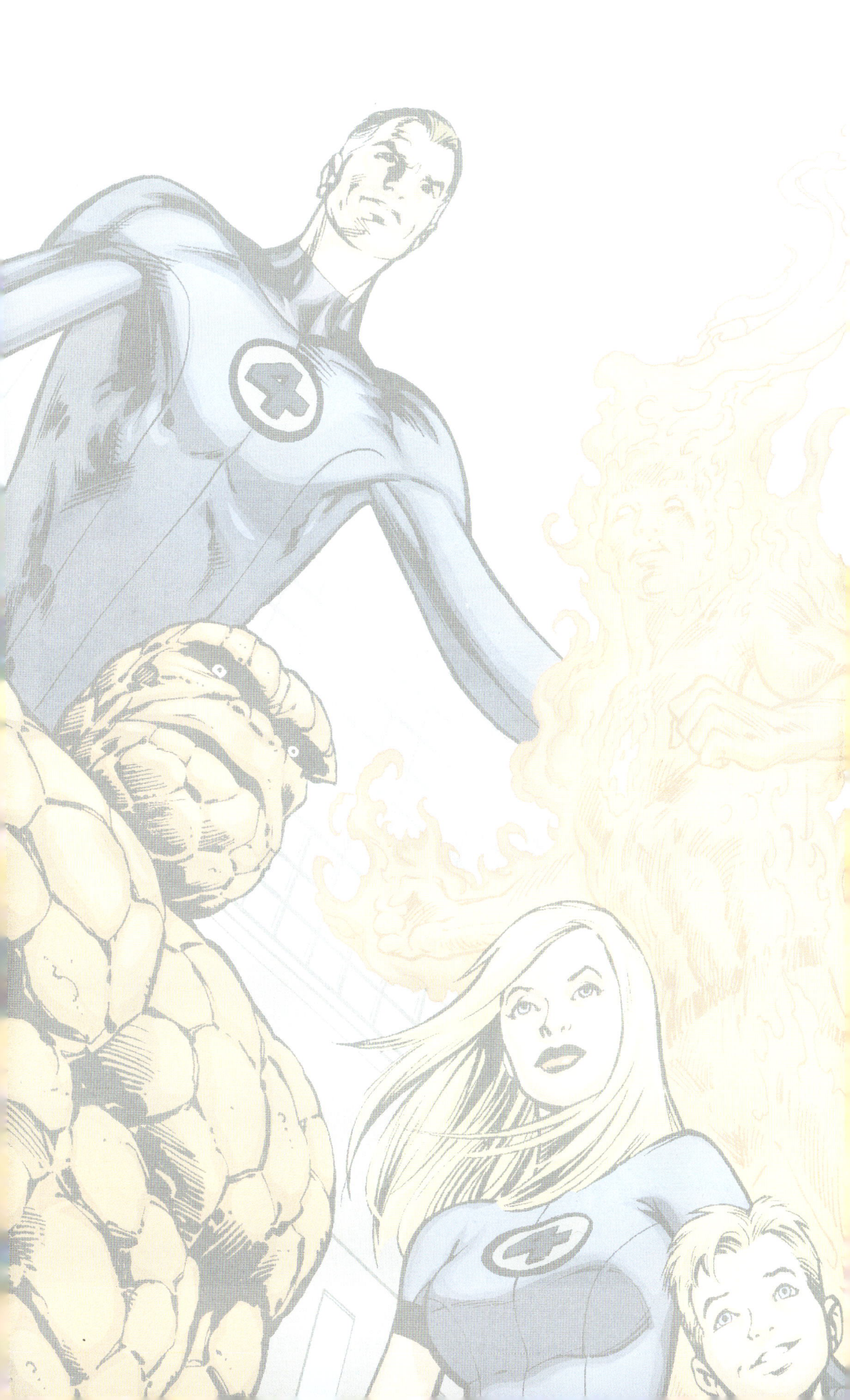

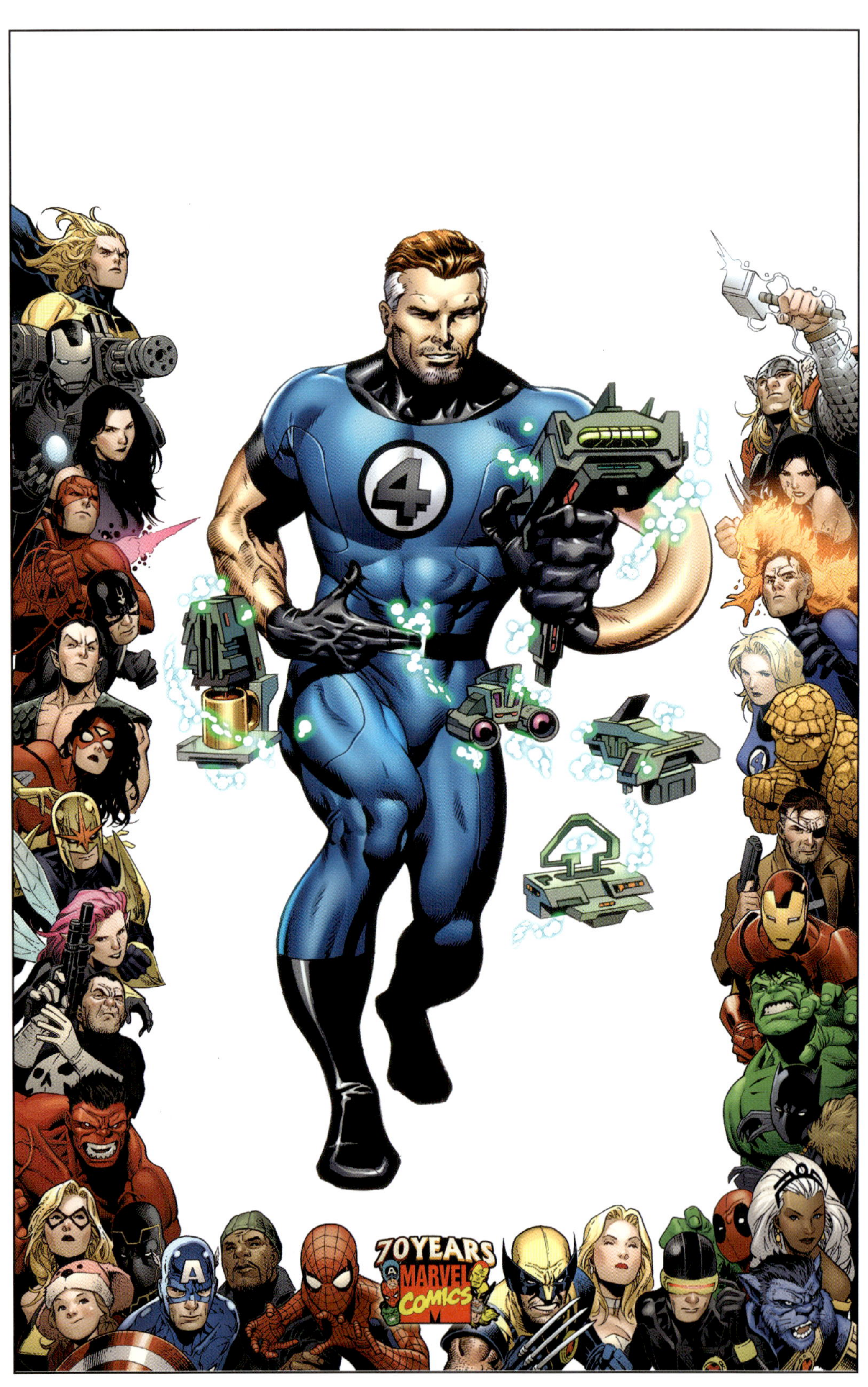

Fantastic Four (1961) 570
Variant-Cover von **DALE EAGLESHAM**

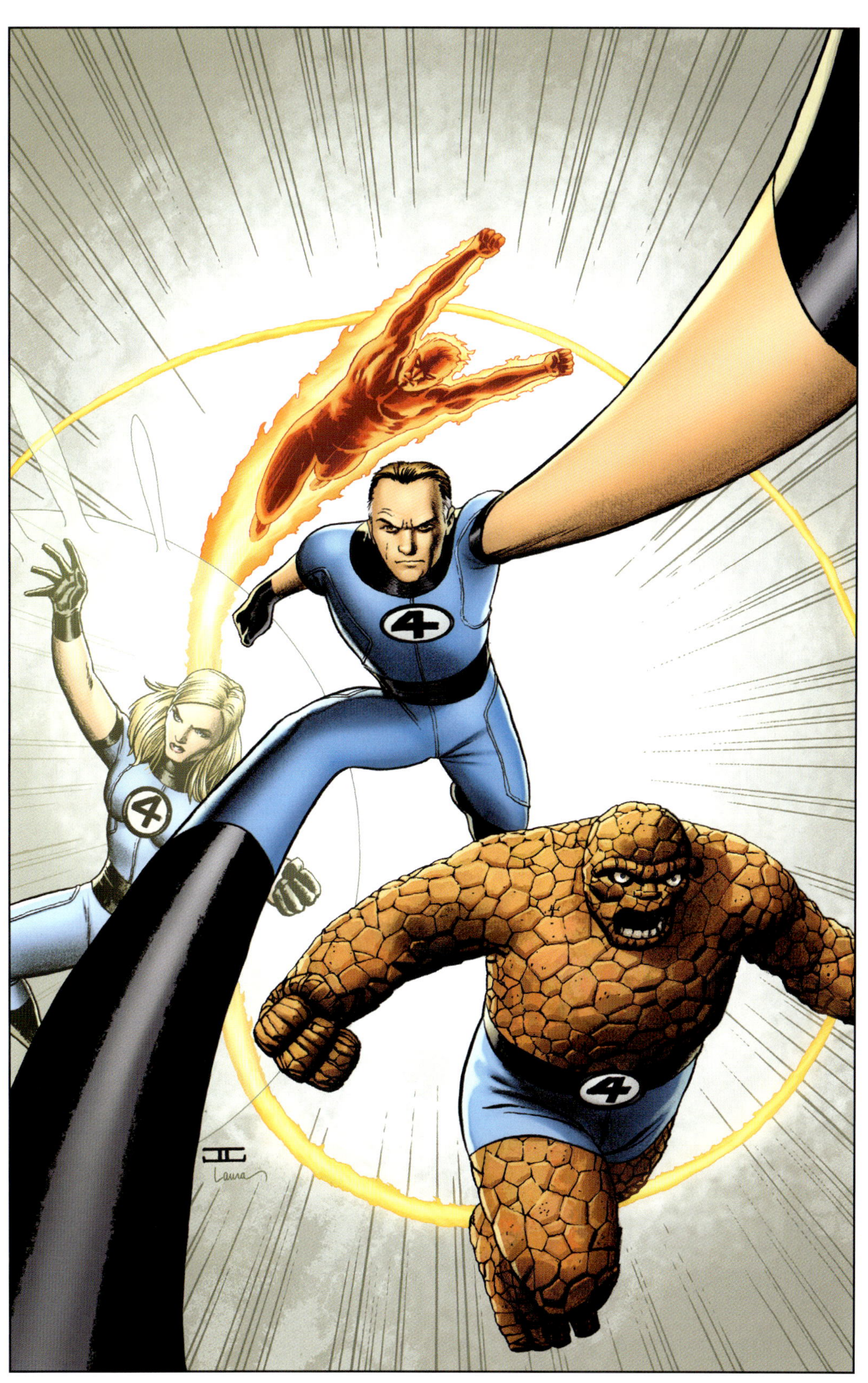

Fantastic Four (1961) 570
Variant-Cover von **JOHN CASSADAY**

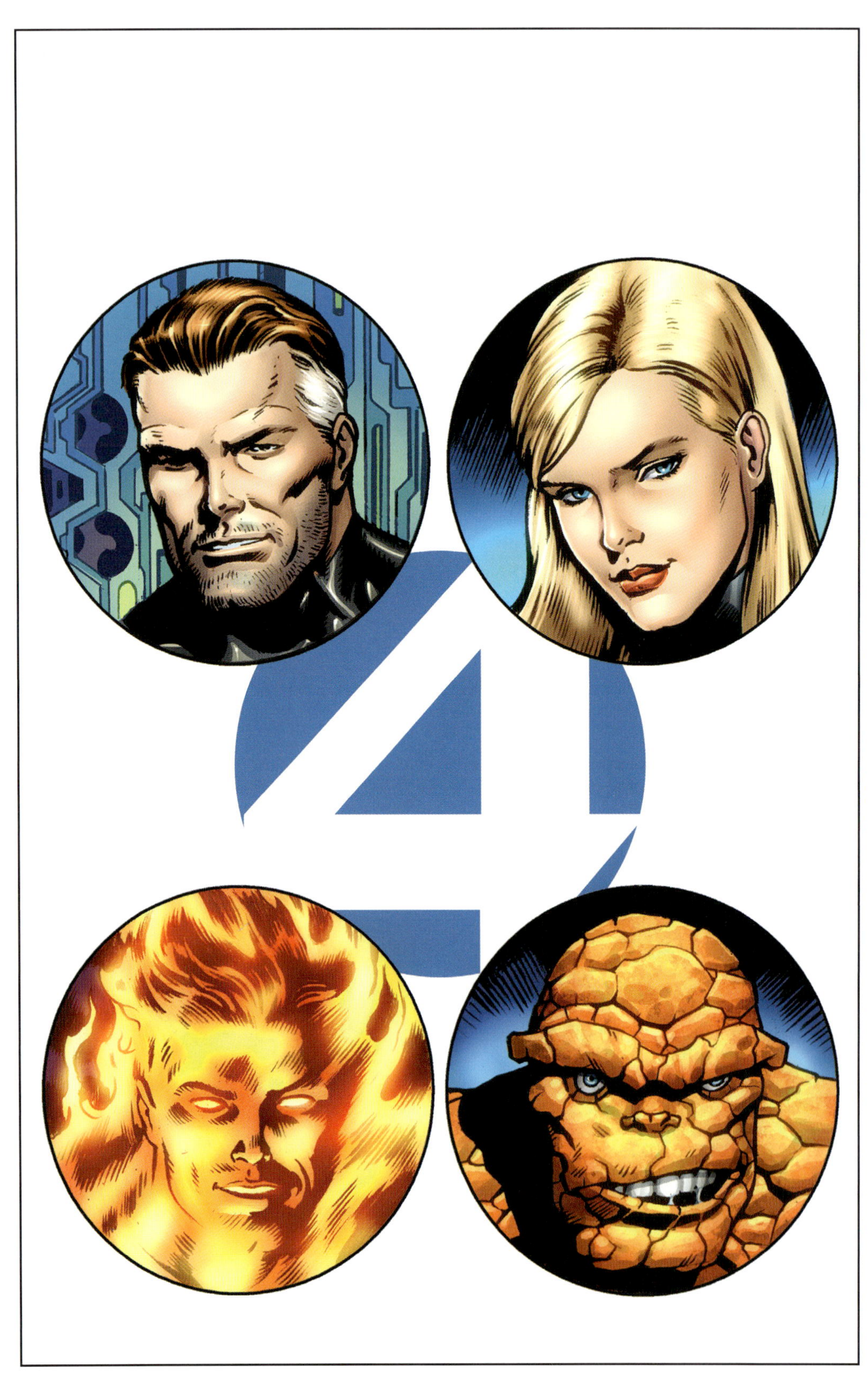

Fantastic Four (1961) 574
Variant-Cover von **DALE EAGLESHAM**

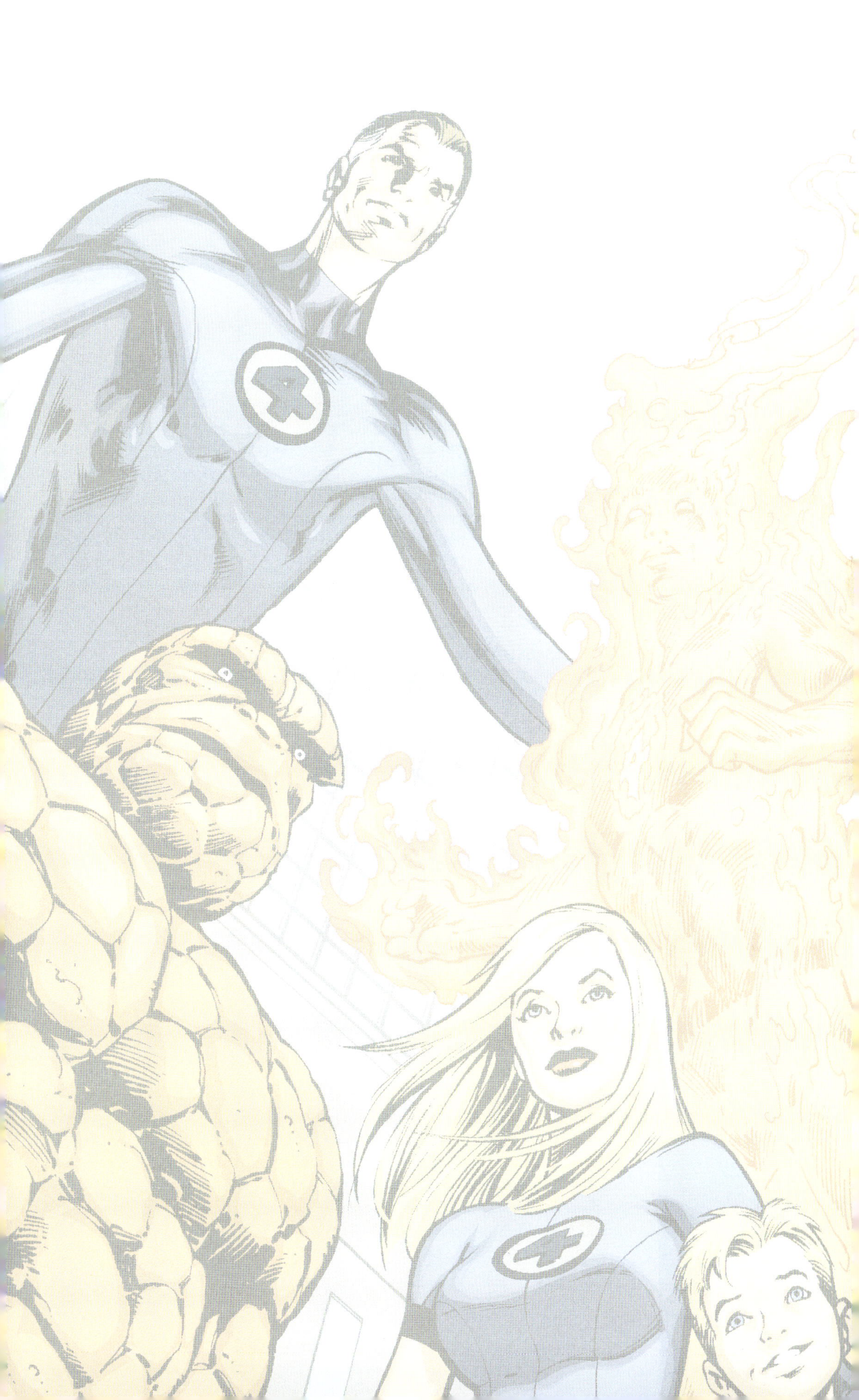

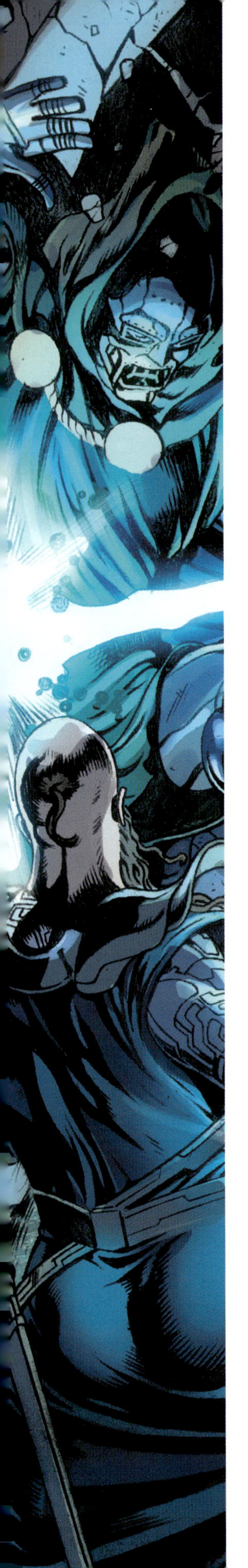

DIE MACHER

JONATHAN HICKMAN

In South Carolina geboren und aufgewachsen, studierte Jonathan Hickman nach der Highschool Architektur. Anschließend arbeitete er zunächst in der Web- und CD-Entwicklung, bevor Jonathan sein Glück als Art Director in der Werbung versuchte. 2006 brachte er in kompletter Eigenregie bei Image *The Nightly News* heraus – eine clevere Miniserie über Panik, Paranoia und politische Intrigen, die nicht nur aufgrund von Hickmans grandiosen Bildern enorme Wellen schlug. Das Erstlingswerk wurde auf Anhieb für einen Eisner Award nominiert. Zwischen 2007 und 2011 schrieb er die Image-Miniserien *Pax Romana*, *Transhuman*, *Red Mass for Mars* und *The Red Wing*. Zu Ersterem steuerte er auch die Zeichnungen bei, ebenso wie 2007 zu seinem ersten Marvel-Projekt, einer Geschichte in *Legion of Monsters: Satana* 1. Von 2009-2011 brachte er für das Haus der Ideen Nick Furys *Secret Warriors* zu Papier. Parallel übernahm Hickman FANTASTIC FOUR und führte den Titel zu neuen Höhen. Ab da ging es steil bergauf mit mehreren Storys aus dem Ultimativen Universum, *SHIELD*, AVENGERS, *New Avengers* und den Eventserien INFINITY und SECRET WARS. Seit 2019 ist er für die komplette Neuausrichtung von Marvels X-Men verantwortlich. Zudem hat Hickman mit seinen fortlaufenden Image-Titeln *Secret*, *The Manhattan Projects*, *East of West* und seit Kurzem *Decorum* weitere Eisen im Feuer. Das Megatalent zählt zu den größten Autoren der Gegenwart.

DALE EAGLESHAM

1962 in Kanada zur Welt gekommen, betätigt sich Dale Eaglesham seit 1986 in der US-Comic-Industrie als Illustrator. Zu seinen frühen Werken zählen einige Ausgaben für *Dark Horse Presents, Savage Sword of Conan*, *Conan the King*, *Silver Surfer*, *What If?* II, diverse Punisher-Hefte und dessen Miniserie PUNISHER: DAS ERSTE JAHR, die Frank Castles Ursprünge beleuchtet. Mitte der 90er zog es Eaglesham zunächst zu Acclaim und für Aushilfsjobs wie *Excalibur* und *Captain America* kurz erneut zu Marvel. Von 1999 bis 2008 setzte er zahlreiche DC-Helden in Szene, darunter insbesondere Batman, Green Lantern und die Justice Society of America. Mit einem Shuster Award in der Tasche kehrte er wieder zu Marvel zurück und machte mit FANTASTIC FOUR Furore. Es folgten Aufträge für *Steve Rogers: Super Soldier*, *Hulk*, *Iron Man* und die kanadische Superheldengruppe Alpha Flight. Sein innovativer Stil bescherte ihm den Spitznamen „Der evolutionäre Jack Kirby".

NEIL EDWARDS

Dem Nordwaliser Kunstabsolventen Neil Edwards gelang der Einstieg in die Comic-Branche als Coverzeichner von Marvel UK. Dadurch verschaffte er sich Zutritt zum US-Markt und wurde vor allem von DC, Dynamite, Valiant und BOOM! Studios engagiert. Für Marvel war er teilweise exklusiv tätig. Zu seinem Portfolio gehören Storys mit Green Lantern, der Justice League, Superman, den Dark Avengers, den Fantastic Four, Hercules, Thor, Doctor Who und die Serie TORCHWOOD. Mit der Graphic Novel SPIDER-MAN: SEASON ONE landete Edwards auf der Bestsellerliste der *New York Times*. Inzwischen als freiberuflicher Graphic Designer und Storyboard-Künstler tätig, beauftragen ihn auch Werbeagenturen und Medienriesen wie Disney und Lucasfilm.

FANTASTIC FOUR

ALLES GELÖST?!

BONUSTEIL

- HINTER DEN KULISSEN
- TIMELINE
- WEITERE LEKTÜRE
- ANMERKUNGEN
- WEITERE MUST-HAVE-TITEL

Im Laufe der letzten Jahre ist **Jonathan Hickman** einer der größten Namen in der Comic-Branche geworden. Bekannt wurde er vor allem durch seine universumerschütternden Geschichten *Time Runs Out*, *Secret Wars* und *House of X/ Powers of X*, um nur ein paar zu nennen. Aber 2009, ganz am Anfang, hatte er sich durch seine Arbeit an *Secret Warriors* für die Miniserie *Dark Reign: Fantastic Four* empfohlen. Das führte direkt zu seiner bahnbrechenden Strecke bei *Fantastic Four*, die mit der anschließenden Story *Solve Everything* begann. Der Rest ist, wie man so schön sagt, Geschichte.

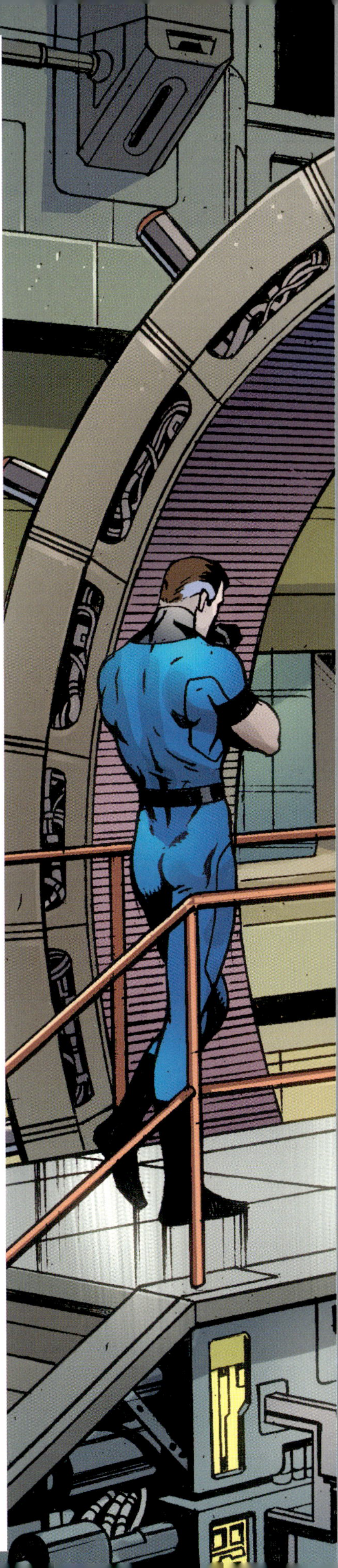

Der größte Comic der Welt

Die größte Comic-Serie der Welt brauchte immer die größten Autoren und Zeichner. Und bis 2009 war *Fantastic Four* – im 48. Jahr des Erscheinens – dem mehr als gerecht geworden. Die Zeit von Mark Millar und Bryan Hitch neigte sich ihrem Ende, und Redakteur **Tom Brevoort** brauchte ein Team, das in der Lage war, an ihre Stelle zu treten.

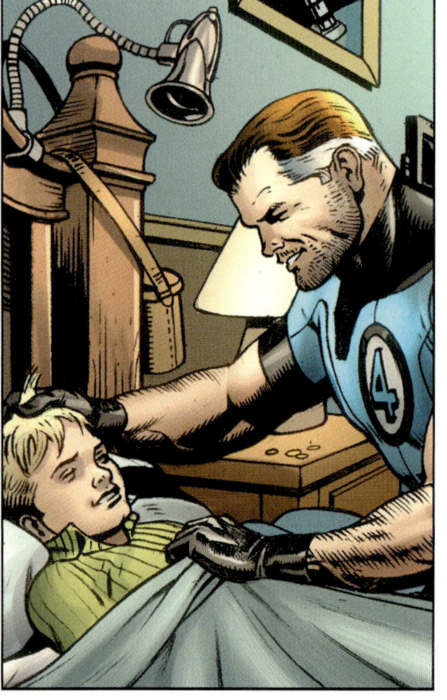
In *Fantastic Four* geht es vor allem um die Struktur der Familie. Zeichnung von Dale Eaglesham.

Bis zu diesem Zeitpunkt hatte sich Brevoort auf fest etablierte Autoren verlassen, doch die Zeiten änderten sich. Er sagte: „Als die Frage anstand, wie man nun weitermachen sollte, schien es eine gute Idee zu sein, zur Abwechslung junges, frisches Blut an Bord zu holen – jemanden, der die Serie ganz anders angehen würde und sie für das 21. Jahrhundert neu erfinden konnte."

Jonathan Hickman war damals ein relativ neuer Marvel-Autor, obwohl sein Manuskript für *Secret Warriors* 1 einige Begeisterung in der Redaktion ausgelöst hatte. Hickman erinnerte sich: „Ich schrieb gerade *Secret Warriors* 2, als ich eine E-Mail von Tom Brevoort erhielt: ‚Hey, ich will dir nicht zu viel versprechen, aber Millar und Hitch hören nächstes Jahr bei *FF* auf, und ich habe das Gefühl, dass du der Richtige für die Serie sein könntest. Wärst du interessiert?' Tom wollte, dass ich die Reihe übernehme, weil er meinte, dass ich eine unverwechselbar eigene Stimme hätte und langfristig dachte."

Brevoort war gespannt darauf, was für Ideen Hickman für den Titel hatte und bat ihn um einen kurzen, schriftlichen Entwurf. Hickman setzte sich an die Tastatur. „Als ich diesen Text schrieb, wusste ich, dass ich da etwas auf der Spur war. Es hat sofort Klick gemacht."

Hickman war nicht sehr vertraut mit den Figuren und daher las er zunächst alles, was er in die Finger bekommen konnte. Schon bald merkte er, dass es „in *Fantastic Four* zwar ganz offensichtlich oft um die Struktur der Familie geht, aber vor allem auch um wilde, chaotische, fantastische Ideen, ganz im Gegensatz zu dem, wie die Dinge in einer funktionierenden Welt ablaufen".

▶ Dale Eaglesham hatte gerade seine preisgekrönte Saga für DCs *JSA* beendet, und er konnte sein Glück kaum fassen, als man ihm *Fantastic Four* anbot, kurz nachdem er von Marvel engagiert worden war. „Eine Sekunde hat es mir den Atem verschlagen. Ich weiß nicht einmal mehr, was ich gesagt habe, aber ich stürzte mich darauf wie ein wärmesuchendes Geschoss. Ich hatte schon als Kind *Fantastic Four* gelesen, und die Serie hatte magische Anziehungskraft auf mich."

Die Arbeit von Hickman und Eaglesham für *Fantastic Four* folgte direkt nach der Miniserie *Dark Reign: Fantastic Four*, die im Grunde ein Prolog von *Solve Everything* war. Hickman beabsichtigte nicht, das Rad neu zu erfinden. „Ich hatte die Serie als Kind nicht gelesen und auch danach nur dann, wenn es ein Crossover mit den X-Men-Reihen gab. Im Zuge meiner Recherche wurde mein Leseerlebnis also nicht durch nostalgische Gefühle verklärt. Wenn ich etwas mochte, war es egal, wer es geschrieben oder gezeichnet hatte. Ich notierte es mir einfach. Ich war auf der Suche nach Rohmaterial, nicht nach liebgewonnenen Kindheitserinnerungen."

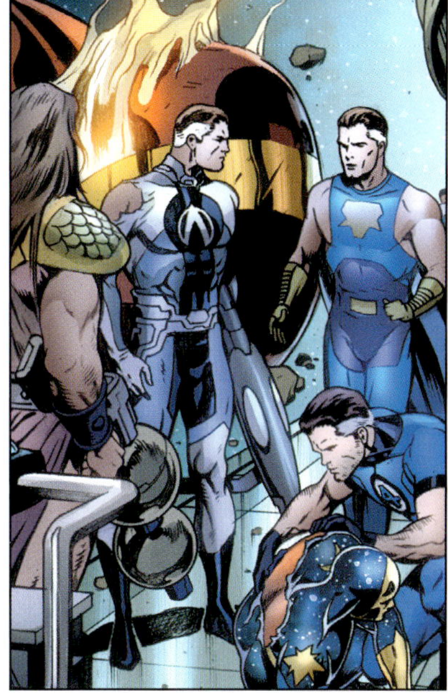

Dale Eaglesham zeichnete mit Vorliebe Reed Richards, und in *Solve Everything* konnte er sich richtig austoben.

Was er mochte, war das Familienelement, und Hickman versprach den Lesern: „In der Serie geht es um diese Familieneinheit, und daher werden Franklin und Val wichtige Rollen spielen. Sie werden nicht verschwinden. Außerdem macht es einen Riesenspaß, über sie zu schreiben." Und weiter: „Was man von mir in Sachen **Fantastic Four** erwarten kann, ist die Berücksichtigung der alten Zutaten, aber ich möchte ihnen einen neuen Dreh geben. Keine ‚kreative Neuinterpretation', denn das ist ein schreckliches Wort dafür. Ich will versuchen, das Gewesene auf die Essenz zu destillieren, und von da aus eine neue Richtung einschlagen. All die vertrauten Dinge bleiben erhalten, aber wir werden sie auf völlig andere Art präsentieren."

Noch bevor er sein erstes *Fantastic Four*-Heft schrieb, wusste Hickman, dass **Reed Richards** im Mittelpunkt stehen würde, was wiederum seinem Kreativpartner **Dale Eaglesham** gefallen haben dürfte. Denn Reed war Eagleshams Lieblingsteammitglied, und in *Solve Everything* sollte der interdimensionale Rat der Reeds eingeführt werden. Eaglesham sagte: „Mein Hauptaugenmerk gilt Reed. Seine Kräfte sind zwar keine Energieblitze, aber sehr körperlich und visuell spektakulär umzusetzen. Ich werde versuchen, seiner fast komischen Gabe etwas Heroisches zu geben."

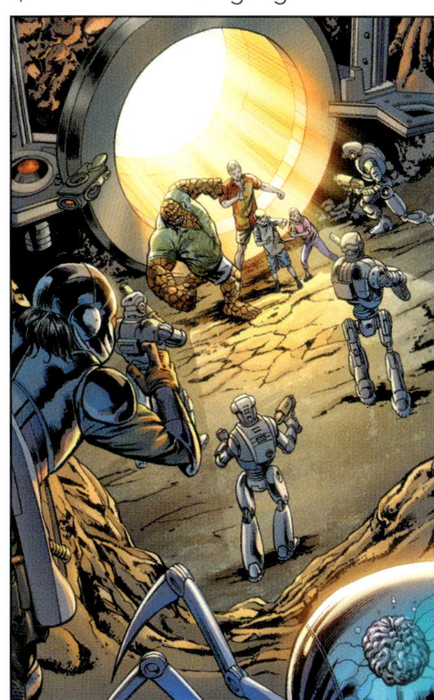

Der Wunsch, Neues zu entdecken, war immer die große Antriebsfeder der F4. Zeichnung von Dale Eaglesham.

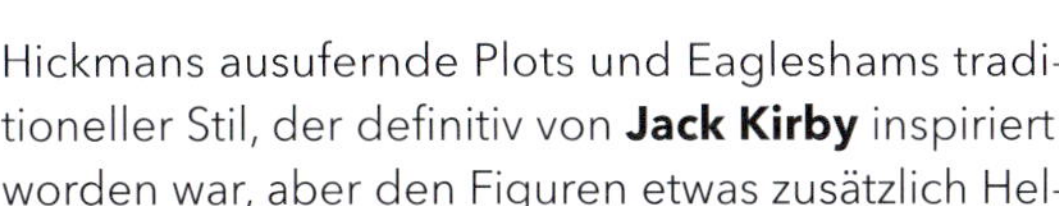

Hickmans ausufernde Plots und Eagleshams traditioneller Stil, der definitiv von **Jack Kirby** inspiriert worden war, aber den Figuren etwas zusätzlich Heldenhaftes verlieh, ergänzten sich ideal. Ihre gemeinsame Arbeit würde einige der größten Veränderungen in der Geschichte der Fantastic Four mit sich bringen. Und den Lesern wurde vom ersten Heft an klargemacht, dass hier etwas ganz Besonderes seinen Anfang nahm.

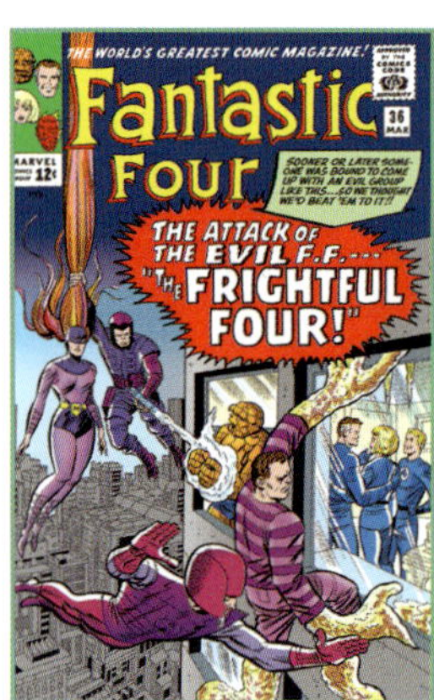

***Fantastic Four* 36 (1965)**
STAN LEE
JACK KIRBY
In diesem Klassiker aus dem Silver Age hatte ***Bentley Wittman*** *alias* ***Wizard*** *die brillante Idee, ein schurkisches Pendant zu den F4 zu erschaffen – die* ***Frightful Four****.*

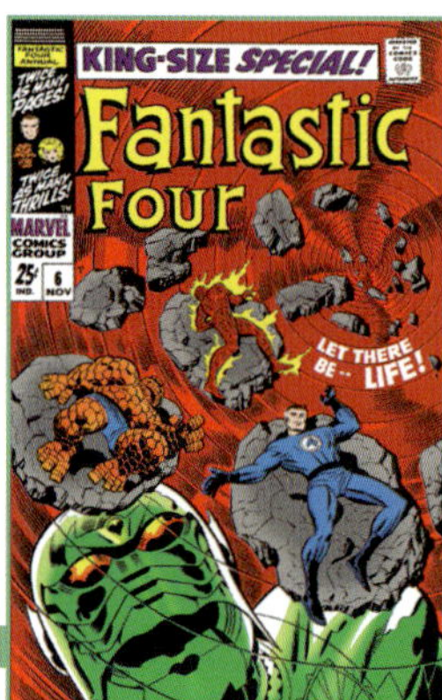

***Fantastic Four* Annual 6 (1968)**
STAN LEE
JACK KIRBY
Es ist schwer zu glauben, dass ***Franklin Richards*** *schon seit 1968 dabei ist. In diesem Abenteuer sehen die Leser nicht nur die Geburt Franklins, sondern zum ersten Mal auch* ***Annihilus****.*

FANTASTIC FOUR
ALLES GELÖST?!

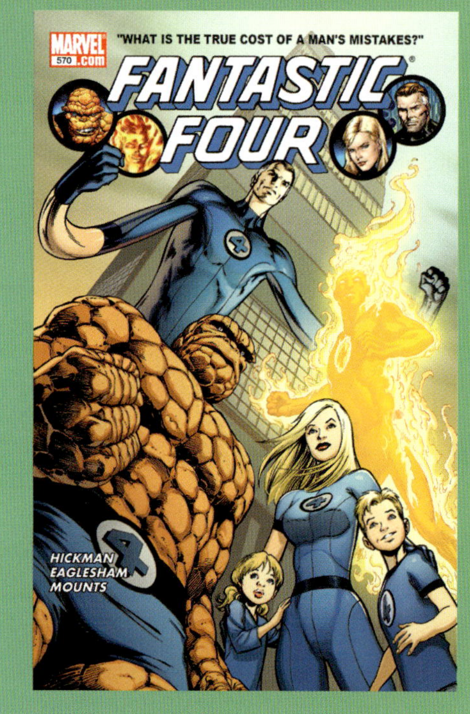

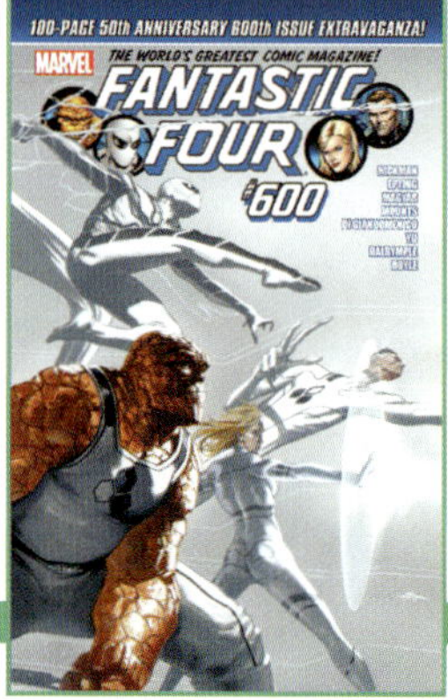

***Fantastic Four* 600 (2011)**
JONATHAN HICKMAN
STEVE EPTING U. A.
In diesem Jubiläumsheft kehrt ***Johnny Storm*** *zurück, der endlich seinem höllischen Schicksal in der Negativzone entkommen konnte.*

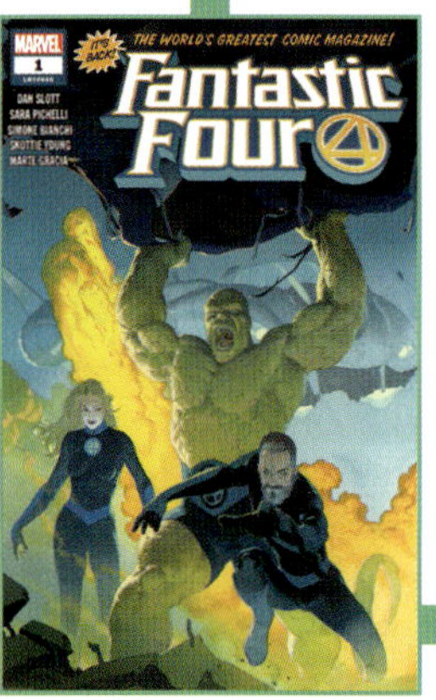

***Fantastic Four* 1 (2018)**
DAN SLOTT
SARA PICHELLI
Nach jahrelanger Trennung werden die Fantastic Four wiedervereint und eine neue große Ära beginnt.

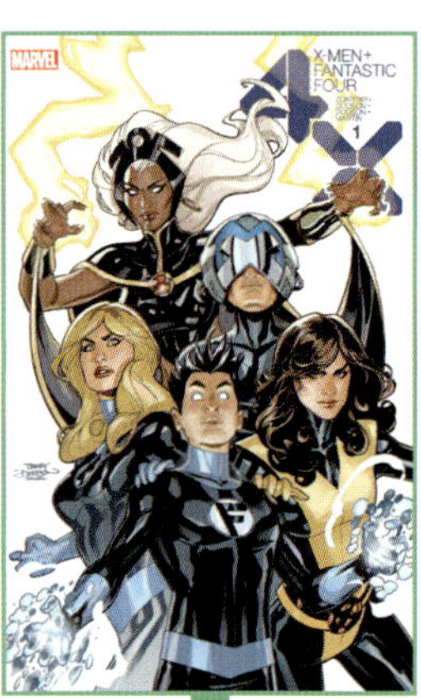

***X-Men/Fantastic Four* 1 (2020)**
CHIP ZDARSKY
TERRY DODSON
Die ***X-Men*** *beanspruchen Franklin Richards für sich, aber Reed und* ***Sue*** *wollen ihren Sohn nicht so einfach hergeben.*

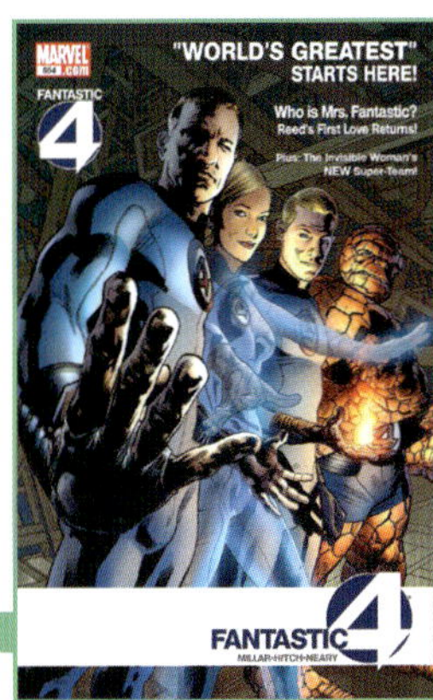

***Fantastic Four* 554 (2008)**
MARK MILLAR
BRYAN HITCH
Hier beginnt World's Greatest *und macht uns erstmals mit* ***Ted Castle*** *und Erde-2 bekannt.*

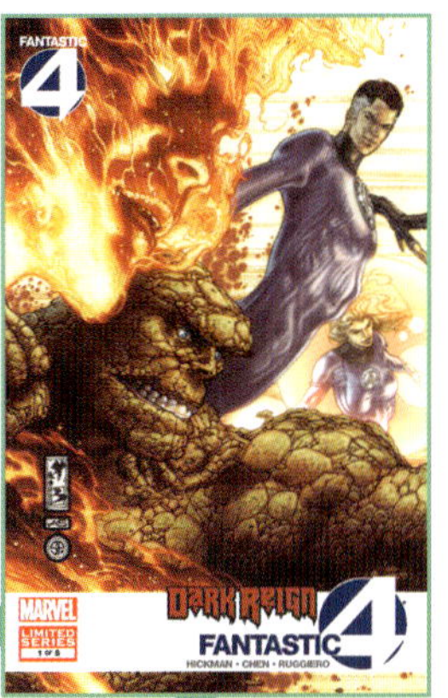

***Dark Reign: Fantastic Four* 1 (2009)**
JONATHAN HICKMAN
SEAN CHEN
Die Ära Hickman beginnt mit diesem Fünfteiler, in dem Franklin *und* ***Valeria*** *es mit* ***Norman Osborn*** *zu tun bekommen. Hier sehen wir auch erstmals die Brücke.*

Fantastic Four: Solve Everything war der perfekte Anfang für die Geschichten, die **Jonathan Hickman** und **Dale Eaglesham** über die First Family des Marvel-Universums anfertigten, denn sie hielten exakt das, was man sich von ihnen versprochen hatte. Sie präsentierte nicht nur das Vertraute aufregend neu, sondern zollte auch dem Vergangenen Tribut. Alle Elemente, die die **Fantastic Four** so besonders gemacht hatten, waren da, und gleichzeitig brach man zu neuen Ufern auf und reizte die Grenzen des kreativ Machbaren in nie gekannter Art und Weise aus. Hier schauen wir uns an, welchen Platz diese Story in der langen Geschichte der F4 einnimmt.

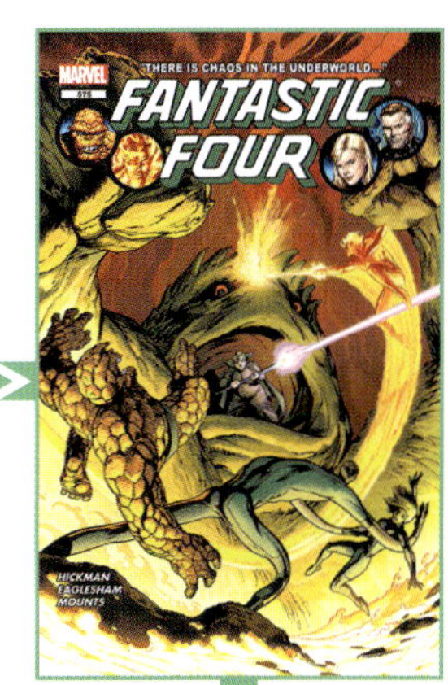

***Fantastic Four* 575 (2010)**
JONATHAN HICKMAN
DALE EAGLESHAM
Hickman und Eaglesham schalten mit der Prime Elements-*Story einen Gang höher und holen* ***Mole Man*** *zurück, den ältesten Feind des Teams.*

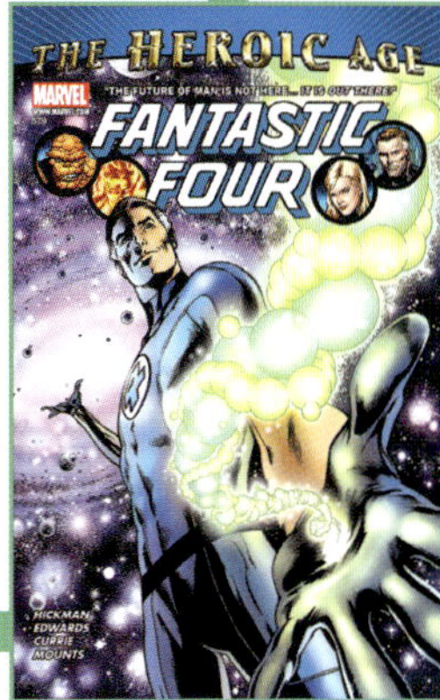

***Fantastic Four* 579 (2010)**
JONATHAN HICKMAN
NEIL EDWARDS
Reed Richards *baut vor für die Zukunft und gründet die* ***Future Foundation****, ein Team, das Lösungen für die Probleme der Welt finden soll.*

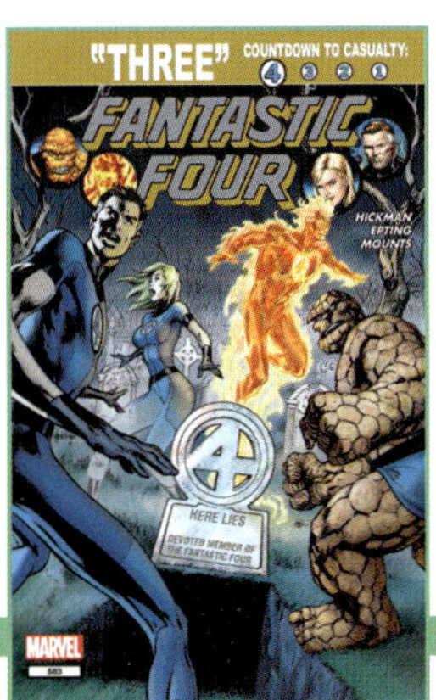

***Fantastic Four* 583 (2010)**
JONATHAN HICKMAN
STEVE EPTING
In diesem Heft beginnt die für die Fantastic Four tragisch endende Geschichte Three. Hier erfährt Valeria von der Existenz der Brücke und vom interdimensionalen Rat der Reeds.

Vorsorge für die Zukunft

Jonathan Hickman wurde immer für seine sorgfältige Planung geschätzt, und nirgendwo ist das so augenscheinlich wie bei der langen Arbeit, die er für *Fantastic Four* geschrieben hat. Schon in *Dark Reign: Fantastic Four* begann er die Fundamente für das zu legen, was kommen sollte.

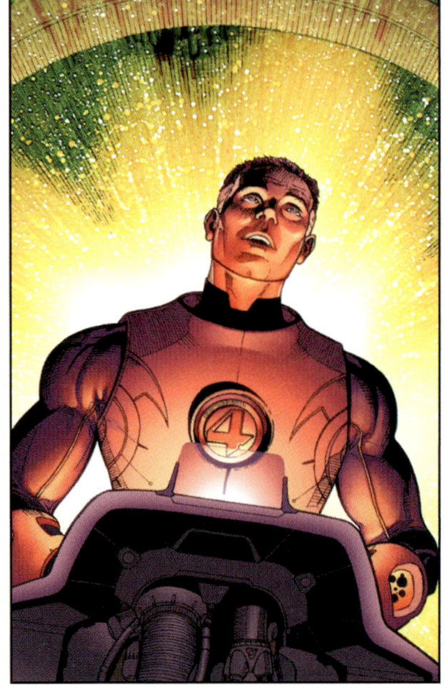
In *Dark Reign: Fantastic Four* probierte Reed Richards zum ersten Mal die Brücke aus. Zeichnung von **Sean Chen**.

Die Miniserie war Teil des *Dark Reign*-Events, als der „geläuterte" Superschurke **Norman Osborn** Chef von HAMMER war, der Sicherheitsorganisation, die SHIELD ersetzen sollte. In Hickmans Serie ging es um Osborns Versuch, die **Fantastic Four** an dem Tag auszuschalten, an dem sie zurück ins Baxter Building ziehen.

Man sollte meinen, dass die F4 in der Lage gewesen sein müssten, Osborn und seine Spießgesellen mühelos zu erledigen, doch ihr Einzug traf unglücklich mit dem Testlauf von **Reeds** jüngster Erfindung zusammen: der „Brücke", einem Gerät, mit dem man beobachten konnte, wie Probleme in Parallelwelten gelöst wurden. Als Osborn im Baxter Building den Strom abstellte, wurden **Sue**, **Johnny** und **Ben** in verschiedene Realitäten geschleudert, während Reed weiter in die Brücke sah, ohne von den Geschehnissen in seinem eigenen Zuhause zu ahnen.

Später wurde das Team wiedervereint und entdeckte, dass **Franklin** und **Valeria** von einem wütenden Osborn gejagt wurden. Franklin rettete seinen Vater, indem er Osborn mit seiner Spielzeugpistole in den Arm schoss. Ende gut, alles gut, könnte man also sagen, bis auf eine Kleinigkeit. Reed versprach Sue zwar, die Brücke zu zerstören, doch er versteckte sie in einer Geheimkammer in seinem Laboratorium. Sie sollte später eine wichtige Rolle in *Solve Everything* spielen.

Der Rest von Hickmans Arbeit würde anschließend auf einem gut präparierten Weg ins Rollen kommen. Er führte uns durch die Geschichte *Prime Elements*, in der das Team von der versteckten Stadt vom **High Evolutionary** bis in die Tiefen des Meeres reiste, führte uns zur Blauen Zone des Mondes und in die Negativzone, gründete die **Future Foundation** und landete schließlich bei den tragischen Ereignissen der Story *Three*, in der Johnny sich opferte, um **Annihilus** daran zu hindern, die Erde zu erobern.

▶ Für Jonathan Hickman war ein Schlüsselelement der Fantastic Four immer der Familienaspekt. 2020 nahmen **Chip Zdarsky** und **Terry Dodson** in *X-Men/ Fantastic Four* die Familie allerdings ziemlich in die Mangel. Denn Franklin und Valeria schmuggelten sich bei den **X-Men** ein, weil Franklin das Gefühl hatte, dass ihn seine Eltern nicht einmal fragen, was er mit seinem Leben anfangen möchte.

Hommage an die Vergangenheit

Hickmans *Solve Everything* war nicht nur der Beginn eines neuen Zeitalters für die **Fantastic Four**, sondern auch eine Hommage an all das, was vorher gewesen war. Tatsächlich war sogar der erste Schurke, mit dem es das Team zu tun bekam, ein alter Gegner, der seine schurkische Karriere begonnen hatte, weil er sauer auf **Johnny Storm** gewesen war. **Bentley Wittman**, den meisten Lesern vermutlich eher als **Wizard** bekannt, hatte seinen ersten Auftritt 1962 in *Strange Tales* 102. **Larry Lieber**, **Stan Lee** und **Jack Kirby** hatten den angesehenen Erfinder erdacht, der sich aus Langeweile dem Verbrechen zugewandt hatte und entschlossen war, den Ruf der **Fackel** zu zerstören, indem er in Johnnys Rolle schlüpfte.

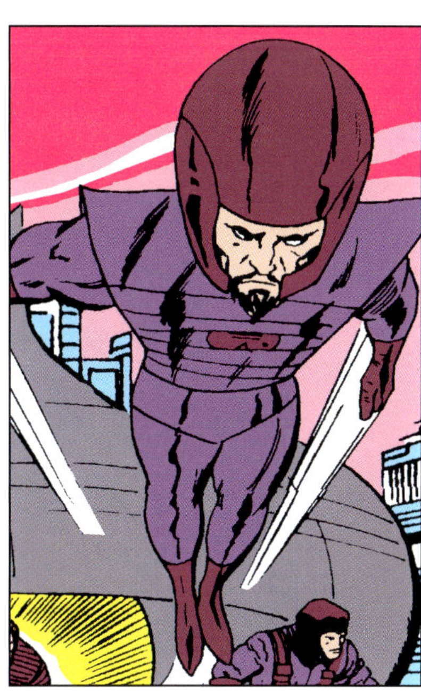

Bentley Wittman alias Wizard, der Gründer der Frightful Four. Zeichnung von Jack Kirby.

Johnny und **Sue Storm** konnten ihn besiegen, aber er kehrte mehrmals zurück, bevor er sich mit **Paste-Pot Pete** (später als **Trapster** bekannt), **Sandman** und **Medusa** verbündete, um die **Frightful Four** ins Leben zu rufen, das böse Pendant von Marvels First Family. Das Team war bemerkenswert erfolgreich. Seither hat er mit verschiedenen Inkarnationen der Frightful Four zusammengearbeitet. Die Fantastic Four nahmen seinen Klon, **Bentley 23**, unter ihre Fittiche. Er sollte zu einem wichtigen Teil der **Future Foundation** werden.

Eine weitere Anspielung auf die Vergangenheit war die Einbeziehung von Erde-2 und ihres Schöpfers **Ted Castle**, die ein Jahr zuvor im Laufe der F4-Storys von **Mark Millar** und **Bryan Hitch** eingeführt worden waren. Ziemlich überraschend war, dass auch Teds Frau **Alyssa** auftauchte, und vor allem, was mit ihr seit ihrem letzten Auftritt geschehen war.

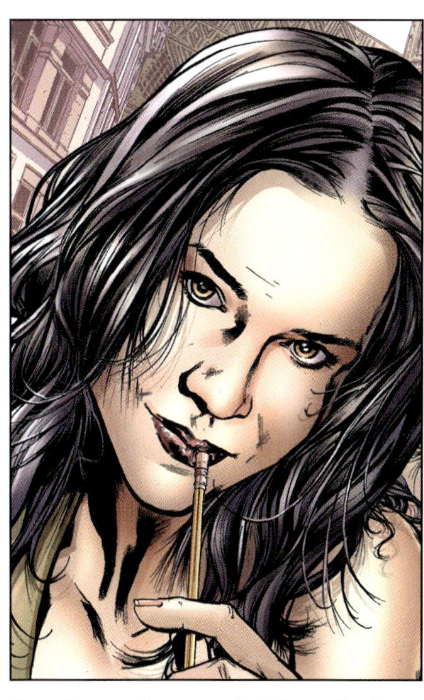

Alyssa Moy war die erste große Liebe von Reed Richards. Sie heiratete später Ted Castle. Zeichnung von Bryan Hitch.

Alyssa Moy gab 1998 in *Fantastic Four* 5 ihren Einstand. **Chris Claremont** und **Salvador Larroca** hatten sie erdacht und als **Reed Richards'** erste große Liebe eingeführt. Sie war ein Wunderkind und hatte Reed während ihres Studiums an der Universität von Wien kennengelernt. Natürlich fühlte Reed sich von ihrem Intellekt angezogen und die beiden wären das perfekte Paar gewesen. Doch Alyssa zog es vor, ihre Beziehung zu beenden, weil sie der Ansicht war, dass sie der Welt einen größeren Dienst erweisen, wenn sie ihre Gene streuen und weniger intelligente Leute heiraten.

WEITERE MUST-HAVE-TITEL

BEREITS ERHÄLTLICH

CIVIL WAR

AVENGERS: HELDENFALL

SPIDER-MAN: SPIDER-VERSE

WOLVERINE: OLD MAN LOGAN

DEADPOOL KILLT DAS MARVEL-UNIVERSUM

THANOS: DIE GEBURT EINES MONSTERS

DAREDEVIL: DER MANN OHNE FURCHT

MILES MORALES: ULTIMATE SPIDER-MAN

MS. MARVEL: META-MORPHOSE

DER TOD VON WOLVERINE

INFINITY GAUNTLET: DIE EWIGE FEHDE

PLANET HULK

X-MEN: DIE DARK PHOENIX SAGA

VENOM: DARK ORIGIN

IRON MAN: EXTREMIS

FANTASTIC FOUR – 4

PUNISHER: FRANK IST ZURÜCK!

MARVEL KNIGHTS SPIDER-MAN

BLACK PANTHER: WER IST BLACK PANTHER?

X-MEN: EIN NEUER ANFANG

JETZT ERHÄLTLICH

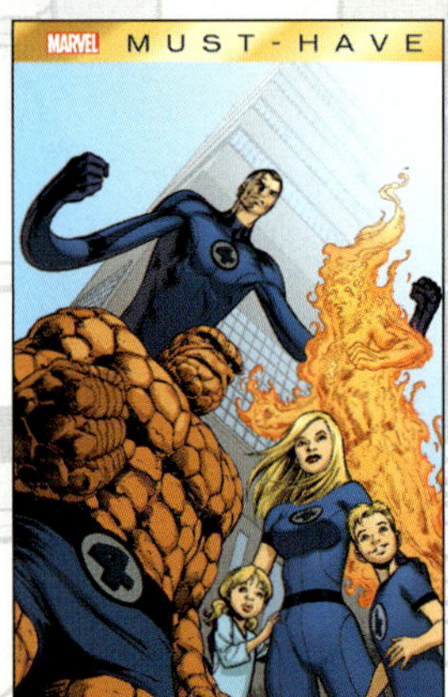

FANTASTIC FOUR: ALLES GELÖST?!

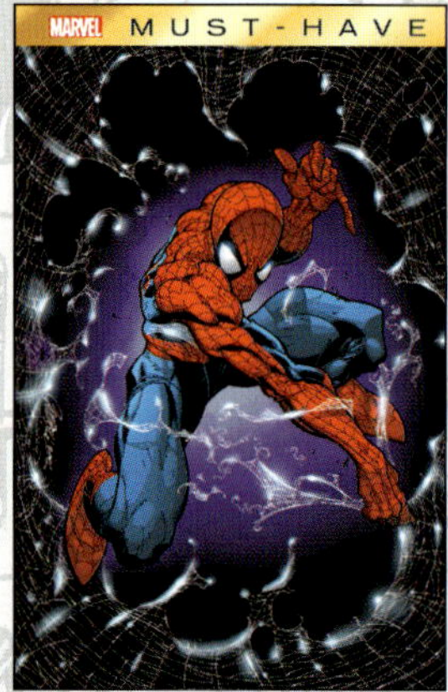

SPIDER-MAN: HEIMKEHR

DEMNÄCHST

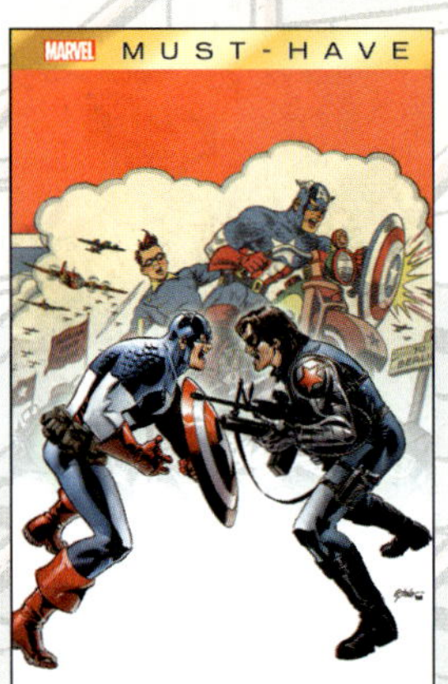

CAPTAIN AMERICA: WINTER SOLDIER

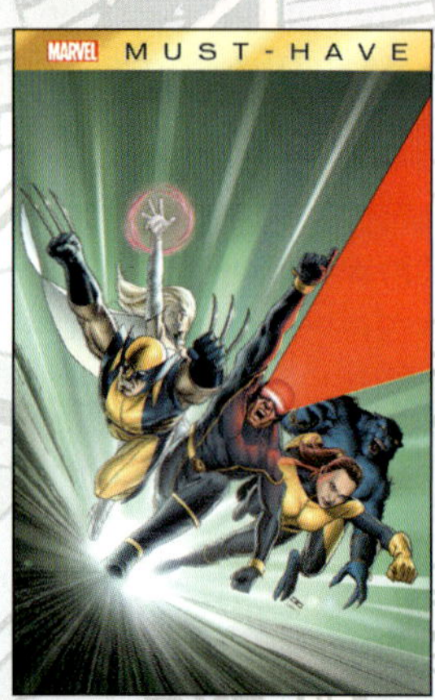

ASTONISHING X-MEN: BEGABT